Die Katholische Kirche im Ersten Weltkrieg

„Sie sind sich, Herr Kaplan, der Aufgabe Ihrer Stellung
zweifellos bewußt.
Unsere Heilige Kirche, sagt Rogalla.
Unser Deutsches Reich, berichtigt Birfacker. Für uns alle verkörpert
in der ehrwürdigen Person unseres kaiserlichen Helden."

Johannes Bobrowski, Levins Mühle: 34 Sätze über meinen Großvater, München 1998, 146.

MARTIN LÄTZEL

DIE KATHOLISCHE KIRCHE IM ERSTEN WELTKRIEG

Zwischen
Nationalismus
und Friedenswillen

VERLAG FRIEDRICH PUSTET
REGENSBURG

Kein Buch ohne Dank.
Meiner gilt Samira Allegue und Tillmann Bendikowski
für ihre tatkräftige Unterstützung.
Und M – für den Literaten.

Bibliografische Information der Deutschen Nationalbibliothek

Die Deutsche Nationalbibliothek verzeichnet diese Publikation
in der Deutschen Nationalbibliografie; detaillierte bibliografische Daten
sind im Internet über http://dnb.d-nb.de abrufbar.

ISBN 978-3-7917-2581-9
© 2014 by Verlag Friedrich Pustet, Regensburg
Umschlag: Martin Veicht, Regensburg
Umschlagbild: Katholischer Feldgottesdienst an der Ostfront, 1916 (© akg-images)
Druck und Bindung: Friedrich Pustet, Regensburg
Printed in Germany 2014

Diese Publikation ist auch als eBook erhältlich:
eISBN 978-3-7917-6022-3 (epub)

Weitere Publikationen aus unserem Programm finden Sie unter
www.verlag-pustet.de

Inhalt

Vorwort 9

Am Vorabend des Krieges 12

Der Papst, der Kaiser und die Angst vor der Moderne 22
   Politische, kulturelle, soziale und wissenschaftliche
   Veränderungen 22
   Die Haltung der katholischen Kirche: Pius X. 25
   Auseinandersetzung in Deutschland: Der Gewerkschaftsstreit .. 29
   Katholisches Milieu 32
   Kaiser und Katholiken 34

„Für Gott und Vaterland" – die katholische Kirche im Krieg 41
   „Katholische" Liebe zu Fürst und Vaterland 43
   „Katholische" Hoffnung auf den Sieg 45
   Katholizismus und Nationalismus 46
   Fürsorge für Klerus und Gemeinden 48
   Bischöfliche Empfehlung von Kriegsanleihen 49
   Ernüchterung und erste Friedensbemühungen 52

Exkurs: Die Causa Belgien 57

Der Weltkrieg als gerechter Krieg 62

Die geistige Situation der Zeit 67
   Kriegsbegeisterung und Kulturpatriotismus 67
   Krieg und Publizistik: Das Hochland 69

„Der deutsche Krieg und der Katholizismus":
Ein französischer Frontalangriff 71
Deutsche Abwehr der Angriffe I 74
Deutsche Abwehr der Angriffe II 79
Die Fortführung des Krieges mit literarischen Mitteln 84
Max Scheler: Der Genius des Krieges 85
Katholisches Deutschland und Österreich-Ungarn 90
Matthias Erzberger: Überzeugter Katholik und
überzeugter Deutscher 92
Die Wende in den Köpfen 94

Predigten, Berichte und Briefe von der Front 98
Katholische Geistliche im Krieg 98
Feldpredigten 103
Krieg als Strafe Gottes 104
Der Krieg als Erzieher 107
Krieg und Resakralisierung der Kirche 108
Für Gott und Vaterland 110
Krieg und Sittenverfall 113
„Treue Gefolgschaft dem Kaiser" 115
„Heldentod" 119

Exkurs: Bischöfe an der Front 121

Zeugnisse der Feldgeistlichen 125
Benedict Kreutz 125
Sorgen und Herausforderungen der Feldgeistlichen 128
Krieg und Berufung 131

Feldpostbriefe 133
„Seelenzeugnisse" 133
Bekehrung Frankreichs vom Laizismus 138
Seel-Sorge als Kriegs-Sorge 140
Gottergebenheit 141
Für Gott und Kaiser 143
Ausharren und Menschlichkeit üben 145

Die weiße Taube aus Rom – der Papst und der Frieden 148
   Pius X. 148
   Benedikt XV. 150
   Deutsche Einschätzung der päpstlichen Friedensbemühungen 157
   Die Mission Eugenio Pacellis 159
   Das apostolische Mahnschreiben Dès le début 164
   Reaktionen 169
   Erfolg und Misserfolg der päpstlichen Bemühungen 171
   Spärliche Unterstützung der päpstlichen Friedens-
   bemühungen in Deutschland 173
   Päpstliche Neutralität? 178

Katholischer Aufbruch: Quickborn und Liturgische Bewegung .. 180
   Quickborn 181
   Die Liturgische Bewegung 187

Übergänge in die Moderne 191

Literaturverzeichnis 201
Anmerkungen 205

„Es war am Abend des 1. August 1914, am Tage, da Deutschland seine Armeen aufgerufen hatte, da weilte der Schreiber dieser Zeilen im Kreise seiner Mitbrüder in Feldkirch. Die einen besprachen die unabsehbaren Ereignisse, die nun ihren Anfang genommen hatten, die anderen, jüngeren Ordensmitglieder rüsteten sich zu eiliger Heimreise an ihren Gestellungsort. Auf allen lastete der Druck der ungeheuren Stunde. Da trat ein Pater zu uns, der eben aus dem Städtchen gekommen war, und sagte: Wissen Sie schon, was der Deutsche Kaiser zum Volk gesprochen hat vom Fenster des Berliner Schlosses aus? ‚Nun empfehle ich euch Gott, jetzt geht in die Kirche, kniet nieder vor Gott und bittet ihn um Hilfe für unser braves Heer!' Als wir diese schlichten und doch so bedeutungsvollen, wahrhaft großen Kaiserworte hörten, übten sie eine ganz unvergeßliche Wirkung auf uns. Es folgte für mehrere Augenblicke ein geradezu ehrfurchtsvolles Schweigen, ein Ernst trat auf die Gesichter, wie er nur in Stunden feierlichen Gottesdienstes über den Menschen kommt. Alle zusammen fühlten wir, wie mit diesen Worten das Furchtbare, das nun seinen Lauf begonnen hatte, hinaufgehoben war in die ewige Welt Gottes, hineingestellt in das Licht des Glaubens. Die Schauer des Krieges schienen gemildert und verklärt durch die vertrauensvolle Anempfehlung an den Gott der Vorsehung und der Weltregierung."[1]

Vorwort

Was hat die Kirche mit dem Krieg zu tun? Die Frage ist berechtigt. Nach landläufigem Verständnis gehört Gewaltlosigkeit zum Wesen einer Kirche, die sich in ihren Grundfesten auf einen Friedenspropheten beruft. Die Nächstenliebe ist gleichsam das Programm des Christentums. Durch die Geschichte hinweg lässt sich aber beobachten, dass es immer wieder zweideutige Verhaltensweisen der verschiedenen Kirchen zum Kriegsgeschehen gab. Da ist nicht nur Widerstand zu beobachten gewesen, sondern auch Liebedienerei oder gar Unterstützung von Gewalt und Aggression. Man erinnere sich an Waffensegnungen, an Bischöfe und Priester, die zum Kampf aufriefen *(„Gott will es!")*, an Kriegs- und Kreuzzugspredigten und an die Indienstnahme kirchlicher Strukturen für staatliches Agieren.

Das war während des Ersten Weltkriegs nicht anders. Bemerkenswert aus heutiger Sicht ist, mit welcher Vehemenz die katholische Kirche in Deutschland die Interessen des Reiches betrieb. Galten doch jahrzehntelang die Katholiken in Deutschland als unzuverlässig. Nach dem Beginn der Reichsgründung 1870 brach Kanzler Otto von Bismarck den Kulturkampf vom Zaun, wollte die Vorrechte der katholischen Kirche zerschlagen und deren Einfluss auf weite Teile der Bevölkerung, besonders in den konfessionell homogenen Gegenden im Westen Preußens, begrenzen.

Wie so oft kommt es, wenn man gegen etwas ist, dazu, dass man sich über kurz oder lang mit dem Gegenteil überidentifiziert. Das führte während des Ersten Weltkriegs zu deutlichen und wiederholten Loyalitätsbekundungen von Kirchenvertretern gegenüber dem Deutschen Reich. Viele davon werden in diesem Buch dargestellt.

Dazu kam, dass insbesondere dem Kaiser an einem engen Zusammenhalt der Gesellschaft im Kampf gelegen war. Nicht zuletzt muss man in Betracht nehmen, dass die quasi-monarchistischen Strukturen der katholischen Kirche der realen Monarchie im Reich glichen. Mit dem Kampf um das Reich wurde ein Kampf um die eigene überlieferte Ordnung geführt. Den Gehorsam, der dem Kaiser vonseiten seiner Landeskinder gebührte, erwartete desgleichen die katholische Hierarchie auf allen Ebenen.

Die Revolution 1918 traf die traditionelle Aristokratie wie die katholische Struktur gleichermaßen. Diese wurde gestürzt, jene begann sich zu verändern. Was die Republik für das Reich wurde, wurden Laien und Reformbewegungen für die Kirche in Deutschland. Natürlich war auch das Kaiserreich kein Hort absoluter Stabilität. Der Unsicherheiten waren viele, wie wir sehen werden. Genauso verhielt es sich in der katholischen Kirche. Der Erste Weltkrieg und das Agieren der Kirche in der Zeit zwischen 1914 und 1918 trugen eher unfreiwillig zu Aufbrüchen bei, die, von Deutschland ausgehend, ihren Höhepunkt in den Beratungen und Ergebnissen des Zweiten Vatikanischen Konzils fanden. Fragen der Moderne, der rasanten Veränderung der Lebenswelt, Fragen der Emanzipation und nach dem Verhältnis zu neuen gesellschaftlichen Milieus brachen sich in der innerkirchlichen Diskussion Bahn. Teilweise harren die Ergebnisse des Zweiten Vatikanischen Konzils, mit dem Papst Johannes XXIII. die Fenster zur Welt hin öffnen wollte, noch heute der umfassenden Umsetzung.

Katholische Kirche im Krieg war nationale Kirche. Das war in Deutschland nicht anders als in Frankreich, Italien oder Belgien. Die große Chance lag eigentlich in der Katholizität der Kirche als einer internationalen Bewegung. Die Gelegenheit, mit ihrer transnationalen Struktur zum Frieden beizutragen, wurde vertan. Entsprechende Versuche des Papstes – dem Garanten der Katholizität – blieben, obschon engagiert und glaubwürdig betrieben, Stückwerk und letzten Endes ohne Erfolg. Eine Ausnahme bildeten lediglich humanitäre Hilfsmaßnahmen, so die Sorge für Verwundete und Kriegsgefangene.

Dieses Buch ist eine historisch-theologische Lesereise. Es ist aus dem Bewusstsein heraus geschrieben, dass zum Christentum Friedenswillen, Ausgleich, Verständigung und Toleranz gehören. Meine Absicht war nicht, neue wissenschaftliche Erkenntnisse zu präsentieren. Mein Interesse galt vielmehr einer Art literarischem Spannungsbogen: ausgehend vom Kulturkampf, der die Katholiken in einen Gegensatz zum Staat setzte, über eine ausufernde Anpassung an die Ziele des Reiches, deren oft abschreckende Auswirkungen viele Zitate aus der Zeit während des Ersten Weltkrieg verdeutlichen, hin zu einem Aufbruch, der nicht nur die Gesellschaft in Deutschland prägte, sondern auch in der deutschen Kirche wichtige Impulse setzte, bis in die Weltkirche hinein. Der Blick richtet sich insbesondere auf die Vertreter der Institution, führende Geistliche oder Politiker. Aus historischer Sicht müsste man noch stärker nach der Mentalitätsgeschichte fragen. Haben die Gläubigen in den Gemeinden genauso gedacht, wie die Pastoren gepredigt haben? Oder hatten sie mehr Zweifel und Ängste? In vielen Feldpostbriefen scheint das durch, genauso wie Opferbereitschaft und Kaiserverehrung deutlich werden. Im Fokus aber stehen, das ist der Quellenlage geschuldet, die Institution und ihre Vertreter; Ergebnis ist eine Reflexion des Verhaltens der Amtskirche. Bilanzierend muss man feststellen: Die katholische Kirche in Deutschland, wie sie sich uns heute aus Predigten, Hirtenworten, Briefen und Publikationen präsentiert, war am Vorabend des Ersten Weltkriegs Kirche ihrer Zeit. Nach dem Ende der Kämpfe und nach der Revolution in Deutschland war sie gezwungen, den dringenden Aufbruch in die Moderne zu wagen.

Am Vorabend des Krieges

Im feinen Kieler Stadtteil Düsternbrook steht die katholische St. Heinrich-Kirche. Direkt an einem Wäldchen gelegen, fällt die Landschaft um die Kirche herum zur Förde hin ab. So wird aus dem Kirchturm eine Art Seezeichen, vom Wasser aus zu sehen und in den Seekarten eingetragen. Genau an dieser Stelle liegt der Kieler Marinehafen. Von den Schiffen aus geht der Blick über die Bäume auf das Gotteshaus. Diese Nähe ist kein Zufall. St. Heinrich ist eine Militärkirche, erbaut in den Jahren 1907–1909. Zum Namensgeber wurde der mittelalterliche Heilige Kaiser Heinrich. Da Prinz Heinrich, der jüngere Bruder des regierenden Kaisers Wilhelm II., wesentlich zum Bau beigetragen hat, ist die parallele Namensgebung zweifelsohne gewollt gewesen.

Nach der Ernennung Kiels zum Reichskriegshafen wurde 1882 die evangelische Pauluskirche am Niemannsweg fertiggestellt und in der Folge als Garnisonskirche für beide Konfessionen genutzt. Wegen des steigenden Bedarfs wurden gleichzeitig die evangelische Petruskirche in der Wik und die katholische St. Heinrich-Kirche in der Feldstraße als weitere Marinegarnisonskirchen erbaut. Der neuromanische Zentralbau aus rotem Backstein wurde am 31.3.1909 durch den katholischen Marinepropst, Dr. Heinrich Vollmar, in Anwesenheit des stellvertretenden Stationschefs in Kiel, Vizeadmiral Schmidt, als dem Vertreter des Kaisers eingeweiht.

Schon 1904 war dem Reichsmarineamt und dem Reichsschatzamt von einer „Kirchennot in Kiel" berichtet worden. Zunächst wurde das Begehren abgelehnt. Dann intervenierte der Leiter der Marinestation Ostsee, Admiral Prinz Heinrich von Preußen (der spätere Namensgeber), und der Bau einer Kirche wurde in den Haushaltsplan aufgenommen. Selbstverständlich war das nicht. Die Beziehungen zwischen Kaiserhaus und katholischer Kirche waren nach dem Kulturkampf der 1870er-Jahre nicht die besten. Allein die Sorge um das Militär einte.

Kardinal Michael von Faulhaber (1869–1952), von 1910–1917 Bischof von Speyer, von 1917–1952 Erzbischof von München und Freising, von 1914–1918 Feldprobst (zunächst stellvertretend) der Bayerischen Armee. (Foto: ullsteinbild)

Aus dem Norden Deutschlands geht der Blick in den Süden. Kurz vor dem Deutsch-Französischen Krieg und der daraus resultierenden Gründung des Deutschen Reiches mit der Krönung des Preußenkönigs zum Deutschen Kaiser und kurz vor dem Kulturkampf, der auch Bayern nicht verschonte, wurde im fränkischen Klosterheidenfeld, nahe Schweinfurt, Michael Faulhaber geboren. Er wird später Theologie studieren und nach der Priesterweihe 1892 als Kaplan arbeiten. Für einen Geistlichen damals wie heute ungewöhnlich, absolvierte er, auf eigenen Wunsch, noch 1888 einen freiwilligen Militärdienst beim Königlich Bayerischen 9. Infanterie Regiment.[2] Diese Zeit wird ihn das ganze Leben hindurch, besonders während des Weltkriegs, prägen. Faulhaber verstand sich als Soldat und unter Soldaten als Seinesgleichen. Mit dem Beginn des Weltkriegs sah sich Faulhaber sogar verpflichtet, sich als Kriegsfreiwilliger zu melden.[3] Sein Begehren wurde aber, wegen Erreichen der Altersgrenze und weil sich möglicherweise ein Bischof im Schützengraben nicht so gut gemacht hätte, abgewiesen.

Nach seiner theologischen Dissertation und Habilitation wirkte er ab 1903 als Professor für das Alte Testament an der katholisch-theologischen Fakultät der vom Deutschen Reich neu gegründeten Universität Straßburg. 1910 wurde Faulhaber Bischof der bayerischen Pfalz in Speyer und drei Jahre später in den Adelsstand erhoben. Mit dem Beginn des Ersten Weltkrieges übernahm er zusätzlich zu seinem Amt in Speyer die Aufgabe als stellvertretender Feldpropst, also eines Militärbischofs der bayerischen Armee. Gerne wäre er bereits jetzt Feldpropst geworden, jedoch oblag dieses Vorrecht dem Erzbischof von München und Freising. Während dieser das Amt nur pro forma ausübte, fühlte sich Faulhaber in seinem Element. 1917 ernannte ihn der Papst schließlich zum Erzbischof von München und Freising und damit zum wirklichen Feldpropst.

Die katholische Marinekirche im Norden und der Bischof im Süden: Sie sind Symbole für jene Zeit, die in diesem Buch beschrieben werden soll und die das gesamte Land, die gesamte katholische Bevölkerung betraf, ohne Unterschied, sei es in der Diaspora des Nordens und Ostens Deutschlands oder in den katholischen Gebieten im Westen und im Süden. Katholische Kirche und Kaiserreich standen in einer merkwürdigen Spannung zueinander. Man grenzte sich ab und diente sich gleichzeitig an, wie wir noch sehen werden.

Es ist kein Zufall, dass das Militär eine Verbindung schaffte, über deren Stabilität vor, während und nach dem Ersten Weltkrieg wiederholt diskutiert wurde. Und es ist auch kein Zufall, dass ausgerechnet Michael von Faulhaber zu einem wichtigen Protagonisten der Ereignisse wurde. In seiner ganzen Laufbahn war der Theologe Zeitgenosse der Ereignisse, die hier beschrieben werden. Er wurde in seinen Ämtern zum Begleiter einer Kirche, die sich zunächst dem modernen Fortschritt verweigern will, dann in die nationale Begeisterung des Kriegsausbruches einstimmt, Sieg und Niederlage an verschiedenen Fronten erfährt, den Weg über Revolution und Republik bis zu den Verheißungen und Brutalitäten der Nationalsozialisten mal zustimmend, mal distanziert, mal laut, mal schweigend zur Kenntnis nimmt, in den Ruinen Gottesdienste feiert, um sich dann am Aufbau der Zweiten Republik, der Bundesrepublik Deutschland, zu beteiligen. Faulhaber wurde zum zentralen Protagonisten der katholischen Kirche im Ersten Weltkrieg, nicht nur durch seine Stellung, sondern erst recht durch seine vom Militär geprägte Einstellung, die den Philosophen und Konvertiten Theodor Haecker dazu veranlasste, ihn einen „Kriegspfaffen" zu nennen.[4] Ein Ausdruck, der etwas überzogen erscheint, doch beschreibt er treffend eine sonderbare Affinität des Kirchenfürsten zur Sache des Reiches.

Der Bischof war zutiefst davon überzeugt, dass es sich bei dem großen Feldzug von 1914 bis 1918 um einen gerechten Krieg handelte. Davon spricht auch ein patriotisch formuliertes Kriegsgebet, den bayerischen Soldaten im Feld zu Ostern 1915 zugeeignet.[5] Auch wenn seine Meinung sich im Verlaufe des Krieges änderte, blieb der Bischof monarchistisch und antimodern eingestellt, der Krieg aus dieser Perspektive ein Kampf um ein Heiliges Reich. Michael von Faulhaber war ein typischer Vertreter des Verhaltens der katholischen Kirche während und nach dem Ersten Weltkrieg. Wir werden ihm deswegen an verschiedenen Stellen dieses Buches immer wieder begegnen.

Wer das Verhalten der katholischen Kirche im Ersten Weltkrieg verstehen will, muss zuerst vom Kulturkampf erzählen. Der Kulturkampf stellte eine Auseinandersetzung primär zwischen Preußen und dem deutschen Katholizismus dar, als dessen Protagonist unter anderem der Oberhirte im Vatikan fungierte, Papst Pius IX. Vorangegangen waren Auseinandersetzungen zwischen laizistischen und klerikalen Kräften in Bayern und Baden. Im Zentrum der Auseinandersetzung stand die Einführung der Zivilehe. War es vorher üblich, vor einem Geistlichen in den Ehestand zu treten, zog nun der Staat dieses Privileg an sich. Die Frage der Zivilehe stand dabei stellvertretend für die Diskussion der Vormachtstellung von Staat oder Kirche, von Theologie oder säkularer Wissenschaft. Wer sollte zukünftige die Normen in der Gesellschaft setzen: Staat oder Kirche? Die Säkularisation hatte Jahrzehnte zuvor die strukturellen Grundlagen der mittelalterlichen Kirche zerschlagen. An diese Leerstelle sollten nun die staatliche Ordnung und die liberale Gesellschaft treten. Reichskanzler Otto von Bismarck zielte auf die Geistlichen als die allgegenwärtigen, gebildeten Vertreter der Kirche, deren Einfluss auf die (katholischen) Bürger er begrenzen wollte. Diejenigen wiederum, die sich zunächst der Kirche verpflichtet sahen, waren die Ultramontanisten. Ihr Referenzpunkt lag jenseits der Alpen, ultra montanes, beim Papst in Rom.

Dieser Papst war Pius IX. (1792–1878). Der beim Volk beliebte Kirchenjurist, eigentlich demokratischen Ideen verpflichtet, sah die Bekämpfung moderner Staatsideen, die Religion und Kirche in den Hintergrund treten ließen, als sein hauptsächliches Aufgabenfeld. 1864 verfasste er den sogenannten Syllabus, der 80 Zeitirrtümer auflistete, die der Papst zu identifizieren glaubte. Der Text hatte lange Nachwirkungen, die die Auseinandersetzungen des Katholizismus mit seinen Gegnern noch auf Jahrzehnte hinaus prägte. Verurteilt wurden eine Vernunft ohne Gott, eine Philosophie ohne Bezug auf übernatürliche Offenbarung, die Religionsfreiheit, die Unterwerfung der Kirche unter das Zivilrecht und, natürlich, die Behandlung von Eheangelegenheiten durch weltliche Autoritäten. Eine Aussöhnung mit dem Liberalismus (der „Geldmacht ohne Religion") wurde strikt abgelehnt.

Das Bildungsniveau der Priester war zu dieser Zeit nicht besonders hoch, sollte es aber auch nicht sein. Deren Ausbildung wurde beherrscht von der Neuscholastik, einer im Katholizismus verankerten Philosophie, die moderne Strömungen ablehnte und zurückgriff auf die mittelalterliche scholastische Philosophie, wie sie zum Beispiel Thomas von Aquin geprägt hatte. Wichtiger als eine akademische Bildung war es demnach, dass die einfachen Kapläne, Pfarrer und Hilfspriester fromm und gehorsam waren. Dafür bekamen sie, selbst wenn sie aus einfachsten Verhältnissen stammten, soziale Anerkennung – zumindest beim einfachen Kirchenvolk, dem gegenüber man sich mit großbürgerlich-intellektuellem Habitus empathisch zeigen konnte.

Tragische Berühmtheit erlangte Pius IX. mit der Einberufung des Ersten Vatikanischen Konzils für das Jahr 1869. Dort wurde das umstrittene Dogma von der Unfehlbarkeit des Papstes in theologischen Fragen formuliert. Die Formulierung des Dogmas wurde geprägt durch neuscholastisch geschulte Theologen aus dem Jesuitenorden, die einen starken römischen Zentralismus vertraten.⁶ Seine Verabschiedung erfolgte nicht einhellig, gerade die Mehrheit der deutschen Bischöfe waren Gegner des Dogmas. Sie fanden sich in enger Nachbarschaft zu katholischen Politikern wie Ludwig Windhorst, die das Dogma ebenfalls kritisch sahen.

In Deutschland führte das Dogma dann zu ersten Abspaltungen. Unter der Meinungsführerschaft des Münchner Kirchenhistorikers Ignaz Döllinger gründeten sich 1873 die sogenannten Alt-Katholiken, die nach eigenem Bekunden an der „alten" Form der Kirche festhalten wollten. Das Konzil musste nach der Besetzung Roms durch italienische Truppen abgebrochen werden und wurde nie offiziell beendet. Der Papst zog sich in den Vatikan zurück und sah sich dort von nun an als ein Gefangener.

Die Lehre von der Unfehlbarkeit aber blieb in Geltung, und die Bischöfe, Priester und Gläubigen mussten sich arrangieren. Die altkatholische Kirche wurde nie mehr als eine christliche Splittergruppe, die Anzahl ihrer Mitglieder ist bis heute klein. Selbst der mittlerweile exkommunizierte Döllinger schloss sich ihr nicht an. Substanziell jedoch blieb die Unfehlbarkeit ein Papiertiger. Vom Ermländer Bischof Philipp Krementz (1819–1899, 1885 wurde er Erzbischof von Köln und Kardinal) ist die Meinung überliefert, er denke, dass kaum ein Dutzend seiner Pfarrer an sie glauben würde.⁷ Er selber war bei der Verabschiedung des Dogmas nicht mehr zugegen, exekutierte die Entscheidung in seiner Diözese aber ungeachtet der Widerstände.

Paradoxerweise erreichte der aufkommende Kulturkampf das, was er eigentlich bekämpfen wollte, nämlich eine stärkere Identifikation der Katholiken mit ihrer Kirche. Denn die Diskussion über den Weg der Kirche angesichts tief greifender gesellschaftlicher Veränderungen wurde innerhalb der Kirche kontrovers geführt. „Der Traditionalismus des Kirchenvolkes und die ultramontane Vorprägung waren stärker, das neue Dogma war nicht von so elementarer und vitaler Bewegkraft, um eine Spaltung zu begründen. Erst vor diesem Hintergrund war es dann auch das feindliche Klima des beginnenden Kulturkampfes, das Priester und gebildete Gläubige ins Schweigen und in die Verbindung zu Rom zurückzwang"⁸, analysierte der Historiker Thomas Nipperdey.

1871 wurde mit dem Kanzelparagrafen Geistlichen untersagt, sich öffentlich zu politischen Fragen zu äußern. Ein Jahr später wurden der Jesuitenorden verboten und die staatliche Schulaufsicht eingeführt. Im darauf folgenden Jahr bestand das Reich auf der Kontrolle der Einstellung von Klerikern. Ab 1873 konnte man in Preußen offiziell aus der Kirche austreten, ein Vorgang, der theologisch bis heute als unmöglich angesehen wird. Die Regelung, dass vor einer kirchlichen Trauung eine zivile erfolgen muss, wurde 1874 erlassen. Letztendlich entzog man der Kirche die finanzielle Unterstützung. Im Zuge des Kulturkampfes wurden etliche Geistliche, unter ihnen die Bischöfe von Posen und Trier, inhaftiert. Die diplomatischen Beziehungen mit dem Vatikan wurden bereits 1872 abgebrochen. Allein der Nuntius in München blieb erhalten. Mit der Zeit wuchs die dortige Nuntiatur, die eigentlich bloß den Jurisdiktionsbezirk des Königreiches Bayern umfasste, in die Rolle der Vertretung des Vatikans in Deutschland hinein. Sie sollte während des Ersten Weltkriegs eine zentrale Rolle spielen. Der Priestermangel nahm indes während des Kulturkampfes eklatant zu. Zu Beginn der 80er-Jahre des 19. Jahrhunderts konnten rund 1000 Pfarreien nicht mit Geistlichen besetzt werden. Diese nahmen ihre ersten Stellungen in anderen Ländern ein, studierten und wirkten im Ausland, zum Beispiel in den Niederlanden oder in Rom.

Die deutschen Staaten achteten im Kulturkampf nachdrücklich darauf, wer ihnen genehm oder nicht genehm war, um als Kandidat für einen vakanten Domherren- oder Bischofsposten zu gelten. Über die Landratsämter wurden Dossiers angelegt, welcher Geistliche für höhere Ämter infrage käme und welcher nicht. Damit wurden nicht nur Negativlisten geschaffen. Wer sich an Kaisers Geburtstag oder am Sedan-Gedenktag besonders positiv hervortat, wer patriotisch predigte und ein Hoch auf den Kaiser ausbrachte, galt schnell als episkopabel.

Das Wahlrecht der Domkapitel für die Besetzung der Bischofsstühle blieb während der Kulturkampfzeiten bis auf wenige Ausnahme gewahrt. Doch konnte die Obrigkeit Kandidaten ablehnen. Um ihnen genehme Kandidaten auf die Listen zu bekommen, nutzten die Kirchen oft Umwege, indem sie ultramontane und romtreue Geistliche zunächst in die Domkapitel beriefen oder als Weihbischöfe einsetzten, um diesen so ein Sprungbrett zu schaffen.

Die Position des Feldpropstes in Preußen wurde per se mit einem staatstreuen Kleriker besetzt. Das galt für Heinrich Vollmar wie für seinen Nachfolger Heinrich Joeppen. „Bischofskandidaten waren im Grunde Schachfiguren auf dem Spielbrett der Politik, gelegentlich auch innerkirchlicher Querelen, die je nach politischer oder kirchenpolitischer Großwetterlage hin und her geschoben wurden und dabei in aller Regel während des Ernennungs- bzw. Wahlverfahrens, aber auch – bezüglich personalpolitischer Fragen auf Bischofsebene – während ihres Episkopates passiv blieben!"[9] Zumindest konnten sie als Bischöfe kaum noch in der gesamtdeutschen Kirchenpolitik eine bedeutende Rolle spielen. Konflikte um die Bischofsernennungen zwischen Staat und Kirche hat es während der Zeit des Kaiserreichs gleichwohl immer gegeben. Der mittelalterliche Investiturstreit setzte sich insofern fort, als es um die Frage der Letztentscheidung von Bischofsernennungen und damit um den Einfluss auf die geistliche und geistige Vorherrschaft über die Katholiken Deutschlands ging. Waren es Rom und der Papst, die die Richtung im persönlichen Leben und im gesellschaftlichen Verhalten vorgaben? Oder waren es Kaiser und Reich, die auf loyale Staatsbürger angewiesen waren und aus diesen ihre Legitimation ableiteten?

Der Kulturkampf war eine Seite der Medaille, das aufkommende politische Selbstbewusstsein der Katholiken die andere. Der Anfang des Reiches war auch der Anfang der Zentrumspartei. Nach der ersten Landtagswahl in Preußen gründeten 48 katholische Parlamentarier (das waren bei weitem nicht alle Angehörige dieser Konfession) eine eigene Fraktion ohne Fraktionszwang, das *Zentrum*. Bei der Reichstagswahl vollzog sich Ähnliches. Am 21. März 1871 traten zur Eröffnung des neuen Reichstages 57 Abgeordnete zur Zentrumsfraktion zusammen. „Damit war in der Geschichte des deutschen Parteiwesens ein neuer Anfang gesetzt, der deutsche Katholizismus zugleich auf eine Bahn getreten, für die es noch kein Vorbild gab."[10] Man sah sich allerdings primär der deutschen Politik verpflichtet, weniger der katholischen Kirche, und pflegte durchaus Distanz zum Vatikan.

Für den Kanzler, Otto von Bismarck, war damit ein Fanal gesetzt. Das Zentrum sei eine Partei, die die Theologie in die öffentliche Versammlung trage, wie er es ausdrückte, zumal noch die Vertreterin einer konfessionellen Minderheit, die sich eigentlich, sollte die evangelische Kirche es ihr gleichtun, einer konfessionellen Übermacht im Reichstag gegenübersähe. Dem Zentrum, so war seine Überzeugung, sei nicht am Aufbau des Staates gelegen, sondern an dessen Unterwanderung. Er könne die Gründung der Partei nur betrachten „im Lichte einer Mobilmachung der Partei gegen den Staat", das Zentrum fördere die „subversiven, aller Autorität feindlichen Tendenzen"[11] und sei schlimmer als der Kommunismus. Bismarck hoffte, der Vatikan möge sich rasch von der neuen Bewegung distanzieren.

Protagonist der neuen Partei war Ludwig Windthorst, ehemaliger Minister des Königreiches Hannover, ein durchaus kompetenter und erfahrener Politiker. Windthorst war im Grunde die Lichtgestalt des katholischen Zentrums. Er kam aus Osnabrück und starb 1891 in Berlin.

Der Politiker war ultramontanistisch gesinnt und kämpfte gegen die Benachteiligung der Katholiken in der deutschen Gesellschaft. Seine politische Karriere begann in der hannoverschen Ständeversammlung, schließlich wurde er hannoverscher Justizminister. Windthorst wurde zum kompetenten Gegenspieler Bismarcks. Während seiner gesamten Laufbahn im Königreich Hannover war Windthorst mit Kultusangelegenheiten befasst; es lag ihm stets daran, eine größere Freiheit der Kirchen, sei es die evangelische oder die katholische, vom Staat zu erreichen. In den ersten Jahren des neuen Deutschen Reiches wurde Ludwig Windthorst die unangefochtene Führungsfigur der Zentrumspartei. Es wurde seine Lebensaufgabe, gegen Bismarck den Kulturkampf auszufechten.[12] Die Partei war nicht in allem erfolgreich. Zu Beginn des Jahrhunderts gab es mehrere Anläufe, im Reichstag einen Toleranzantrag durchzubringen. Er sollte reichsweit die freie Religionsausübung für Katholiken gewährleisten. Besonders in den norddeutschen Ländern war das religiöse Leben der Katholiken strengen Restriktionen ausgesetzt. Die Mehrheit im Reichstag erreichte das Zentrum gemeinsam mit den Sozialdemokraten. Aber der von den Fürstenhäusern dominierte Bundesrat lehnte den Antrag ab – sogar mit der Stimme Bayerns, das in dem Ansinnen eine Aushöhlung der Länderkompetenzen sah.[13]

Homogen präsentierte sich das Zentrum durchaus nicht. Im Rheinland und in Baden war man liberal, zeigte sich gegenüber Demokratie und Reformbemühungen aufgeschlossen. Der katholische Adel Westfalens und Schlesiens stand der überkommenen Struktur näher. Bei der Durchführung und erst recht bei der Beendigung des Krieges wird das Zentrum eine zentrale Rolle spielen.

Der Kampf um die Kanzeln führte nicht unbedingt zu dem Erfolg, den Bismarck sich erhofft hatte. Zwar gelang es, eine stärkere Trennung von Staat und Kirche herbeizuführen. Neben dem Zentrum entstand jetzt ein aktiver Laien- und Verbandskatholizismus. Das Zentrum hielt sich gegenüber den Laienaktionen bedeckt, man wollte nicht darauf reduziert werden, konfessionell gebundene Partei zu sein, sah sich eher als Vorreiterin einer sozialen Gesetzgebung. Im Jahr 1878, zum Abschluss des Kulturkampfes, wurde die Partei stärkste Fraktion im Reichstag „und geriet in eine parlamentarische Schlüsselstellung, in der es für die neue Innenpolitik Bismarcks, der mit dem Nationalliberalen und dem System des Freihandels brach und stattdessen Schutzzölle zur Förderung von Industrie und Landwirtschaft durchsetzte, von ausschlaggebender Bedeutung wurde"[14]. In dem Maße, wie das Zentrum ein wichtiger Mitspieler für Bismarcks Politik wurde, musste dieser auf die Kernwählerschaft der Partei zugehen, die Katholiken. Das läutete das Ende des Kulturkampfes ein, hatten sich doch viele Katholiken während der ärgsten Auseinandersetzungen demonstrativ an die Seite ihrer Geistlichen gestellt. Bismarck verhandelte mit dem Papst direkt. Auf Pius IX. folgte Leo XIII., der sich gesprächsbereiter zeigte. Unter anderem diente der seinerzeitige Fuldaer Bischof Georg Kopp (der später als Fürstbischof nach Breslau wechselte) als eine Art Mittelsmann. 1882 wurden wieder diplomatische Beziehungen zum Vatikan aufgenommen. Als schließlich 1886 und 1887 zwei Friedensgesetze verabschiedet wurden, konnte das Zentrum nur zustimmen. Beteiligt an den Verhandlungen war die Fraktion nicht. Papst Leo XIII. äußerte, der Kampf habe Staat und Kirche geschadet, nun sei er beendet. Beantwortet waren die Fragen, wie die nach der Stellung der Kirche in der deutschen Gesellschaft, dem Verhalten gegenüber Politik und Moderne und dem Einfluss des Papstes, noch lange nicht.

Der Papst, der Kaiser und die Angst vor der Moderne

Politische, kulturelle, soziale und wissenschaftliche Veränderungen

Außenpolitische Fragen spielten für die Katholiken in Deutschland am Vorabend des Ersten Weltkriegs keine besondere Rolle. In der Kirche war diese Zeit geprägt von Auseinandersetzungen um die Moderne, von der Angst vor der Säkularisierung und durch eine ständige Verbesserung der Beziehung zu Rom nach den Erfahrungen des Kulturkampfes. Für die Kirche wurde die Moderne zum „Modernismus", und das klang annähernd so schlimm wie Sozialismus und Kommunismus (die „Arbeitermacht ohne Religion"). Das Epizentrum dieser beängstigenden Entwicklung sah man vonseiten Roms in Deutschland, im Land der Aufklärung und der Reformation. Die Grundfesten jahrhundertealter Überlieferungen wurden erschüttert. In der Tat war es das Bemühen der Moderne, die Gesellschaft zu öffnen, sich von alten Zöpfen wie einer bloßen Autoritätshörigkeit zu trennen, um neue Ideen zu entwickeln. Sicher herrschte nicht nur innerhalb der Kirche Sorge um das Bewährte vor. Es gehörte gerade zu den Kennzeichen der Moderne, dass sie anstrengend war und Zumutungen bereit hielt. Wenn alles auf den Kopf gestellt wird, muss nach neuer Orientierung gesucht werden. Wer modern dachte und agierte, wandte sich von der alleinigen Ausrichtung auf den Kaiser als dem Garanten und Symbol der Nation als Wahrer überlieferter Werte ab. So ergab sich die merkwürdige Melange einer Kirche, die ebenso autokratisch geführt war wie das Kaiserreich und sich auch gegen moderne Strömungen stellte, dabei aber gleichzeitig der Staatskritik verdächtig schien, eben weil sie sich universal gab und normative Ansprüche auf das Leben von Katholiken gleich welcher Nation stellte. Die Auseinandersetzung mit der Moderne fand parallel in Gesellschaft und Kirche statt, kam aber aus je unterschiedlichen Richtungen. Ebenfalls kritisch stand die Kunstszene der Moderne gegenüber. Künstler und Literaten thematisierten die allgemein zu spürende Verunsicherung. Ihr Ziel aber war nicht der Erhalt einer vormodernen Gesellschaftsstruktur. Man orientierte sich vielmehr an den Wurzeln der Kultur und wollte zurück zu diesen Wurzeln. Die Moderne sollte sein, aber sie sollte anders sein, als man sie erfuhr. „In den literarischen Stoffen und Motiven dieser Zeit – in Ästhetizismus und Dekadenz – wird eine doppelte Sehnsucht offenbar: die Feier der Schönheit und des hohen Lebens sowie die kultische Verehrung von Gewalt und Opfer ... [Sie] markierten eine Distanz zur Rationalität der Moderne, der man ein anderes Modell vom Leben, von Gemeinschaft, Größe und Ganzheit entgegensetze", urteilt der Literaturwissenschaftler Wolfgang Martynkewicz.[15]

Die Gesellschaft fand sich eingespannt zwischen der Treue zur Tradition und dem Aufbruch in eine neue Zeit, geprägt durch Liberalismus, Sozialismus und Kommunismus, die Arbeiterbewegung, die zunehmende Technisierung der Lebenswelt und Industrialisierung. Und wie sah es mit dem Verhältnis der Theologie zur modernen Wissenschaft aus? Es war die Zeit der Erfindungen und Entdeckungen, die ersten Nobelpreise wurden vergeben, auf den Straßen lösten selbstfahrende Automobile die Pferdedroschken ab, Flugzeuge erhoben sich gen Himmel – und die Katholiken mussten nach Lehre ihrer Kirche immer noch glauben, dass sich die Sonne um die Erde drehte und Gott die Welt in sieben Tagen erschaffen hatte.

„Modernismus und nostalgische Rückbesinnung auf die Tradition waren ein Signum der Zeit. Das spiegelt sich im Leitbegriff der Epoche, Fin de Siècle, in dem die widersprüchlichen Strebungen von Endzeiterwartung, Krise und Aufbruch zusammenkommen."[16] Dass die kirchliche Hierarchie darüber hinaus in dieser Stimmung den Zusammenbruch einer – ihrer – alten Ordnung befürchten musste, liegt nahe. Zum Ende des 19. Jahrhunderts hatte der Papst seine weltliche Macht, den Kirchenstaat, eingebüßt. In Deutschland hatte man, mit Blessuren, den Kulturkampf überstanden. Die Kirche würde nie mehr so mächtig und gesellschaftsbestimmend sein, wie sie es ehedem gewesen war. Sie verlor das Monopol in der Ritualkompetenz, der Begleitung der Menschen auf ihrem Lebensweg – ein Verlust übrigens, der bis in unser Jahrhundert andauert. Was zur Jahrhundertwende mit dem Modernismus begann, pflanzt sich bis in die heutige Zeit fort. Eine Zugehörigkeit zum Christentum war zu Beginn des 20. Jahrhunderts nicht mehr das unbedingte Entrebillet für Gesellschaft und Kultur. Ganz im Gegenteil. Wer den Lehren der Kirche anhing, konnte leicht als gestrig und nicht bei Sinnen klassifiziert werden. Die alleinige Verantwortung für die Eheschließung hatte man an die Standesämter verloren, die Aufsicht über Schulen und Universitäten war überwiegend in die Hände des Staates gelangt, ja, selbst die Festivitäten im Jahreskreis, jahrhundertelang religiös geprägt, wurden jetzt von den nationalen dominiert[17] – Sedan-Fest statt Fronleichnamsfeier sozusagen.

Die wissenschaftliche Revolution tat das Ihrige. Nach der Struktur gerieten jetzt die Substanz, das Weltbild, die philosophischen Grundlagen, ins Wanken. „Wo Wohlstand und ein Gefühl der Sicherheit zusammen mit längerer Lebenserwartung normal wurden, drohte die Religion in den Hintergrund zu geraten oder zu einem leeren, konventionellen Ritus zu werden, ganz abgesehen von der Veränderung des Weltbildes durch den rationalen Geist, der mit fundamentalen Dogmen des Glaubens nicht zu vereinbaren war, aber die Gesellschaft immer stärker beeinflusste."[18] Die Kirche und mit ihr die Theologie hatten jahrhundertelang eine Deutungshoheit über das Leben und Bestreben der Menschen besessen; nun begannen Emanzipation und Wissenschaft, eng miteinander verbunden, zu wirken. Die Thesen Darwins, Freuds und Nietzsches, die Weltsicht eines Karl Marx, die Erkenntnisse der Astronomie und Geologie hatten neue Standards gesetzt, die eine Welterklärung, die sich aus biblischen Motiven ableitete, unmöglich machte. Wissenschaft und Entwicklung kamen bei der Mehrheit der Bevölkerung an. Dadurch entstanden Konkurrenzen. Die Kirche drohte eine Organisation unter vielen im Leben der Menschen zu werden und geriet mit ihrer Botschaft ins Hintertreffen. „Der Fortschrittsglaube, der von einer autonomen Vernunft des Menschen und dessen Fähigkeit zu Selbstentfaltung und unbegrenzter Wissenserweiterung ausging, ließ wenig Raum für das Eingreifen einer höheren Macht, für Belohnung und Bestrafung eines allmächtigen Gottes, dessen Wege unergründlich sind, Vorstellungen, die die Kirche als Führerin und Mittlerin unentbehrlich gemacht hatten."[19] Die katholische Kirche, die sich theologisch als genau diese Mittlerin definierte, traf dieser Umstand weitaus stärker als andere Konfessionen oder andere Religionen, die der Auseinandersetzung mit Wissenschaft und Fortschritt ebenso ausgesetzt waren, aber andere Möglichkeiten, Traditionen und Lehren hatten, damit adäquat umzugehen.

Die Haltung der Katholischen Kirche: Pius X.

Die Position der katholischen Kirche und ihrer Vertreter, der Laien und der Theologen war nicht einheitlich. Es gab Theologen, die sich einer ultramontanen Richtung verpflichtet sahen; andere Professoren propagierten einen Reformkatholizismus. Teilweise waren ganze theologische Fakultäten, wie beispielsweise in München, Freiburg, Tübingen, Bonn oder Breslau moderat und offen eingestellt.

In dieser Zeit wirkt mit Papst Pius X. eine Persönlichkeit auf dem Stuhl Petri, die durchaus ambivalent betrachtet werden kann. Pius X. wurde als Giuseppe Sarto 1835 geboren. Nach einer Laufbahn als Seelsorger und Bischof wurde er 1893 Patriarch von Venedig und zum Kardinal ernannt. Eine bessere Ausbildung von Klerikern und Laien und eine Liturgiereform standen auf seinem „Regierungsprogramm". Da er sehr auf die Wirkung und den Einfluss der Kirche bedacht war, kam es in seinem Pontifikat zu starken Zentralisierungen. Der Demokratie stand er äußerst kritisch gegenüber, andererseits unterstützte er radikale politische Richtungen.

Mit der Enzyklika *Pascendi Dominici gregis* setzt sich Pius X. kritisch mit der Moderne, aus seiner Sicht also dem Modernismus, auseinander. Die ausführlichere Beschäftigung mit dem Text an dieser Stelle ist deswegen notwendig, weil er eine Art theologisches Manifest der Zeit darstellt, das wesentlich zu den Diskussionen über und gegen die katholische Kirche zu Beginn des 20. Jahrhunderts beigetragen hat.

Der Papst versucht in der am 8. September 1907 veröffentlichten Enzyklika, den Modernismus zu systematisieren. Freilich sagt der Text mehr über den Autor aus als über diejenigen, die er angreifen will. Die Grundlage der religiösen Philosophie, so denkt der Papst, *„sehen die Modernisten in jener Lehre, die man gemeinhin Agnostizismus nennt. Demzufolge wird die menschliche Vernunft völlig von Phänomenen eingeschlossen, Dingen nämlich, die erscheinen, und zwar in der Gestalt, in der sie erscheinen: deren Grenzen zu überschreiten, hat sie weder das Recht noch die Möglichkeit. Deshalb ist sie weder imstande, sich zu Gott zu erheben, noch dessen Existenz wie auch immer durch das, was man sieht, zu erkennen."* Gottesglaube, Theologie und Offenbarung *„beseitigen die Modernisten nämlich völlig und nennen es Intellektualismus"*[20] Die Religion, das unterstellt der Papst ihren Gegnern, müsse einzig aus dem Leben der Menschen erklärbar werden. Dies sei das Prinzip der *„religiösen Immanenz"*, die dem Gefühl entspringe. *„Deshalb ist, da*

Papst Pius X (1835–1914), Papst von 1903–1914, Mahner zum Frieden am Vorabend des Krieges. (Foto: Wikipedia)

Gott der Gegenstand der Religion ist, zwangsläufig zu schließen, daß der Glaube, der der Anfang und die Grundlage jedweder Religion ist, in einem innersten Gefühl liegen muß, das aus einem Bedürfnis nach Göttlichem erwächst."[21] Jesus, so der Papst, sei in dieser Perspektive nur ein Mensch; der Glaube habe ihn im Nachhinein „*entstaltet*". Die Aufgabe der Christen liege nun darin, auf den Kern zu kommen, den Kontext des Lebens und Wirkens Jesu zu berücksichtigen und alles Kerygmatische zu verwerfen. Man müsse, das sei die Lehre der Modernisten, den Glauben eigenständig zu denken vermögen.

Dieses Denken ermöglicht eine Religiosität, die keiner Vermittlungsinstanz bedarf, was einem Vertreter der Glaubensorganisation Kirche per se suspekt erscheinen musste. So formuliert Pius X.: „*Der Zweck solcher Formeln* [kirchliche Dogmen, M. L.] *sei kein anderer, als dem Glaubenden einen Maßstab an die Hand zu geben, mit dessen Hilfe er sich Rechenschaft über seinen Glauben geben kann. Deshalb liegen sie in der Mitte zwischen dem Glaubenden und seinem Glauben: was aber den Glauben anbelangt, sind sie unangemessene Zeichen seines Gegenstandes, gemeinhin Symbole genannt; was den Glaubenden betrifft, sind sie reine Werkzeuge.*"[22] Wohlgemerkt, der Papst schreibt hier den Vertretern einer Linie, die er Modernismus nennt, etwas zu, was er glaubte, dass diese denken würden. Glaube und Wissenschaft seien vonseiten der Modernisten strikt getrennt, da das, was geglaubt würde, wissenschaftlich nicht nachweisbar sei. Gegen diese Unterteilung verwahrt sich der kirchliche Oberhirte, er möchte nicht in die Ecke des Gefühls und des Nicht-Nachweisbaren gestellt werden. „*Wenn auch gesagt wurde, Gott sei Gegenstand allein des Glaubens, so ist dies zwar in Bezug auf die göttliche Realität einzuräumen, nicht jedoch in Bezug auf die Idee Gottes. Diese nämlich unterliegt der Wissenschaft, solange diese in der – wie sie sagen – logischen Ordnung philosophiert, erreicht sie sogar alles, was absolut und ideell ist.*"[23] Die Kirche hat nun allein den Platz der Vergemeinschaftung aller mit demselben Gefühl, als Raum der gemeinsamen Erzählung. Über die Kirche behaupten die Modernisten nach Ansicht Pius X., „*sie entstehe aus einem zweifachen Bedürfnis, zum einen in jedwedem Gläubigen, vor allem in dem, der eine ursprüngliche und einzigartige Erfahrung erlangt hat, seinen Glauben anderen mitzuteilen; zum anderen – nachdem der Glaube unter mehreren gemeinsam geworden ist – in der Versammlung zu einer Gesellschaft zusammenzuwachsen und das Gemeinwohl zu schützen, zu vermehren und zu verbreiten. Was also*

[ist] *die Kirche? Sie ist Frucht des Kollektivbewußtseins bzw. der Verbindung des Bewußtseins einzelner, die kraft des lebendigen Bleibens von einem ersten Gläubigen abhängen, nämlich – für die Katholiken – Christus.*"[24] Die Kirche bliebe als moralische Gemeinschaft bestehen, die – und das ist für den frommen Papst höchst zentral – wie alles Irdische der Evolution unterliegen müsse. Abschließend zeigt er sich davon überzeugt, dass die der Wissenschaft verhafteten Modernisten letztlich eben doch nicht alles erklären können, und wenn, dann entspringe dies einer gewissen Beliebigkeit. Die sogenannten Modernisten würden den „Keim", den Jesus gelegt habe, so interpretieren, dass er in ihr Weltbild passt.

Insgesamt ist der Text äußerst apologetisch formuliert. In manchen Teilen versucht er, Argumente aufzugreifen, aber der gesamte Duktus ist Abwehr. Allerdings sind die Formulierungen dergestalt, dass man sie zum Ansatzpunkt einer Diskussion hätte nehmen können. Allein, die kritische Öffentlichkeit sah in der Enzyklika hauptsächlich eine Abwehr der modernen Wissenschaft und das Festhalten an überkommenen Methoden und Lehren. Demgegenüber stand das Bemühen des Papstes, das, was ihm und den meisten Gläubigen heilig schien, nicht der Relativität unterwerfen zu lassen.

Das Zentrum des Modernismus sah insbesondere der damalige Kardinalstaatssekretär Rafael Merry del Val (1865–1930) in Deutschland.[25] Der eigentliche Zündstoff bot sich erst in der Folge der Enzyklika, als nämlich Pius X. 1910 den Antimodernisteneid einführte, einen von den Klerikern zu leistenden Schwur, alle in der Enzyklika *Pascendi Dominici gregis* aufgeführten „Irrtümer" zu verwerfen. Der Eid galt bis 1967 für Priester, besonders aber für alle Theologieprofessoren. In dieser Forderung sah man die Freiheit der Lehre an den katholisch-theologischen Fakultäten der staatlichen Universitäten in Deutschland gefährdet. Es kam zu heftigen Debatten, in deren Folge Rom die Professoren Deutschlands von der Ableistung des Eides dispensierte. Für den späteren Papst Benedikt XV., dem wir im Zusammenhang mit den Ereignissen im Ersten Weltkrieg wieder begegnen werden, stellte der Modernismus nicht mehr das vorrangige Thema dar, das seinen Vorgänger derart beschäftigt hatte. Demgemäß hatte sich das Thema 1914 erst einmal erledigt.

Auseinandersetzung in Deutschland: Der Gewerkschaftsstreit

1909 kristallisierte sich die Auseinandersetzung um das Verhältnis der Kirche zur Welt sowie der Kirche zum Staat in Deutschland im sogenannten Gewerkschaftsstreit heraus. Umstritten war die Frage, ob das Zentrum als Partei, die Christlichen Gewerkschaften und der katholische Volksverein autonom waren, also inhaltlich von Rom und der Hierarchie unabhängig. Oder brauchte es nicht eine stärkere Unterordnung unter bzw. die Zuordnung zu den Bischöfen, als den Vertretern der Hierarchie und des Lehramtes? Grund des Streites war ein 1906 erschienener Zeitungsartikel von Julius Bachem (1845–1918). Bachem war Zentrumspolitiker und Verleger in Köln. In seinem Beitrag mit dem Titel „Wir müssen aus dem Turm heraus" legte der Jurist dar, dass die Zukunft des Zentrums jenseits des Konfessionalismus zu liegen habe. Man solle, so Bachem, sich für Protestanten öffnen und als interkonfessionelle Partei profilieren. Die Partei wäre dadurch einflussreicher, mächtiger geworden, ihr bisheriges Profil hätte sie allerdings dafür teilweise drangeben müssen.

Bachem war bei Weitem kein militanter Gegner der tradierten Richtung. Im Zentrum war er eher in der Mitte angesiedelt. Nichtsdestotrotz forderte er eine vorsichtige Öffnung der Partei, die denjenigen, die – ganz im Gegenteil – eine stärkere Bindung an Rom wollten, nicht gefiel. Diese nannte man Integralisten, also Anhänger einer Idee, „die alle politische und gesellschaftliche Zersplitterung überwinden und, ausgehend von einem wahren Grundprinzip der katholischen Heilslehre, nun wieder eine neue, von innerer Einheit geprägte Gemeinschaft unter kirchlicher Führung schmieden wollte"[26]. Die Integralisten unterstützten vorbehaltlos den antimodernistischen Weg von Papst Pius X.

Der deutsche Episkopat zeigte sich in der Situation gespalten. Da gab es den Berliner Weg, mit den Exponenten Kardinal Kopp in Breslau und Bischof Korum in Trier (zu der Zeit gehörte die Großstadt Berlin noch zum Bistum Breslau; ein eigenständiges Bistum Berlin wurde erst 1930 von Breslau abgespalten). Sie zählten zu den Integralisten. Auf der anderen Seite gab es den Kölner Weg, mit den Exponenten des Reformkatholizismus, einem westdeutschen Sozialkatholizismus. Topografisch lassen sich die unterschiedlichen Positionen pro und contra im Westen und im Osten verorten. Trier war eine Ausnahme.

Der Kampf wurde um Einfluss und um Köpfe geführt. Beispielhaft war der Gewerkschaftsstreit, der sich innerhalb der katholischen Kirche abspielte. Da gab es die eine Seite, unter anderem den *Volksverein für das katholische Deutschland*, die sich um der Sache willen für interkonfessionelle Arbeitervereine einsetzte, um ein Gegengewicht gegen die sozialdemokratisch profilierten Gewerkschaften aufzubauen. Eine andere Richtung, dominiert von den bereits erwähnten Bischöfen von Breslau und Trier, wollte konfessionell homogene Arbeitervereine, da man hier stärkere Einflussmöglichkeiten vermutete und den Arbeitern zudem unterstellte, dass sie ihre Sache kaum unter Wahrung katholischer Normen zu vertreten wüssten. Schon um die Jahrhundertwende begannen die Diskussionen, nachdem ein Hirtenschreiben im Auftrag des Vorsitzenden der Fuldaer Bischofskonferenz, Fürstbischof Kopp aus Breslau, erschienen war, das katholische Standesvereine beschrieb, interkonfessionelle Gewerkschaften jedoch ignorierte. Der Streit unter den Bischöfen war vorprogrammiert.[27] Die christlichen Gewerkschaften stellten neben der Aufbruchsbewegung um Julius Bachem und den konservativen Kräften eine dritte Säule der Zentrumspartei am Vorabend des Ersten Weltkriegs dar. „Dieser linke Flügel des Zentrums stand in strikter Gegnerschaft zu allen konfessionell-klerikalen Engführungsabsichten integralistischer Kreise, die davon ausgingen, dass nicht nur die religiösen, sondern auch die weltlichen Aktivitäten des Gläubigen ausschließlich von kirchlichen Grundsätzen bestimmt werden sollten."[28]

In den Gewerkschaftsstreit griff Papst Pius X. aus Sorge um die Kirche ein, nämlich mit der Enzyklika *Singulari quadam*, erschienen am 24. September 1912. In dieser Enzyklika stellt der Papst den absoluten Primat des Lehramtes in allen Handlungen des Lebens dar. Fragen der Arbeit dürften nicht „ohne Rücksicht auf die kirchliche Autorität"[29] entschieden werden. Natürlich favorisiert der Papst katholische Arbeitervereine. Heterogene Vereinigungen könnten die Reinheit des Glaubens gefährden. Stattdessen möge man doch „Kartelle" zwischen katholischen und nicht-katholischen Vereinen bilden, um die Ziele für die Arbeiter zu erreichen. Darüber hinaus hält der Papst Mitgliedschaften in überkonfessionellen Arbeitervereinen unter bestimmten Voraussetzungen für zulässig. Die Auseinandersetzung über diese Frage in der Bischofskonferenz habe man doch, bitteschön, zu beenden. *Roma locuta, causa finita*.

Heraus kam also eine ziemlich katholische Lösung, das übliche Sowohl-als-auch. Die Christlichen Gewerkschaften wurden nicht per se erlaubt, sondern nur in Ausnahmefällen, zum Beispiel in konfessionell gemischten Gegenden, von denen es ja in Deutschland nicht wenige gab. Die deutschen Bischöfe waren nicht so konsequent, aufgrund der päpstlichen Äußerung die Christlichen Gewerkschaften zugunsten von katholischen Arbeitervereinen in Gänze zu verbieten. Die einzige Ausnahme stellte der Trierer Bischof Michael Korum dar, der stur seine Linie weiterverfolgte. Der Erste Weltkrieg und der Tod eines der Protagonisten, des Breslauer Bischofs Kopp, beendeten schließlich den Gewerkschaftsstreit. Kardinal Kopp, so stellt Hermann-Josef Scheidgen zusammenfassend fest, „hatte in seinen letzten Lebensjahren überhaupt den Sinn für die Realität bei der Einschätzung sozial- und kirchenpolitischer Fragen verloren"[30]. Der neue Vorsitzende der Fuldaer Bischofskonferenz, der Kölner Erzbischof (seit 1912) und Kardinal (seit 1914) Felix von Hartmann, unterstützte die Christlichen Gewerkschaften vorsichtig, weil er sie als Alternative zu den sozialdemokratischen Vereinigungen sah. Insgesamt hatte die ganze Auseinandersetzung der Sache geschadet. Sie stiftete Verwirrung und schreckte die Arbeiter ab. Auf eine signifikante Anzahl von Mitgliedern sind die Christlichen Gewerkschaften deswegen nie gekommen.

Der Gewerkschaftsstreit zeigt beispielhaft, in welcher Spannung sich die Kirche befand, zwischen Tradition und Moderne, zwischen lehramtlichen Aussagen und gesellschaftspolitischer Realität, zwischen Rom und Berlin und, auch das, zwischen einem selbstbewussten Laienkatholizismus und einer auf ihre Vorrechte pochenden Hierarchie. Was sich hier abspielte, war ein Vorgriff auf die Zeit nach dem Krieg, die durch ein verstärktes Selbstbewusstsein der Laien in der Kirche für ihre Sache geprägt sein sollte.

Die gegenseitigen Vorbehalte von Integralisten und Reformern waren enorm. Sah man die ersteren in anachronistischen Praktiken verhaftet, wurden die anderen als Vertreter einer Elitekultur gesehen, der gebildete und vermögende Schichten angehörten. Wer konservativ war, kämpfte für die Frömmigkeitskultur der „kleinen Leute". Gleichzeitig zeigten die Kirchenreformer wenig Verständnis für den Verbandskatholizismus, der in ihren Augen selbstreferenziell war und zur Gettobildung beitrug. Nicht zuletzt „wurden die Reformer als Nationalisten angegriffen, und tatsächlich, die liberale Öffnung ging ja mit der nationalen Hand in Hand"[31]. Ein Blick auf Äußerungen während des Kriegs wird zeigen, dass man dies nicht mit einer besonderen Trennschärfe betrachten darf; spätestens jetzt wurde der Nationalismus auch von Konservativen transzendent überhöht.

Katholisches Milieu

Was Deutschland betraf, so wollten auch die deutschen Katholiken beweisen, dass sie gute Staatsbürger waren. Der Gehorsam der staatlichen Macht gegenüber war kein Spezifikum der deutschen Kirche, sie wurde allgemein in der katholischen Kirche als verbindlich angesehen. So findet sich in einem Volkskatechismus, einer Zusammenfassung von Glaubensgrundsätzen der Kirche, der Ende des 19. Jahrhunderts erschienen ist, der Satz: *„Die Befehle der weltlichen Obrigkeit sind Befehle Gottes."* Der Herrscher wird als von Gott eingesetzte Autorität akzeptiert. Das betonte auch der Katechismus: *„Nie ist es erlaubt, sich gegen den Landesfürsten zu empören, selbst wenn dieser ein Tyrann wäre; denn wer sich der Obrigkeit widersetzt, widersetzt sich der Anordnung Gottes."*

Natürlich spielten die Katholiken in einem protestantisch geprägten Staatsgebilde keine herausragende Rolle, waren bei den Eliten unterrepräsentiert und galten demnach als „Untermieter"[32]. Man besetzte weniger verantwortliche Posten in Politik und Verwaltung, es gab weniger katholische Lehrstuhlinhaber an deutschen Universitäten und beim allgemeinen Einkommen lag man im Durchschnitt auch hintenan. Es ist jedoch zu konzedieren, dass dieser Tatbestand überwiegend einer „katholischen Bildungsferne" geschuldet war.[33] Anfang Dezember 1910 wurde die letzte Volkszählung vor dem Ersten Weltkrieg durchgeführt. 36,9 % Prozent der Bevölkerung war katholisch, also gut ein Drittel. Allerdings waren die Katholiken geografisch ungleich verteilt. Im Rheinland, in Hohenzollern, in Teilen Westfalens, Schlesiens und in Bayern sowie in Elsass-Lothringen stellten sie die Mehrheit. In vielen anderen Landschaften war ihre Zahl im Vergleich zur Mehrheitsbevölkerung verschwindend gering (z. B. in Mecklenburg-Schwerin mit 3,29 %). „Der deutsche Katholizismus war ein regionales Phänomen im Osten, Süden und Westen des Reiches, dessen Kernlande überwiegend evangelisch waren."[34] Der Katholizismus im Reich war also im wahrsten Sinne des Wortes ein Randphänomen. Bei den Eliten sah es ähnlich aus. Die Katholiken waren dort wenig vertreten, 1907 waren nur rund 17 % der Mitglieder des Offizierskorps Katholiken. Sie arbeiteten eher in der Landwirtschaft, in den unteren Beamtenrängen und im Dienstleistungsbereich, außerdem waren sie weniger gut ausgebildet. Die Kirchlichkeit zeigt ein ähnliches Bild. Es war beileibe nicht so, dass sämtliche getauften Mitglieder den Lehren der Kirche folgten, Gottesdienste besuchten und Sakramentenspendung in Anspruch nahmen. Dies war noch am ehesten in (klein-)bürgerlichen Schichten zu finden; die Arbeiter waren der Kirche sehr entfremdet.

Das Zentrum, die politische Vertretung der Konfession im Land, zeigte sich, nachdem es rund vierzig Jahre vorher gegründet worden war, genauso in sich selbst heterogen, aufgespalten zwischen den katholischen Arbeitern und Angestellten, die eine stärkere Demokratisierung wollten, und dem westfälischem Adel, der eher eine konservativere Position einnahm. Auf jeden Fall aber trug die Partei, wiewohl bis dato nie herausragend an der Regierung beteiligt, die Politik des Kaiserreichs weitgehend mit. „Ab 1898 hatte die Partei regelmäßig allen Militär- und Marinevorlagen zugestimmt, sie hatte die Finanz- und Außenwirtschaftspolitik der Reichsregierung unterstützt und, nunmehr in prinzipiell staatsloyaler Grundstimmung, sogar die allermeisten kolonialpolitischen Unternehmungen mitgetragen, hier allerdings stets den Aspekt kulturell-religiöser Missionierungsarbeit hervorgehoben."[35] Hier profilierte sich das Zentrum in der Kritik an den herrschenden Missständen und mit dem Einsatz für mehr Gerechtigkeit. Protagonist der Auseinandersetzung war ein junger Abgeordneter, Matthias Erzberger, aus württembergischer Diaspora stammend. Er sollte später noch von sich reden machen. Matthias Erzberger war Volksschullehrer und trat schon mit zwanzig Jahren der Zentrumspartei bei. Ab 1896 arbeitete er als Journalist und war zu Beginn des Jahrhunderts als Finanzpolitiker im Reichstag tätig. Nach vielfältiger Vermittlungstätigkeit, besonders in der zweiten Hälfte des Krieges, wurde Erzberger, der zunächst einen genauso annexionistischen Kurs verfolgte wie die Mehrheit des Parlaments, Staatssekretär im Kabinett des Prinzen Max von Baden. Er unterzeichnete das Waffenstillstandsabkommen im Wald von Compiègne. 1921 starb Matthias Erzberger als Opfer eines Attentats der rechtsextremistischen *Organisation Consul*. Wir kommen später auf ihn zurück.[36]

Zwar war das Zentrum an sich eine katholische Partei, sah sich selber aber als interkonfessionell und bekam auch nie die absolute Zustimmung der Katholiken im Reich. Die höchste Zustimmungsrate erreichte das Zentrum 1881. Kurz vor dem Ersten Weltkrieg (1912) wählten nur 54,6 % der katholischen Bevölkerung die „eigene" Partei. „Lediglich die etwas größere Hälfte aller deutschen Katholiken machte also in etwa den Kern dessen aus, was man als ‚deutschen Katholizismus' zu bezeichnen gewohnt ist, also eine Gruppe, die man in grober Schätzung auf rund 20 % (bei sinkender Tendenz) der Gesamtbevölkerung veranschlagen kann."³⁷ Die Zahl war also nicht besonders hoch, ihr Verhalten dennoch auffällig: „Dieses Bevölkerungssegment hob sich in bemerkenswerter Weise von der Gesamtheit ab, und zwar nicht allein nach seiner religiösen Praxis im Rahmen einer von der Mehrheit als fremd und eigentümlich empfundenen Konfession mit lateinischem Ritus und bis in die alltäglichen Lebensgewohnheiten eingreifenden Vorschriften wie das Fasten- und Abstinenzgebot zu bestimmten Zeiten. Es war darüber hinaus verbunden durch ein hohes Maß gemeinsamer Überzeugungen und Traditionen."³⁸ Das machte durchaus ein soziales Milieu aus, wenn auch unterschiedlich in Bildung und Status. Die Prägung durch die Lehren der Kirche hielt vor den privaten Gepflogenheiten der Gläubigen nicht an. Sie trugen ein Weiteres zur konfessionellen Heterogenität bei. „In vielen katholischen Regionen wurde weniger gestillt als in der Mehrheit der protestantischen, und die personalisierte Zuwendung zu den Säuglingen war geringer. Nicht die Kirchenlehre über Geburtenkontrolle war dann so wichtig, wohl aber das viel elementarere andere Verhältnis der Katholiken zur Rationalisierung und Individualisierung, zur Alternative von Planung und Gottvertrauen."³⁹

Den Kitt für dieses Milieu bildete eine Vielfalt von Vereinen und Verbänden, die Vinzenz- und Elisabethvereine, Jugend- und Ministrantengruppen, der Gesellenverein Adolph Kolpings und weitere berufsständische Vereinigungen, der Katholische Deutsche Frauenbund und die Görres-Gesellschaft und, als wichtigster, der Deutsche Caritasverband, der von dem Limburger Priester Lorenz Werthmann 1897 gegründet wurde, um nur einige zu nennen. Dreh- und Angelpunkt eines als Bewegung von Verbänden agierenden Katholizismus war der Deutsche Katholikentag, bis heute zugleich Forum innerkirchlicher wie politischer Diskurse, Bestätigungs- und Identifikationsort der Gläubigen und eine Art „Leistungsschau" nach außen. Nicht zuletzt gab es ein ausgefeiltes Presse- und Verlagswesen, mit verschiedenen Zeitungen, Zeitschriften und Periodika, die sich aus katholischer Sicht in den politischen, gesellschaftlichen und kulturellen Diskussionen zu Wort meldeten.

Kaiser und Katholiken

Kaiser Wilhelm II. pflegte eine gewisse Sympathie für den Katholizismus samt seiner Mystik, seinen Ritualen und einer an die Monarchie erinnernden Herrschaftsordnung.⁴⁰ „Das feste System der Tradition in der katholischen Kirche habe ihn beeindruckt", so der Kirchenhistoriker Jürgen Strötz über die Sympathie Kaiser Wilhelms für den Katholizismus, „weil er selbst die Tradition als wichtigste Grundlage des preußisch-deutschen Staates ansah, und im Hang der Kirche zu Symbolik und Repräsentation habe er eine eigene Vorliebe wiederentdeckt."[41] Beeinflusst war der Kaiser dabei auch durch seine Großmutter, die wohl im Kulturkampf auf Seiten der Kirche gestanden habe.[42] Wilhelm habe selber den Kulturkampf abgelehnt und alles in seiner Macht Stehende daran gesetzt, ihn zu beenden.[43] Die Katholiken dankten ihm. Friedrich Mathias Graf von Galen, Zentrumsabgeordneter und Präsident des Mainzer Katholikentages 1911, nannte Wilhelm II. den „Kaiser der Katholiken".[44]

In der persönlichen Retrospektive zeigte sich Wilhelm II. den Katholiken Deutschlands in der Tat tief verbunden. In *Ereignisse und Gestalten aus den Jahren 1878–1918*, einer Autobiografie des Monarchen, erschienen 1922 in Leipzig, zieht der nun abgedankte und im niederländischen Exil lebende Kaiser ein positives Fazit seiner Beziehung zum Katholizismus. Mit einigen Bischöfen Deutschlands, insbesondere dem Fürstbischof Kopp von Breslau, sei er in regem Austausch gewesen. Den Papst habe er dreimal besucht und von diesem Anerkennung erhalten. Er meint Leo XIII., der nicht unerheblichen Anteil daran hatte, dass Bismarck nach 1878 von den strikten Prinzipien, die das Verhältnis von Kirche und Reich nach dem Kulturkampf belastet hatten, Abstand nahm. Nicht zuletzt habe er, Wilhelm II., durch den Kauf eines Grundstücks vom osmanischen Sultan die Gründung der Benediktinerabtei Dormitio in Jerusalem ermöglicht – bis heute Sitz deutscher Benediktiner – sowie den Aufbau der Abtei Maria Laach befördert. Wilhelm II. stiftete den Hochaltar der Abtei und stattete ihr zweimal einen Besuch ab. Zum Abt der Abtei, Karl Benzler, dem späteren Bischof im deutsch besetzten Metz, unterhielt er persönliche Kontakte.[45]

Zusammen genommen habe er, Wilhelm II., neben Kopp, eine besondere Verehrung für die Bischöfe Hubertus Theophil Simar (Erzbischof von Köln zwischen 1899 und 1902), Karl Joseph Schulte (der ab 1909 als Bischof in Paderborn wirkte und später Erzbischof in Köln wurde), Adolf Bertram und Andreas Thiel (1885–1908 Bischof des Ermlandes), Michael von Faulhaber und Felix von Hartmann empfunden. Ihnen stellte er ein aus seiner Sicht erstklassiges Zeugnis aus: *„Sie alle sind Männer weit über dem Durchschnitt und eine Zierde des deutschen Episkopates, dessen Patriotismus für Kaiser und Reich im Kriege zum*

Ausdruck kam."[46] Natürlich unterließ es der Regent nicht, darauf hinzuweisen, dass es sein Verdienst gewesen sei, die Auswirkungen des Kulturkampfes, der offiziell vor seiner Regierungszeit zu Ende ging, abgemildert zu haben.

Ganz so positiv, wie Wilhelm II. es später darstellte, ist sein Verhältnis zur katholischen Kirche freilich nicht, oder zumindest zeitweise nicht gewesen. Am 6. Juni 1918 berichtet Nuntius Pacelli dem Kardinalstaatssekretär Gasparri über ein Treffen des Abtes von Maria Laach, Herwegen, mit Wilhelm II. am 22. Mai 1918 in Bad Kreuznach. Zusammenfassend verzeichnet dazu die Online-Edition der Nuntiaturberichte Pacellis: *„Es war das fünfte Mal, dass der Abt mit dem Kaiser sprechen durfte. Nunmehr hat sich des Kaisers Haltung gegenüber dem Heiligen Stuhl verändert. Schon früher habe der Kaiser sich über Dinge beschwert, etwa dass es an der Kurie keinen deutschen Kardinal gebe. Es gab aber immer auch andere katholische Institutionen oder Personen, die er gelobt hat ... Am 22. Mai zeigte sich der Kaiser nun völlig verbittert und enttäuscht, beklagte sich über das Betragen Kardinal Merciers* [des in Deutschland umstrittenen Erzbischofs von Mechelen und belgischen Primas, Anm. M. L.] *und des belgischen Klerus, besonders aber, dass der Papst die Mächte der Entente bevorzuge, was die jüngste Kardinalskreierung beweise. Er habe die Ernennung der Bischöfe von Breslau und Paderborn zum Kardinal erwartet und die Ernennung ‚in pectore' des ersteren befriedige ihn nicht ... Der Kaiser klagte auch darüber, dass die deutschen Diplomaten und Abtprimas von Stotzingen Rom verlassen mussten und nicht im Vatikan untergebracht wurden. Auch soll der Kaiser überaus irritiert über das ‚Te Deum' gewesen sein, das man in Rom aus Anlass der Eroberung Jerusalems angestimmt habe. So habe der Abt den Eindruck, der Kaiser sei gegen den Heiligen Stuhl und die Katholiken überaus aufgebracht, auch weil der Papst es den Mächten der Entente habe durchgehen lassen, seine Friedensinitiative nicht zu beantworten."* Pacelli habe natürlich versucht, diesem Eindruck entgegen zu wirken. Auch der Abt solle diesbezüglich mithelfen.[47]

Das Christentum schmückte das Reich. Wilhelm nutzte jede Gelegenheit, seine guten Beziehungen zu den Kirchen zur Schau zu stellen. Am 31. Juli 1914 hielt er angesichts der russischen Generalmobilmachung eine historische Ansprache, auf die, mit ihrem Gottesbezug, die Kirche die gesamte Kriegszeit hindurch Bezug nehmen wird:

"Eine schwere Stunde ist heute über Deutschland hereingebrochen. Neider überall zwingen uns zu gerechter Verteidigung. Man drückt uns das Schwert in die Hand. Ich hoffe, daß, wenn es nicht in letzter Stunde meinen Bemühungen gelingt, die Gegner zum Einsehen zu bringen und den Frieden zu erhalten, wir das Schwert mit Gottes Hilfe so führen werden, daß wir es mit Ehren wieder in die Scheide stecken können. Enorme Opfer an Gut und Blut würde ein Krieg vom deutschen Volk erfordern. Den Gegnern aber würden wir zeigen, was es heißt, Deutschland anzugreifen. Und nun empfehle ich Euch Gott! Jetzt geht in die Kirche, kniet nieder vor Gott und bittet ihn um Hilfe für unser braves Heer!"[48]

Die Kirchen folgten dem Aufruf des Kaisers gerne. Die katholische Kirche im Kaiserreich agierte als eine „Macht des Status Quo" (Thomas Nipperdey). Die staatliche Autorität wurde im Großen und Ganzen anerkannt, demokratischen oder gar revolutionären Tendenzen war man nicht zugeneigt. Das einte mit dem Kaiserhaus. Als Kriterium der Güte einer Regierung galt ihr Verhalten der katholischen Kirche gegenüber. „Es gab ein Konsensstück politischer Theologie, das war die Einschärfung der Grenzen der Staatsmacht und ihre Begründung aus dem Naturrecht ... Jenseits der Staatstheologie und der kurialen Stellungnahme zur Politik und jenseits der Programmatik wie der parlamentarischen und publizistischen Aktivität der katholischen Partei des Zentrums, war im Alltag das Verständnis von Staat und Herrschaft stark traditional bestimmt, von den Selbstverständlichkeiten des Bestehenden und der Überlieferung geprägt, von Autorität und Ordnung, Pflicht und Gehorsam."[49]

Eine besondere Beziehung verband den Kölner Erzbischof Kardinal von Hartmann mit Wilhelm II. Er war der Nachfolger des Breslauer Kardinals Kopp als Vorsitzender der Fuldaer Bischofskonferenz, die die Bistümer außerhalb Bayerns verband (die bayerischen Bischöfe trafen sich zur sogenannten Freisinger Bischofskonferenz). Hartmann galt in preußischen Kreisen als verlässlich, eben weil er das Vertrauen des Kaisers genoss. Als Mitglied des Preußischen Herrenhauses vertrat er eine konservative, antireformerische Linie und Positionen, die sich mit denen der Hohenzollern deckte. Bis 1918 kam es zu fünf direkten Zusammentreffen mit dem Kaiser. Ein Teil der Treffen ging auf die Initiative des Papstes zurück; er verhandelte mit Wilhelm II. unter anderem über den Schutz der Kathedrale von Reims.[50] Im April 1916 kam es zu einer Zusammenkunft im Großen Hauptquartier an der Westfront. Der Kaiser nahm an dem vom Kardinal zelebrierten Gottesdienst teil, sodass dieser

Kardinal Felix von Hartmann (1851–1919), von 1911–1912 Bischof von Münster, von 1912–1919 Erzbischof von Köln und Vorsitzender der Fuldaer Bischofskonferenz; unterhielt gute Kontakte zum Kaiser Wilhelm II. (Foto: Wikipedia)

ihn hernach direkt ansprechen konnte. Seine Worte hat der Militärpfarrer Ludwig Berg überliefert: *„Sollte aber Gott der Herr noch weitere schwere Opfer von uns verlangen, so mache ich mich in diesem Augenblick zum Dolmetsch der katholischen Soldaten der Armee und lege in die Hände Euer Kaiserlichen und Königlichen Majestät das Gelöbnis nieder: Das Gelöbnis der unentwegten Treue; in allen Kämpfen, in allen Leiden, in allen Opfern dieses Krieges, das Gelöbnis unentwegter Treue bis zum Tode. Möge Gott der Allmächtige, der Allgültige und Allbarmherzige, vor dessen Auge wir versammelt sind mit unserem allergnädigsten, vielgeliebten Landesherrn, in Gnaden dieses Gelöbnis ansehen und schirmen, möge Er schirmen unser liebes, teures deutsches Vaterland."*[51]

Die enge Beziehung des Episkopates zum Kaiser blieb in der gesamten Kriegszeit erhalten. Bei Vollversammlungen der Bischofskonferenz gab es nicht nur Ergebenheitsadressen an den Papst, sondern ebensolche an den Kaiser. Die umgebende Gesellschaft nahm im Laufe der Zeit eine realistischere Position ein. In ihrer blinden Verbundenheit blieben sich Kaiser und Bischöfe treu. „Während Wilhelm II. sich im Krieg insgesamt erfolglos um eine transzendente Bevollmächtigung seines Kaiseramtes bemühte, wurde diese von den Bischöfen bis zuletzt getragen."[52] Die katholische Kirche im Kaiserreich war Klerus und gläubiges Volk, Zentrum und Vereinswesen, zugleich inferiore Minderheit. Das war Defensive und Selbstbehauptung zugleich (Thomas Nipperdey), und es war eine gewisse Art von Ambivalenz, wie Friedrich Wilhelm von Berg, Oberpräsident von Ostpreußen und 1918 Chef des Geheimen Zivilkabinetts im Großen Hauptquartier zum Ausdruck bringt: *„Darum fällt es uns Evangelischen auch so schwer, uns in die Seele der deutschen Katholiken hineinzudenken. Einerseits treue Anhänglichkeit an Kaiser und Reich, andererseits das Herz nach der anderen Seite in Rom."*[53]

In Bayern gestaltete sich die Lage etwas anders. Zwar bestanden auch Herrscherhaus und Regierung auf einer Trennung, aber sie waren doch, weil selber katholisch, enger mit der Kirche verbunden, die ihrerseits ihr eigenes Selbstbewusstsein pflegte. Kardinal Michael von Faulhaber, ab 1917 Vorsitzender der Freisinger Bischofskonferenz, gehörte zu dessen Garanten. Bei aller Sympathie achteten aber die bayerischen Regierungen darauf, den Einfluss der Kirche nicht zu groß werden zu lassen. Insgesamt zeigte sich der Katholizismus nicht homogen; er war ständig darum bemüht, den wirklichen oder vermuteten Rückstand in der Gesellschaft aufzuholen und zu negieren. Der Kirchenhistoriker Klaus Schatz kommt zu dem Urteil: „Dem deutschen Mehrheits-Katholizismus war es gelungen, seine nationale Eigenart im Modus vivendi mit dem Staat und im Zusammenleben mit der anderen Konfession auch gegen die Offensive des kirchlichen Integralismus zu behaupten. Sein Bemühen, die Isolation des Kulturkampfes zu überwinden, erzielte partielle Erfolge, führte jedoch nicht zur vollen Gleichberechtigung. Durch den beherrschenden Drang, als national zuverlässig anerkannt zu werden, kam es nicht zur Ausbildung einer kritischen Distanz zum Nationalismus in wilhelminischer Zeit."[54] In dieser topografischen wie politischen Spannung stellte sich die Situation der katholischen Kirche im Deutschen Reich am Vorabend des Ersten Weltkriegs dar. Die von Klaus Schatz erwähnte mangelnde Distanz zum wilhelminischen Nationalismus führte in den folgenden Jahren zu Verstrickungen, die der theologischen Grundlegung der Kirche und ihrer eigentlichen Lehre und Ausrichtung kaum angemessen waren.

„Für Gott und Vaterland" – die katholische Kirche im Krieg

Friedrich Naumann sah 1904 im Kampf gegen das Zentrum als politische Vertretung alles Katholischen einen Kampf um das Vaterland, *„denn das Schicksal des Deutschtums hängt davon ab, daß wir uns noch einmal vom Ultramontanismus loswinden"*[55]. So scheint die Verbindung mit Rom von nicht-katholischen Kreisen als Bedrohung für die gesamte Bevölkerung angesehen worden zu sein, denn wie käme sonst ein evangelischer Pfarrer wie Naumann dazu, in der ersten Person Plural zu sprechen, wenn er von der Überwindung des Ultramontanismus sprach? Die so Angegriffenen hingegen sahen die Hohenzollernmonarchie weit weniger kritisch. So „betrachteten die Katholiken sich nicht nur als loyale Staatsbürger, sie empfanden vielmehr das Reich als ihre politische Heimat, und die trotz gelegentlicher Zeichen kaiserlicher Huld ungebrochene Diskriminierung war ihnen Ansporn, ihre Vaterlandsliebe zu beweisen"[56].

Die Anschuldigung, Katholiken seien doch keine wirklichen Deutschen, ihre wahre Treue gelte zunächst dem Papst hinter den Alpen, ließ während der gesamten Kaiserzeit nie wirklich nach. Da konnten sie noch so sehr ihre Treue zu Kaiser und Reich betonen. Im Krieg, in Zeiten einer gemeinsamen Bedrohung von außen, sah man auf Seiten der katholischen Kirche die Chance, den „Pariahstatus" (Wolfgang J. Mommsen), den man empfand und oft tatsächlich erlitt, zu überwinden.

Der Bewegungscharakter des deutschen Katholizismus löste sich mit dem Beginn des Ersten Weltkrieges allmählich auf. Denn nun kannte der Kaiser nach eigener Aussage nur noch Deutsche; Identifikationen mit einer Religion, einer Konfession oder sonstigen Weltanschauungen und Geschichtsauffassungen traten in den Hintergrund. Jetzt sollte der katholische Blick erst nach Berlin gehen, bevor er sich nach Rom wandte.

Das deutsche Kirchengebet während des Krieges

Allmächtiger, ewiger Gott, Herr, himmlischer Vater, sieh an mit den Augen Deiner Barmherzigkeit unseren Jammer, unser Elend und unsere Not! Erbarme Dich über alle Christgläubigen, für welche Dein eingeborener Sohn, unser lieber Herr und Heiland Jesus Christus, sich in die Hände der Sünder freiwillig gegeben und sein teures Blut am Stamme des heiligen Kreuzes vergossen hat.

Durch diesen Herrn Jesus Christus wende ab, mildester Vater, die wohlverdienten Strafen, gegenwärtige und zukünftige Gefahren, verderbliche Empörung, Krieg, Teuerung, Krankheiten und betrübte, armselige Zeiten! Erleuchte auch und stärke zu allem Guten die geistlichen und weltlichen Obrigkeiten, damit sie alles befördern, was zu Deiner göttlichen Ehre, zu Deinem Heile und zum allgemeinen Frieden und zur Wohlfahrt der ganzen Christenheit gereicht.

Segne, o Herr, den obersten Hirten Deiner Kirche, unseren Papst Benedikt XV., segne auch unseren Bischof und laß Deine Gnade mit all denjenigen sein, die dieses Orts für unsere zeitliche und ewige Wohlfahrt wachen.

Insbesondere laß Deine Gnade groß sein über Deinem Knecht Wilhelm II., den Kaiser und König, unseren Herrn, über die Kaiserin und Königin, seine Gemahlin, über den Kronprinzen und die Kronprinzessin, über alle königlichen Prinzen und Prinzessinnen und über alle, welche dem kaiserlichen und königlichen Hause anverwandt und zugetan sind.

Allmächtiger, barmherziger Gott! Herr der Heerscharen! Wir bitten Dich in Demut um Deinen allmächtigen Beistand für unser deutsches Vaterland. Segne die gesamte deutsche Kriegsmacht. Führe uns zum Siege und gib uns Gnade, daß wir auch gegen unsere Feinde uns als Christen erweisen. Laß uns bald zu einem die Ehre und die Unabhängigkeit Deutschlands dauernd verbürgenden Frieden gelangen.

Verleihe uns, o Gott des Friedens, rechte Vereinigung im Glauben, ohne alle Spaltung und Trennung. Bekehre unsere Herzen zur wahren Buße und Besserung des Lebens. Zünde in uns an das Feuer Deiner göttlichen Liebe. Gib uns einen Hunger und Eifer zu aller Gerechtigkeit, damit wir als gehorsame Kinder im Leben und Sterben Dir angenehm und wohlgefällig seien.

Wir bitten auch, wie Du willst, o Gott, daß wir bitten sollen, für unsere Freunde und Feinde, für Gesunde und Kranke, für alle Betrübten und Elenden, für Lebende und Abgeschiedene. Dir sei empfohlen, o Herr, all unser Tun und Lassen, Handel und Wandel, Leben und Sterben. Laß uns hier Deine Gnade genießen und dort mit allen Auserwählten erlangen, daß wir in ewiger Freude und Seligkeit Dich loben, ehren und preisen mögen. Das verleihe uns, Herr, himmlischer Vater, durch Jesus Christus, Deinen Sohn, unseren Herrn und Heiland, welcher mit Dir und dem Heiligen Geiste als gleicher Gott lebt und regiert in Ewigkeit. Amen.

„Katholische" Liebe zu Fürst und Vaterland

Der Präsident des Aachener Katholikentags im August 1912, ein Justizrat Dr. Josef Schmitt aus Mainz, ließ sich in einer Ansprache zur Veranstaltung zu dem Ausruf verleiten: *„Wir lassen uns von niemandem an Liebe zu Fürst und Vaterland übertreffen."* Die Äußerung zeugt von infantilem Verhalten. Wer von den Eltern immer geschmäht wird, muss umso heftiger die Liebe zu ihnen unter Beweis stellen, so mutet die Bekundung an, die ja nicht nur ein Bekenntnis darstellte, sondern dies sogar übererfüllte. Überhaupt boten die Katholikentage, sonst die Bühne eines selbstbewussten Laienkatholizismus, wiederholt eine Gelegenheit, Staatstreue zu bekunden. Die Sprache wurde immer militärischer, die Metaphern in den Reden gewaltiger. „Die patriotische Begeisterung der deutschen Katholiken geriet daher vor Beginn des Ersten Weltkrieges bis an den Rand des Nationalismus."[57] Ein Berliner Dominikaner spitzte die Empfindungen auf dem Katholikentag in Metz 1913 derart zu, dass er eine wahre Kreuzzugspredigt hielt, die im legendären Kreuzfahrerspruch *„Gott will es!"* gipfelte. Irritiert war anscheinend niemand. Alle, die diese Worte hörten, klatschten begeistert Beifall. Man war bereit, für den Glauben und die religiöse Überzeugung zu kämpfen gegen einen Gegner, der, das war die Überzeugung, vom Glauben abgefallen war und sich in die Arme der modernen Verführung geworfen hatte. Dass der Katholikentag in Lothringen stattfand, welches erst seit einigen Jahrzehnten wieder zum Reich gehörte, war ein zusätzliches Zeichen der Verbundenheit mit den staatlichen Zielen. Elsass und Lothringen sollten als originärer Bestandteil des Reiches angesehen, die Besetzung historisch legitimiert werden. Dieses Motiv begegnet uns später in vielen Briefen von der Front wieder, in denen fast wehmütig davon berichtet wird, man habe den Franzosen doch recht eigentlich die Kirche und das Christentum wieder zurückgegeben.

Die katholische Kirche war zu dieser Zeit, zumal was ihre Führungspersönlichkeiten angeht, deutlich im Bürgertum verankert. Da überrascht es nicht, dass man sich, wie das gesamte deutsche Bürgertum, dem Krieg gegenüber aufgeschlossen zeigte. Bei dem Freudentaumel, der in den großen Städten angesichts des Kriegsausbruches herrschte, „dominierte das Bürgertum, somit jene Schicht, die sich wie keine zweite wünschte, dass Deutschland von der saturierten Großmacht zur allseits geachteten Weltmacht emporstieg"[58]. Die Katholiken – auch die katholischen Intellektuellen – stellten hierin keine Ausnahme dar. Natürlich reagierte man vonseiten der katholischen Kirche umgehend öffentlich auf den Kriegsausbruch. Einige Bischöfe ließen Hirtenbriefe verlesen, manche gaben Anordnungen bzgl. der Sakramentsverwaltung oder zur Einhaltung der Fastengebote. Der Trierer Bischof Korum ordnete für die Kriegszeit ein besonderes Gebet an, dass schon dadurch ein wenig pikant wirkt, dass Michael Felix Korum, aus dem Elsass stammend, eine französische Mutter hatte:

„Allmächtiger, barmherziger Gott! Herr der Heerscharen! Wir bitten dich in Demut um Deinen allmächtigen Beistand für unser Deutsches Vaterland. Segne die gesamte deutsche Kriegsmacht. Führe uns zum Siege und gib uns Gnade, daß wir uns auch gegen unsere Feinde als Christen erweisen. Laß uns bald zu einem die Ehre und die Unabhängigkeit Deutschlands dauernd verbürgten Frieden gelangen."[59]

Es ist interessant, Überlegungen anzustellen, was sich Korum in Anbetracht eines Teils seiner Familie bei diesen Worten gedacht haben mag. 1917 ordnete er schließlich ein Bittgebet für die Gemeinden an, welches am Palmsonntag vom Hochamt bis in den Nachmittag gebetet werden sollte.[60] Die Kriegsnöte waren groß und wurden größer in dieser Zeit, die Siegesgewissheit war verloren. Trier bildete keine Ausnahme; Bittgebete, Andachten und Gottesdienste waren allüberall an der Tagesordnung. In einem Fall schloss man sich gar einem Aufruf der polnischen Bischöfe an, die sich – als katholisches Land – über massive Zerstörungen beklagten und im August 1915 um das fürbittende Gebet und finanzielle Unterstützung baten. Die Kollekte wurde tatsächlich am 21. November 1915 im Deutschen Reich durchgeführt – aber erst nach Absprache mit der Reichsregierung.[61]

„Katholische" Hoffnungen auf den Sieg

Natürlich gab es hier und da Hoffnungen, dass ein möglicher Sieg im Weltkrieg positive Auswirkungen für die katholische Kirche haben könnte. Noch einmal der Historiker Jürgen Strötz, der sich auf den Theologen Heinrich Schrörs bezieht. Schrörs hatte bis 1916 den Lehrstuhl für Kirchengeschichte an der Katholisch-Theologischen Fakultät der Rheinischen Friedrich-Wilhelms-Universität in Bonn inne: „Schon recht bald wurden Überlegungen angestellt, wie ein möglicher deutscher Sieg generell für den Katholizismus nutzbar gemacht werden konnte: Zum einen sollte das ‚germanische Element' in der Weltkirche gestärkt, zum anderen der Papst unter den besonderen Schutz des deutschen Kaisers gestellt und durch die neuen Kolonialerwerbungen die Missionstätigkeit der Orden gefördert werden. Konkret erhofften sich die Katholiken neben der Durchsetzung ihrer vollen innenpolitischen Parität, daß Deutschland und Österreich Europa ein neues ‚katholisches' Gesicht geben würden, etwa durch die Befreiung ganz Polens vom Joch des ‚schismatischen' Russland. Mit Zustimmung Wilhelms II. wurden bereits 1914 auch konkrete Pläne zur Verbesserung der rechtlichen, finanziellen und territorialen Lage des Papsttums ausgearbeitet, die auf die Wiedererrichtung des Kirchenstaats hinausliefen."[62] In einem anonymen Flugblatt, das mit Matthias Erzberger in Verbindung gebracht wird, wurde die erwartete Niederlage Frankreichs als Beginn der Rekatholisierung dargestellt: „Eine militärische Niederlage Frankreichs wird zunächst einen politischen Verhetzungsherd Europas ausbrennen. Es ist mehr als wahrscheinlich, daß nur ein besiegtes Frankreich den Weg zur Kirche wiederfinden wird."[63] Aus dem nationalen Krieg Deutschlands musste nach dem Empfinden vieler Katholiken ein Kreuzzug gegen das laizistische Frankreich werden. Selbstverständlich sind die Schrecken des Krieges bewusst gewesen. Man wollte sie gar nicht verneinen oder verschweigen, sondern für notwendig erachten, um gute Ziele zu erreichen. Deswegen gehörte in die Begründung des gerechten Krieges die Einsicht in die Unvermeidbarkeit des Schreckens.

Der Bistumsverweser von Posen und Gnesen, Bischof Eduard Likowski, und der polnische Generalvikar des Domkapitels in Gnesen, Prälat Kazimierz Dorszewski, schrieben zu Beginn des Krieges am 9. August 1914 in einem Aufruf an ihre Diözesanen, dass jegliches Opfer im Kampf, das private wie das öffentliche, ein Opfer für die Gerechtigkeit sei. *„Ohne Zweifel ist jeder Krieg ein großes Unglück, aber manch-*

mal unvermeidbar, denn in den gegenseitigen Beziehungen der Staaten treten ab und zu wichtige Lebensfragen auf, die nur durch die Schärfe des Schwertes entschieden werden können. Eine solche Stunde ist uns jetzt geschlagen. Jeder Krieg ist ein Unglück, denn er entfesselt Ströme von Blut und Tränen, er fordert große Opfer an Leben und Gut; und vielleicht hat doch kein Krieg früherer Jahrhunderte solch schwere Opfer verlangt wie der, welcher sich gegenwärtig zwischen den mächtigen Reichen abspielt. Auch ihr, Geliebte, seid berufen, an diesen Opfern teilzunehmen. Eure zu den Fahnen einberufenen Ehemänner, Brüder und Söhne haben schon angefangen zu kämpfen und werden weiterfechten gegen die verbündeten Feinde Deutschlands und Österreichs, besonders aber gegen die Feinde jenseits unserer nahen Ostgrenze, gegen Rußland. In diesem Kampfe wird so mancher von ihnen sein Leben hinopfern. Aber möge Euch für alle Opfer, groß und klein, das Bewußtsein trösten, daß Ihr sie darbringt für eine gerechte Sache."[64] Den Verantwortlichen dieser im Osten und an den Grenzen des Reiches gelegenen Diözese, mit der Mehrheit einer polnischen Geistlichkeit und einem Gebiet, das obendrein eine große Anzahl von Menschen polnischer Sprache umfasste, musste bewusst sein, dass ihr Gebiet in diesem Krieg unter Umständen auch territorial zu leiden haben würde.

Katholizismus und Nationalismus

In verschiedenen Fällen betätigten sich Kirchenvertreter in semi-diplomatischer Mission. Eine zentrale Rolle spielte dabei der Vorsitzende der Fuldaer Bischofkonferenz, Hartmann, der vonseiten der Preußischen Regierung oder des Vatikans angesprochen worden war zu vermitteln, besonders die Fragen der (katholischen) Kriegsgefangenen betreffend. Auch verhandelte man teilweise um den Schutz von Kulturgütern, waren es deutsche Kirchen, wie der Dom zu Trier, oder Sakralgebäude in Belgien und Frankreich, wie beispielsweise im Fall der katholischen Kathedrale von Reims (für deren Erhalt sich Papst Benedikt XV. ausdrücklich einsetzte). Die Kathedrale war für die Franzosen ein ganz herausragendes religiöses Symbol.[65] Die deutsche Kriegsführung nahm im Großen und Ganzen Rücksicht darauf, wenn auch das Gotteshaus nicht unbeschadet den Krieg überstand. Auf das Verständnis der Soldaten konnte man dabei nicht unbedingt hoffen, wenn selbst der Schriftleiter einer katholischen Zeitschrift Verständnis für die Zerstörung von kirchlichen

Kulturgütern ausdrückt. Er berichtet über die Kathedrale von Soissons und überlegt, ob sie überhaupt noch stehe. Das wisse er nicht. *„Aber das weiß ich, daß nur dann eine deutsche Kugel sie treffen wird, wenn die dira necessitas uns dazu zwingt. Und was verschlägt's, wenn sie zum Schluß auch das ‚Los der Schönen hier auf Erden' teilt und in den Staub sinkt? Ganz andre Werke stehen jetzt auf dem Spiel. Es geht um die Zukunft der Welt, und um nichts weniger handelt es sich, als wer diese Zukunft bestimmen darf: ob englischer Krämerbudengeist, im Bunde mit dem französisch-atheistisch gerichteten Radikalismus und russischem Knutentum oder das durch das Christentum veredelte Germanentum."*[66] Die Formulierung vom christlichen Germanentum entspricht genau dem Vorwurf, den eine geistliche Kampfschrift aus Frankreich während der Kriegszeit erhebt. Nur mit dem Unterschied, dass sie die germanische Ideologie als Feindin des weltweiten Katholizismus darstellt, während der Autor der oben zitierten Zeilen das deutsche Christentum als über die anderen Ausprägungen von Kirche hinausragend versteht.

Eine Katholizität, die eigentlich weltkirchliche Verbindung bedeutet, konnte nicht verhindern, dass Spaltungen in den Kirchen entlang der Nationalgrenzen erfolgten. Exemplarisch mag hier das Verhalten des belgischen Primas stehen. In den Augen deutscher Katholiken fand das – aus seiner belgischen Sicht verständliche – Handeln keine Gnade, wie ein zweiteiliger Artikel im *Hochland* über *Kardinal Merciers öffentliches Wirken* beweist. Der Autor Engelbert Krebs kommt zu dem Schluss, der belgische Primas habe seinen Patriotismus über den christlichen Auftrag gestellt und sich zum Handlanger der Politik gemacht. *„Gewiß ist die Vaterlandsliebe die eigentliche sittliche Unterlage, auf welcher sich sein Handeln aufbaut. Aber anstatt die Vaterlandsliebe in der Weise zu üben, daß er dem Gegner, welcher mit der Verwaltung Belgiens nur eine allgemein anerkannte, vom Völkerrecht geforderte Pflicht erfüllt, diese Pflichterfüllung erleichtert, ihm dadurch Achtung abnötigt und sich selbst dadurch instand setzt, eine segensreiche Vermittlung zwischen Volk und Verwaltung zu üben, anstatt dessen liebt er es mehr, im geheimen und in der Öffentlichkeit eine immer von neuem und immer mit neuen Mitteln wirkende Reklame für politische Werte zu machen und seine ganze kirchliche Autorität sowie die seiner hohen kirchlichen Würde gewährten Vorrechte und Sicherheiten für diese Reklame einzusetzen."*[67] Die Analyse lässt völlig außer Acht, dass die pflichtgemäße Verwaltung, von der der Autor spricht, Ergebnis eines völkerrechtswidrigen Eindringens deutscher Truppen ins neutrale Belgien war.

Natürlich sah man die Frage, wer nun wie in Belgien völkerrechtswidrig agiert, in Deutschland anders. Engelbert Krebs weist in seinem Artikel über das Wirken des Kardinals Mercier darauf hin, dass beim Belgienfeldzug der *„antiklerikale Geist ... manche giftige Blüte"* getrieben habe. *„Allerdings"*, so führte Krebs aus, *„konnte und kann nie zugegeben werden, daß unsere Heere schlechthin als Mörder in Belgien gehaust haben. Der von Mercier immer geleugnete Heckenschützenkrieg, der tatsächlich vorhanden war, hatte die strengen Gegenmaßregeln und die begreifliche Nervosität mancher Offiziere und Mannschaften zur notwendigen Folge."*[68]

Fürsorge für Klerus und Gemeinden

Der deutsche Episkopat insgesamt sorgte sich um die seelsorgliche Betreuung in seinen Bistümern. Die Bischöfe versuchten möglichst viele Priester zu halten, sie vor der Rekrutierung in das Militär zu schützen. Bischof Faulhaber macht dazu eine einfache Rechnung auf. Es gebe gar nicht genügend Priester, um sie in signifikanter Stärke an der Front einzusetzen. Er halte es für *„unverantwortlich flatterhaft"*, wenn man die öffentliche Meinung dahin gehend beeinflusse, dass mehr Priester eingezogen werden müssten. Man dürfe dem „Landsturm" nicht einreden, durch *„Einstellung der Geistlichen wären die Millionen Familienväter, die im Felde stehen, abkömmlich geworden. Vermutlich wäre kein einziger Landsturmmann weniger einberufen worden, wenn auch die Geistlichen felddienstpflichtig wären."*[69]

Besonders besorgt war man auf Seiten der deutschen Bischöfe über den Nachwuchs. Die Studenten nämlich waren keine Geistlichen, solange sie noch keine Weihen, selbst wenn es niedere waren, erhalten hatten. Für das Bistum Speyer bedeutete das, dass 1916 von 39 Theologiestudierenden bereits zehn gefallen und sieben verwundet waren. Die Furcht, nach dem Krieg mit einer großen Lücke in der Personalplanung dazustehen, war aus Sicht der Kirche also verständlich.

Und natürlich gab es soziale Verpflichtungen und soziales Engagement: die Verteilung von Nahrungsmitteln, Kriegerehrungen, von der Kirche organisierte Kinderlandverschickungen und Edelmetallsammlungen, Verhandlungen über notwendige und nicht-notwendige Glockenbeschlagnahmen.[70] Fast rührend mutet ein Beispiel aus dem zur Erzdiözese Paderborn gehörenden Dekanat Erfurt an. Dort sollten die Priester gut gestellte Familien bitten, Kinder von Vätern im Feld mit Nahrungsmitteln zu versorgen.[71] Das eigene Personal ging dabei mit gutem Beispiel voran. Die Geistlichen bekamen Empfehlungen und Anweisungen, wie sie sich in wirtschaftlichen Notlagen im Krieg zu verhalten hätten. Man solle entsagen, sich zurückhalten und bescheiden (den Pfarrern wurde u. a. die Verpflichtung erlassen, ihren Kaplänen Wein und Bier kostenfrei zur Verfügung zu stellen), die Eisenbahn nicht mehr als notwendig benutzen, Feldarbeiten an Sonntagen genehmigen. Allerdings gab es staatliches Entgegenkommen in Unterhaltsfragen. Ab 1917 zahlte Preußen dem Klerus eine Kriegssteuerzulage.[72] Ein Judaslohn für gefälliges Verhalten? Oder wirkliche Bedürfniszulage?

Manche Probleme mochten im Blick auf die gesamte Kriegswirtschaft als Randphänomene gelten, für die katholische Kirche waren sie zentral. So versuchten die Bistümer, genügend Mehl für die Hostienbäckereien zu bekommen; auch um die Qualität des zu beschaffenden Messweins machte man sich Sorgen. Das größte Problem war wohl die Beschaffung von Balsam und Olivenöl für Chrisam. Für die Ölweihe an Gründonnerstag – in dieser Nacht weihen die Bischöfe das Öl für die Taufen – brauchte man genügend Rohstoffe. 1918 wurde es knapp. Aus Italien konnte man nichts mehr beziehen, die Bestellung aus Spanien ließ auf sich warten, „Erlösung" brachte schließlich eine kurzfristige Lieferung aus dem Osmanischen Reich.[73]

Bischöfliche Empfehlung von Kriegsanleihen

Kriegsanleihen, vom Reich zur Finanzierung der Kampfhandlungen ausgegeben, wurden von den Bischöfen unterstützt, ihre Zeichnung und ihre Werbung gefördert. 1916 rief Bischof Faulhaber in diversen Tageszeitungen explizit dazu auf, Kriegsanleihen zu zeichnen:

„Drei Volksklassen müssen die Kriegsanleihe zeichnen:
Solche, die ihr Vaterland lieben, und dazu verpflichtet auch in schweren Zeiten Gottes Gebot.
Solche, die den Frieden lieben. Eine gutangelegte Anleihe beschleunigt den Frieden.
Schließlich auch solche, die ihr Geld lieben. Der Krieg hat uns mit Geißlein geschlagen, ein Mußfriede würde uns mit Skorpionen schlagen und wirtschaftlich verbluten lassen."[74]

Die siebte Kriegsanleihe, ausgegeben 1918, wird vom Münchner Erzbischof Faulhaber ebenso dringlich empfohlen; er beruft sich in seinem Schreiben auf seinen Vorgänger Bettinger: *"Von neuem aber möchten wir jeden Seelsorgspriester recht eindringlich ermuntern, daß er bei allen sich bietenden Gelegenheiten, in Versammlungen und gemeinsamen Besprechungen, im persönlichen Verkehr von Haus zu Haus alles aufbiete, um der neuen 7. Kriegsanleihe zu einem gleich glorreichen Erfolg zu verhelfen ... Wir wiederholen die Worte des hochseligen Kardinals Franziskus von Bettinger zur 6. Kriegsanleihe: ‚Möge der glückliche und glänzende Ausfall der Kriegsanleihe helfen, dem schrecklichen Völkerringen ein Ende zu machen, mögen Sieg und Frieden die ersehnten Früchte der Kriegsanleihe sein! Wir erwarten und vertrauen aber auch darauf, daß jeder Priester der Erzdiözese, stehend auf seinem Posten, zur Erreichung dieses Zieles mitwirke und in eifrigster Werbearbeit für die Kriegsanleihe dem geliebten Vaterland diene'."*[75] Das „geliebte Vaterland" zeigte sich dankbar, stellt das Ordinariat in einer Zusammenfassung der personellen und sachlichen Kriegsleistungen der Erzdiözese fest: *„Getreu wurden von jedem Geistlichen alle Anweisungen der erzbischöflichen Behörde während des ganzen Krieges befolgt und Opfer über Opfer gebracht, selbst dann noch, als ein Großteil der Bevölkerung kriegsmüde, der Opferwilligkeit überdrüssig war und sich mehr oder minder offen den Anordnungen der Staatsbehörden widersetzte. In dieser Zeit war es der Klerus in der Heimat und die vom Felde in die Heimat dirigierten Frontgeistlichen, die, gestützt auf die verpflichtende Lehre der christlichen Kirche, welche ihr der Heiland einst gab, den gläubigen Teil der Bevölkerung und durch dessen Vorbild die übrigen zur erneuten Opferbereitschaft emporzog."*[76]

Die Bischöfe dachten im Sinne des Gottesvolkes wirklich an alles. Sogar der Messwein wurde in seiner Bedeutung für die einheimische Wirtschaft erwähnt. Der Bischof von Limburg, in dessen Diözese Weinbaugebiete liegen, äußert sich im April 1915 mit fürsorgenden, kulinarischen und ökonomischen Begründungen gegen die Verwendung südländischer Weine in der gottesdienstlichen Feier: *„Manche Herren, zumal ältere oder solche mit schwachem Magen, glauben zwar, daß Süßweine ihnen besser bekommen"*, weiß der Bischof zu berichten, *„und tatsächlich verbreiten diese Weine eine rasch nach dem Genusse wahrnehmbare Wärme im Körper. Das kommt aber lediglich von ihrem großen, der Gesundheit keineswegs förderlichen Alkoholgehalte. Und die Süße dieser Weine wirkt auf den gesunden Geschmack geradezu widerlich, zumal*

Kardinal Franziskus Bettinger (1850–1917), von 1909–1917 Erzbischof von München und Freising, besuchte 1916 die bayerischen Truppen an der Westfront. (Foto: Kardinal Bettinger 1916, vor der Kathedrale von Brüssel. Links sein Sekretär Michael Buchberger, rechts Freiherr Moritz von Bissing, Generalgouverneur von Belgien. – Wikipedia)

sie keine Natursüße, sondern durch Zuführung großer Alkoholmengen herbeigeführt wird ... Gilt das Gesagte für den Weinbezug im allgemeinen, dann möchte ich bei der Verwendung von südländischen Weinen für das hl. Meßopfer noch zu besonderer Vorsicht raten. Die Verwendung von südländischen Meßweinen ist namentlich in nicht Weinbau treibenden Gegenden so stark geworden, daß inländische Meßweine dort fast völlig verdrängt sind. Daraus folgt, daß weite Kreise der Handelswelt sich mit der Beschaffung dieser südländischen Weine befassen müssen. Tatsächlich beschäftigen sich auch akatholische und jüdische Firmen mit dem Vertrieb südländischer Meßweine. Ob alle hierbei in Frage kommenden Faktoren jene Garantien für Lieferung einer magna valida et digna bieten, die von den kirchlichen Instanzen gefordert werden müssen, dürfte fraglich sein; ... Daher ist Vorsicht am Platze."[77]

Ernüchterung und erste Friedensbemühungen

Viel zu spät, leider undatiert, aber vor der Drucklegung der Sammlung und nach der ersten kriegslüsternen Euphorie seiner Kriegsreden 1915, wird Bischof Faulhaber der Realität zumindest ansatzweise gerecht, wenn er vom Grauen des Krieges spricht: *„Der Krieg ist nicht das allergrößte Übel* [er spricht zuvor u. a. vom Erdbeben von Avvezano als Übel, das wie ein Dieb in der Nacht Unschuldige überrascht habe, M. L.], *er ist und bleibt aber eines von jenen großen Ärgernissen, deren Urheber mit einem Mühlstein um den Hals auf hoher See ertränkt werden müßte; er bleibt eine dunkle Wetterwolke, die die Sonne untergehen läßt über Gute und Böse und hageln läßt über Schuldige und Unschuldige."*[78]

Allerdings wandelte sich die Stimmung nach 1916 mit den zunehmenden Verlusten, Stagnationen und verlorenen Schlachten. Jetzt, 1917, fragt man mehr und mehr nach dem Sinn des Krieges und muss ernüchtert feststellen, *„daß der religiöse Eifer, der beim Kriegsausbruch zu verspüren gewesen sei, teilweise ins Gegenteil verkehrt sei"*[79]. Dass die Entente die Friedensdeklaration der Achsenmächte vom 12. Dezember 1916 abgelehnt habe, wird nun mit Empörung kommentiert; Schuld, so der Tenor in einigen Bischofsbriefen, seien die feindlichen Mächte, die nun Deutschland zwingen würden, den Krieg weiter zu führen.

Mit Bezug auf die Kriegsgegner Deutschlands schreibt Bischof Faulhaber in einem Hirtenbrief, mit dem er das Vaterunser vor dem Hintergrund des Weltkriegs deutet: *„Gott möge unsere Kirche davor bewah-*

ren, daß auch bei uns ihre Freiheit und ihre Rechte vom sibirischen Osten her abgegrenzt würden, aus einem Lande, das bisher ein mamertinischer Kerker katholischen Lebens war, oder vom Westen her aus einem Lande, das im letzten Jahrzehnt die Kirche wie eine Sklavin geknechtet, wie eine Agar mit Wasser und Brot in die Wüste hinausgestoßen hat."[80] Aus diesen Gründen ergibt sich für den Bischof eine besondere Aufgabe für das deutsche Heer: *„In diesem europäischen Völkerkriege schlägt also auch für das Reich Gottes eine entscheidende Stunde, und wir haben alle Grund, aus tiefer Seele zu beten: Zu uns komme dein Reich!"*[81]

Die unmittelbare Not vor Ort zu lindern, gehörte zur Agenda der Kirche, genauso wie die Trauer um die gefallenen Soldaten. Zu seinem Amtsantritt 1915 klagte der Hildesheimer Bischof Joseph Ernst über die zahlreichen Toten des Krieges: *„Ein Leid ist in zahllose Familien eingezogen, dem gegenüber menschlicher Trost wenig vermag, ein Schmerz, in dem nur Gott zu trösten und zu stärken vermag."*[32] Fast programmatisch klingen diese Worte angesichts der Entwicklungen der kommenden drei Jahre an den Fronten in Ost und West. Viel drastischer sah es dort im Reich aus, wo die Todeserfahrung nicht mittelbar über gefallene Väter, Brüder, Söhne in die Häuser kam, sondern die Kampfhandlungen direkt oder zumindest in der Nähe erfahren werden konnten. So fasste der Erzbischof von Gnesen in Westpreußen, Edward Likowski, die eigene Anschauung so mancher seiner Diözesanen in folgende Worte: *„Nach Millionen zählende Heere erschöpfen sich in heißem Streite, in Strömen fließt das Blut, auflodernde Feuerflammen senden ihren grellen Schein in die finstere Nacht. Die erschreckte Bevölkerung flüchtet aus ihren Wohnstätten, ungewiß der Zukunft, Hunger und Elend entgegensehend."*[83]

Ursprünglich war man vonseiten der katholischen Politik sehr zögerlich, was die Friedensbemühungen des amerikanischen Präsidenten Wilson anging. Sie galten als deutsch-feindlich, pseudohuman und freimaurerisch.[84] Bereits am 6. Juli 1917 sprach Matthias Erzberger gegenüber dem Hauptausschuss des Reichstages davon, man müsse den Krieg nunmehr als Verteidigungskrieg ansehen und Wege zum Frieden suchen. Der Reichstag folgte dem Vorschlag und verabschiedete am 19. Juli 1917 eine Friedensresolution. Den Katholiken allgemein gerieten die Entwicklungen nicht unbedingt zum Vorteil. Die Friedensbemühungen Erzbergers und des Papstes lagen zeitlich eng beieinander, nicht zum Vorteil des Zentrumspolitikers, dem man eine allzu enge Beziehung zum

Kirchenoberhaupt unterstellte. Selbst Eugenio Pacelli, der Erzberger schätze und den Kontakt mit ihm suchte, fand ihn zu optimistisch. Der katholische Publizist Karl Bachem beschrieb das Dilemma von Erzbergers Friedensgedanken im Nachhinein mit einem Abstand von mehr als einem Jahrzehnt: *„In den protestantischen und rechtsradikalen Kreisen würde man sich vielleicht der Richtigkeit dieser Gedankengänge weit eher zugänglich erwiesen haben, wenn nicht Erzbergers Vorgehen zugleich der Unterstützung eines päpstlichen Friedensschrittes gedient hätte. ‚Pax Romana', ein durch den Papst vermittelter Frieden – das war es, was man nicht wollte. Wenn dieser päpstliche Friedensschritt zum guten Ende gedieh, dann konnte ja etwas ganz Furchtbares sich ereignen; dann konnte aus diesen Erfolgen eine neue päpstliche Weltherrschaft erwachsen, der deutsche Protestantismus unter das römische Joch gebeugt und das Deutsche Reich zu einem Vasallenstaate Roms herabgewürdigt werden! Alle die Schreckbilder sind ausgiebig genützt worden, um den Widerstand gegen die Friedensresolution des Reichstages zu begründen. Den Papst als Friedensbringer – das mochte man nun einmal unter gar keinen Umständen! Dann lieber den Krieg fortsetzen, wenn er auch noch so sehr aussichtslos geworden war und man durch Fortsetzung des Krieges nur immer tiefer ins Elend hineingeraten konnte!"*[85] Da war er wieder, der Vorwurf, der Papst wolle in die deutsche Politik hinein regieren, genau so, wie man es sich von einem transnationalen System, wie es die katholische Kirche ist, vorstellte. Genaugenommen spielte der Papst tatsächlich eine wichtige Rolle. Er gab die theologischen Leitlinien vor, das Lehramt, das auch im Krieg galt und dem man in der täglichen Arbeit Genüge tun wollte; er war das menschliche Symbol des Glaubens, der vielen Soldaten Trost spendete. Und er wurde initiativ, wenn es darum ging, Frieden zu stiften – wenn auch letztlich erfolglos.

Zusammengenommen muss man feststellen, dass die Verpflichtung Staat und Obrigkeit gegenüber für die katholische Kirche wohl eine größere Rolle gespielt hat, als das, was man als kirchliche Kernaufgabe bezeichnen könnte. Denn die Seelsorge sah sich ganz klar in die Pflicht genommen, die Kriegsziele des Reiches zu unterstützen und den Krieg des Kaisers zu rechtfertigen. Die Staatsgewalt des Kaisers wurde weithin als gottgegeben betrachtet. *„Ein sicheres Gespür für historische Veränderungen, das der päpstlichen Autorität* [in dieser Situation, M. L.] *eher mehr, der kaiserlichen jedoch weniger Gewicht zugebilligt hätte, war um*

1914 bei den Katholiken nicht aufzufinden."[86] Man unterstützte die Kriegssteuer (wie dies die Sozialdemokraten im Übrigen ebenfalls taten), und baute eine Art von Wohlfahrtspflege im Krieg auf; man rechtfertigte den Krieg an sich und bemühte sich, die Kampfmoral an Front und Heimatfront zu steigern. Katholizität, verstanden als die Verbundenheit der unterschiedlichen Ortskirchen in den Ländern, galt als Wert kaum etwas; ja, Kirchenvertreter versuchten stattdessen, den Kirchen der feindlichen Länder, besonders der in Frankreich, die Katholizität, sogar das Christentum überhaupt abzusprechen. Matthias Erzberger dachte strategisch. Wenn das Zentrum die Regierung im Krieg tatkräftig unterstützte, würde man für die Nachkriegszeit eine gute Ausgangssituation haben, das heißt, die Treue würde sich bezahlt machen. Das Zentrum bekäme mehr Macht in der Regierung und, so hoffte Erzberger, man habe ihm in Aussicht gestellt, die Jesuitengesetze komplett aufzuheben. Zumindest dieses Ziel wurde erreicht. Am 19. April 1917 wurden die Jesuitengesetze außer Kraft gesetzt. Für die Katholiken war damit der Kulturkampf endgültig beendet. Die Aufhebung wurde als Honorierung der Loyalität der Katholiken im Krieg interpretiert. Die Jesuiten, Verlierer des Kulturkampfes, zunächst des Reiches verwiesen und seit 1904 wieder im eingeschränkten Umfang tätig, bekamen nun die Gelegenheit, besonders in ihrem umfangreichen publizistischen Wirken die eigene Staatstreue zu beweisen.

Noch im November 1918 veröffentlichen die deutschen Bischöfe ein Hirtenschreiben unter dem Leitwort: *"Gebet Gott, was Gottes ist, und dem Kaiser, was des Kaisers ist."* Mit dem Schreiben bekräftigen sie die Loyalität zum Herrscherhaus, zur Unzeit, wie man retrospektiv diagnostizieren kann. *"Seiner ganzen Vergangenheit getreu, wird das katholische Volk alles zurückweisen, was auf einen Angriff gegen unsere Herrscherhäuser und unsere monarchische Staatsverfassung hinausläuft. Wir werden stets bereit sein, wie den Altar so auch den Thron zu schützen gegen äußere und innere Feinde, gegen Mächte des Umsturzes, die auf den Trümmern der bestehenden Gesellschaftsordnung einen erträumten Zukunftsstaat aufrichten wollen, gegen jene geheime Gesellschaften, die dem Altar und dem Thron den Untergang geschworen haben. Welch unheilige Rolle haben gerade diese im Weltkriege gespielt, und wie steht unsere Kirche gerechtfertigt da, die immer vor ihnen warnte und den Katholiken den Beitritt strengstens verbot!"* Man kam zu spät. Der Brief erschien zum 1. November 1918, wenige Tage später meuterten in Kiel die Matrosen.

Den Ersten Weltkrieg beendete ausgerechnet ein Katholik. Unter Erzberger wandelte sich das Zentrum 1917 von einer konservativen zu einer fortschrittlichen Partei. Er wollte eine Lösung, resultierend aus seiner eigenen Erfahrung, dass es so, wie es war, nicht weitergehe. Er vertrat dabei eine Form der „negativen Empirie" (Heinrich Lutz) mit Opportunismus. Zum Ende des Krieges trat der Realpolitiker Erzberger hervor, der den einzigen Ausweg aus der Malaise des Reiches in einem Versöhnungsfrieden sah, nicht zuletzt beeinflusst durch die Friedensnote der „Taube aus Rom".[87] „Erzberger fühlte sich in einem ziemlich tiefen Sinn als ‚Mann des Papstes'."[88] Die Loyalität zum Pontifex wog zuletzt bei ihm schwerer als die zum Kaiser. Matthias Erzberger unterschrieb, als Leiter der Waffenstillstandskommission, am 11. November 1918 den Waffenstillstand in Compiègne mit dem französischen Marschall Ferdinand Foch.

Exkurs: Die Causa Belgien

Apropos: Nicht nur die deutsche Kirche predigte im Sinne ihres Staates. Kardinal Désiré Mercier, Erzbischof von Mechelen, Primas der Kirche in Belgien, einem Land, welches besonders unter dem deutschen Überfall zu leiden hatte, veröffentlicht an Weihnachten 1914 einen Hirtenbrief, in dem er die deutsche Besetzung für Unrecht erklärte und der Hoffnung auf Freiheit Ausdruck gab.[89] Der Überfall auf das neutrale Belgien stellte sich auf lange Sicht als ein schwerwiegender außenpolitischer Fehler dar. Auch für den Vatikan gehörte die Frage der Besetzung Belgiens zu den zentralen Punkten. Seine Vertreter wurden nicht müde, bei allen Friedensbemühungen und bei aller Nichteinmischung bis zum Schluss des Krieges auf die Neutralität des katholischen Belgiens zu pochen. Matthias Erzberger protestierte 1915 beim Vatikan, dieser möge doch den Primas von Belgien abberufen, da er wiederholt gegen die deutsche Besetzung predigen und publizieren würde. Der Papst lehnte ab, bemühte sich aber um bessere Beziehungen zwischen Mercier und den Deutschen. Was war der Hintergrund?

Als König und Regierung aus Brüssel abgezogen waren, wurde Kardinal Mercier, Erzbischof von Mechelen und Primas des Landes, nun zu *der* Autorität im vom Katholizismus tief geprägten Belgien.[90] Als Denker und Theologe war er hoch geachtet. „Eine geistig überragende Erscheinung und eindrucksvolle Priestergestalt, hatte sich Mercier in der kirchlichen Wissenschaft einen Namen gemacht, bevor er 1906 mit der Erhebung zum Erzbischof von Mechelen das einflussreichste Kirchenamt ergriff, das in Belgien zu vergeben war, als Gründer des Instituts für scholastische Philosophie in Löwen und als Verfasser weitverbreiteter Lehrbücher zu den wichtigsten philosophischen Disziplinen."[91]

Mercier begegnete den deutschen Besatzern entgegenkommend, auf die bloße Rolle eines Seelsorgers wollte er sich aber nicht beschränken

Kardinal Desiré-Joseph Mercier (1851–1926), von 1906–1926 Erzbischof von Mechelen und Primas der Kirche von Belgien, verurteilte die deutsche Besetzung Belgiens mehrfach als Unrecht. (Foto: Propaganda-Poster, das Kardinal Mercier zeigt, der sich der Deportation von Belgiern nach Deutschland während des Ersten Weltkrieges widersetzte. – ullsteinbild)

lassen. Einen öffentlichen Ausdruck fand diese Haltung durch einen Hirtenbrief vom 1. Januar 1915, in dem Mercier die Belgier zu Vaterlandsliebe und Ausdauer aufrief. Mercier klagte den Bruch der Neutralität an, die Gewalt gegen Zivilisten und die Verschleppung Verdächtiger. Der von Deutschland eingesetzte Generalgouverneur war außer sich.[92] Verhaften konnte man den Kardinal nicht, obwohl man es gerne gewollt hätte. Das Aufsehen und womöglich der Aufstand in Belgien wären zu groß gewesen. Also bat man die katholische Kirche um Vermittlung. Der Kölner Kardinal Hartmann, ein loyaler Staatsbürger, intervenierte daraufhin beim Heiligen Stuhl, man möge den Primas doch nach Rom abberufen, auch, um ihn zu schützen. Der Vatikan jedoch wollte neutral bleiben. Erst Mitte des Jahres 1915 festigte man die Position, der Überfall Belgiens sei nicht hinzunehmen[93], und behielt diese bis zum Schluss des Krieges bei. Allerdings wollte man es sich beim Heiligen Stuhl auch nicht mit Deutschland verderben.

Einen neuen Höhepunkt der Auseinandersetzung zwischen den Besatzern und dem Primas bildete dessen Hirtenwort am 26. September 1915, in dem er am Beispiel des Erzengels Michael den Kampf zwischen Gut und Böse, Engel und Teufel heraufbeschwor. Niemandem konnte die Analogie zur laufenden Auseinandersetzung verborgen bleiben.[94] Mercier wurde doch noch nach Rom gebeten, nutzte aber einen Vorwand, um die Fahrt zum Ärger des Generalgouverneurs zu verschieben. Nun waren die deutschen Bischöfe am Zuge, denn einen diplomatischen Vertreter aus Deutschland gab es in Rom nicht mehr. Der Abzug der Gesandten brachte Nachteile mit sich. „Den preußischen Gesandten Mühlberg, im fernen Lugano auf briefliche Kontakte mit Rom beschränkt, ängstigte unterdessen das Gespenst kurialer Entente-Freundlichkeit. So weckte nach dem Abzug der Regierungsvertreter Mühlbergs Anregung, den Rückgang des deutschen Einflusses im Vatikan durch Romreisen katholischer Oberhirten wenigstens in etwa auszugleichen, bei der Reichsleitung ein positives Echo."[95] Und die deutschen Bischöfe lieferten, was von ihnen gefordert wurde. Zwar gab es hier und da eine gewisse Reserviertheit, besonders beim Vorsitzenden der Fuldaer Bischofskonferenz Hartmann, doch nicht zuletzt das Buch des späteren Kardinals Alfred Baudrillart, *La Guerre Allemande et la Catholicisme*, das als Schmähschrift gegen die deutsche Kultur interpretiert wurde, führte zum Umdenken. Bischof Faulhaber schrieb an den Münchner Erzbischof Bettinger am 17. Juni 1915, *„die Ehre der deutschen Katholiken* [würde] *schwerer als in den Zeiten des Integralismus'"*[96] angegriffen.

Hartmann plante, nach Rom zu fahren. Bewogen hatten ihn die Bitte Bethmann Hollwegs, er könne mehr in Rom erreichen als staatliche Vertreter, und die Befürchtung einer persönlichen Auseinandersetzung mit dem Mechelner Erzbischof. Zur Absicherung bat Hartmann darum, sich beim Vatikan auf einen Auftrag des Kaisers berufen zu dürfen. Für einen Kardinal der römischen Kirche ein äußerst seltsames Anliegen, aus dem, so Ludwig Volk, wenig Selbstvertrauen spricht.[97] Auf dem Weg nach Rom schaute der Kardinal überdies noch persönlich beim Reichskanzler vorbei. Weder beim Papst noch beim Kardinalstaatssekretär konnte der Kölner Erzbischof nennenswerte Erfolge erzielen. Stattdessen bat ihn der Papst umgekehrt, in der belgischen Sache und in der Frage eines Sonderfriedens mit dem Kaiser und der Reichsregierung zu sprechen. Matthias Erzberger begab sich ebenso nach Rom. Nicht nur wollte er 1915 den Kriegseintritt Italiens verhindern, sondern die Ersetzung von Kardinal Mercier durch den Bischof von Namur erreichen. Der Papst lehnte ab.[98]

Bevor Mercier gen Rom zog, spielte er noch ein weiteres Ass aus. Gemeinsam mit den belgischen Bischöfen verfasste er einen Brief an die deutschen, bayerischen und österreichischen Bischöfe, der sowohl als Flugblatt als auch in der Presse der Entente veröffentlicht wurde. Nur knappe Zeit vorher erhielt unter anderem Kardinal Hartmann das Schreiben.[99] Verfasst am 24. November 1915, tauchte der Brief Anfang Januar öffentlich auf. Teilweise wagen die belgischen Bischöfe eine Rückschau, teilweise beziehen sie sich auf Äußerungen von deutscher Seite. Zunächst weisen sie den Vorwurf zurück, belgische Zivilisten hätten sich an militärischen Operationen gegen die deutsche Armee beteiligt. Belgien sei ein Reich des Friedens und man sei überrascht, dass man den Belgiern von deutscher Seite jetzt Gewalt unterstelle. Auch habe man vor dem Krieg gute Beziehungen zur katholischen Kirche in Deutschland unterhalten. Dennoch habe es feindselige Handlungen gegen die Bevölkerung, ja sogar gegen Priester gegeben.

Die Bischöfe wenden sich gegen Presseartikel vonseiten des Zentrums oder der evangelischen Kirche und von katholischen Autoren. Die Anschuldigungen gegen die belgische Bevölkerung seien eine Verleumdung, es handle sich mitnichten um Partisanentätigkeit. Zudem gebe es jede Menge Verstöße gegen die Haager Konvention, die die Bischöfe detailliert aufzählen. Deswegen erhoffe man sich von der katholischen Kirche in Deutschland Unterstützung, die eigene Unschuld zu beweisen. Um zu einem Ausgleich zu kommen, schlagen die belgischen Bischöfe nun ein internationales Tribunal, ein Schiedsgericht, vor, bei dem beide Seiten ihre Perspektive darstellen könnten. Die Vereinigten Staaten sollten den Vorsitz übernehmen. Man nehme für sich in Anspruch, in gleicher Weise den Papst zu konsultieren, wie die deutschen Bischöfe den Papst aufsuchen. Nicht zuletzt sei man ja selber in der Position der Schwäche gegenüber dem deutschen Angreifer.

Der Vatikan war über die Lancierung des Briefes nicht begeistert und versuchte, eine Antwort der deutschen Bischöfe zu verhindern.[100] Hartmann hatte dazu aber schon einen Entwurf formuliert und seinen Mitbrüdern im Bischofsamt zugesandt. Sein Münchner Amtskollege Bettinger machte ihm jedoch einen Strich durch die Rechnung. Er war, ebenso wie der Heilige Stuhl, gegen eine Antwort. Das Verfahren ging nun zwischen Köln, München und der Nuntiatur hin und her. Kardinal Hartmann beugte sich endlich dem Widerstand aus Rom und München und es gab keine offizielle Entgegnung auf das belgische Schreiben.[101]

Mercier kehrte übrigens unbehelligt nach Belgien zurück, obwohl sich sogar der Speyerer Bischof Faulhaber für seine Internierung aussprach.[102] Gegen die Besatzung opponierte er in seinem Sinne weiter.

Der Weltkrieg als gerechter Krieg

Joseph Mausbach, seit 1892 Professor für Moraltheologie und Apologetik in Münster, war zu Beginn des Krieges davon überzeugt, dass ein Staat, der im Christentum verwurzelt ist, einen Krieg mit gutem Willen führt. Mausbach war Seelsorger, Religionslehrer und später Professor in München. Er vertrat einen politischen Katholizismus, der ihn, konsequenterweise, nach 1918 in die Nationalversammlung der Weimarer Republik führte. Die Intention des Krieges lag für ihn nicht in zu erreichenden politischen Vorteilen, sondern „in der sittlichen Idee der Gerechtigkeit"[103] für den Fall, dass mit friedlichen Mitteln eine Konfliktlösung nicht möglich wäre. Mausbach bezog sich in seiner Argumentation explizit auf den Kirchenlehrer Augustinus.

Mit dieser Auffassung repräsentierte er sicher die Mehrzahl der deutschen Katholiken. Dass der deutsche Angriff die Neutralität Belgiens verletzte, focht Mausbach nicht sonderlich an. Die Verteidigung sei ein derart hohes Gut, dass Dritte zu Schaden kommen könnten, denn: Not kenne kein Gebot![104] Eine Niederlage im Krieg wollte Joseph Mausbach nicht ausschließen, sie dürfe allerdings nicht zu Kleinmut und Ängstlichkeit führen.

Der gerechte Krieg war ein zentrales Thema von Mausbach, an dem er fast besessen festhielt. Wieder und wieder bearbeitete er den Gegenstand in Reden und Texten. So auch bei einer Rede am 22. September 1914 an der Universität Münster: *„Der einzelne Mensch darf zur Notwehr schreiten, um sich und andere vor Mordlust zu schützen. Der Staat darf zu den Waffen greifen, wenn die höchsten nationalen Güter dies fordern, wenn es gilt, für den Sieg der Gerechtigkeit und Vollkommenheit zu streiten. Denn das ist das höchste Ideal des Christentums, und in diesem Siege der gerechten Sache liegt die wahrste und tiefste Rechtfertigung des Krieges."*[105]

Die Ausführungen des Theologen reihten sich so nahtlos ein in die allgemeine Kriegsbegeisterung. Was die deutschen Katholiken unter einem gerechten Krieg verstanden, wird deutlich an einem kleinen Zitat aus der von dem Jugendseelsorger Carl Mosterts herausgegebenen Zeitschrift *Jugendführung*. Dort heißt es 1916 in einem anonymen Beitrag über Belgien: *„Dieser Krieg war uns aufgedrängt, wir wollten ihn nicht; also waren wir in gerechter Notwehr."*[106]

Der Krieg sei deshalb gerechtfertigt, weil Deutschland sich verteidigen müsse. Dieses Argument war zur damaligen Zeit common sense. Die Katholiken machten darin, wie die Worte von Carl Mosterts zeigen, keine Ausnahme. In einem Periodikum katholischer Akademiker findet sich im Dezember 1914 die Äußerung eines namentlich unbekannten Gymnasialdirektors, die friedliche Entwicklung Deutschlands sei *„durch den wilden Angriffskrieg aufgehalten, welcher Mißgunst und Neid im Bunde mit Rachsucht und Barbarentum gegen uns begonnen hat und hartnäckig fortsetzen will"*[107]. Der deutsche Episkopat war davon überzeugt, dass das Deutsche Reich am Kriegsausbruch nicht schuld gewesen sei. „Obwohl die Bischöfe an den gerechten Krieg glaubten, sahen sie von Anfang an dessen Grausamkeiten. Sie waren sich darüber im klaren, daß er mit viel Blut- und Tränenvergießen verbunden sein würde."[108] Die Bischöfe versuchten deshalb, einen Sinnzusammenhang zu konstruieren, der den Krieg in irgendeiner Weise zu erklären vermochte.

Die Idee des gerechten Krieges, des *bellum iustum*, entstammt der Antike. Cicero verstand darunter den Verteidigungskrieg und den Vergeltungskrieg. Der frühchristliche Denker und Kirchenvater Augustinus, dessen Lehre bis heute das kirchliche Denken beeinflusst, griff den Grundgedanken auf. Für ihn konnten Kriege gerechterweise auch aus anderen Gründen geführt werden. Zunächst einmal fragte er sich, ob Christen überhaupt an Kriegen teilnehmen dürfen. Er bejahte dies, denn die Forderung Jesu nach Gewaltverzicht sei nur personal, als Bereitschaft des einzelnen Menschen, zu verstehen. Kriege seien immer von der Gegenseite durch Ungerechtigkeit aufgenötigt. Das war ein Argument, das für die christlichen Propagandisten im Ersten Weltkrieg zweifellos anschlussfähig war. Der Ungerechte stehe ja abseits der göttlichen Ordnung, diese würde durch den Kampf wieder hergestellt. Das erklärt, warum viele Kirchenvertreter die Verrohung der Sitten, den Untergang des Christentums und die Missachtung der Herrschaft Gottes als Beleg für den Kampf vorwiegend gegen Frankreich anführten. Krieg straft nach Augustinus Unrecht, und in dieser Bestrafung sahen die deutschen Zeitgenossen die Aufgabe der Mittelmächte. Aus katholischer Sicht kam in diesem Zusammenhang der apostolischen Majestät – ein Titel des Kaisers von Österreich, der seine spezielle Beziehung zur päpstlichen Kirche zum Ausdruck brachte und seit 1758 verwendet wurde – eine besondere Rolle zu mit Deutschland als Bundesgenossen. Der Staat setzt die göttliche Ordnung wieder ins Recht, so wie auch er selber von Gott eingesetzt worden ist. Der Krieg sollte die Umkehr des Sünders erreichen.

Augustinus vertrat eine enge Bindung von Staat und Kirche; um die Menschen vom Irrtum abzubringen, sei Gewalt erlaubt. Nichts anderes vollzögen Eltern bei der Erziehung ihrer Kinder.

Augustinus' Konzept des gerechten Krieges hat die Deutung der Kirche über Jahrhunderte beeinflusst. Thomas von Aquin griff den Ansatz auf und verneinte desgleichen die Frage, ob der Krieg Sünde sei. Wenn es einen gerechten Grund gäbe, eine staatliche Autorität und die rechte Intention, dann sei der Krieg möglich. Allerdings war es Thomas, im Gegensatz zu Augustinus, wichtig, dass die staatliche Autorität den Krieg führe. Der gerechte Grund tritt etwas in den Hintergrund der Argumentation. Erst die Renaissance entwickelte den gerechten Krieg um der Humanität willen. Eine besondere Rolle spielte hier der spanische Rechtsphilosoph Francisco de Vitoria, der anlässlich der Entdeckung Amerikas forderte, dass europäische Mächte angesichts aztekischer Menschenopfer einzuschreiten hätten. De Vitoria ging davon aus, dass es eine transnationale Verantwortung zur Menschlichkeit gibt. Sollte es Leiden von Menschen geben, könne ein gerechter Krieg geführt werden – eben um Unrecht zu verhindern. Seine Argumentation konnte allerdings auch so verstanden werden, dass sie die Gräueltaten der spanischen Eroberer in Lateinamerika rechtfertigte. Immanuel Kant stellte sich gegen die Argumentation, Krieg sei aus humanitären Gründen legitim, um Frieden zu erreichen. Dies könne allein ein allgemein verbindliches Völkerrecht bewirken. In der frühen Neuzeit verstand man allein den Verteidigungsfall als gerechten Krieg; ansonsten sind die Staaten zur Nichteinmischung verpflichtet.

In der Fachdiskussion unterscheidet man zwischen dem Recht auf Krieg(-seintritt) und der Gerechtigkeit im Krieg. In Bezug auf das Verhalten der katholischen Kirche im Ersten Weltkrieg ist besonders die erste Kategorie von Interesse, weil man ja den Kriegseintritt Deutschlands als gerecht empfand und propagierte. Fünf (bzw. sechs) Aspekte werden in der Beurteilung eines gerechten Krieges heute unterschieden: Gibt es eine *legitime Autorität* der kriegserklärenden Partei? Hat der Krieg einen *gerechten Grund* und eine *gerechte Absicht*? Ist er das *letzte Mittel*, weil andere Möglichkeiten zur Konfliktlösung ausgeschöpft wurden? Und, nicht zuletzt, gibt es eine begründete *Hoffnung auf Erfolg* und eine *Verhältnismäßigkeit* des Krieges? Unter einem gerechten Grund versteht man traditionell die Verteidigung, unter der gerechten Absicht eine dauerhafte Friedenssicherung.

Dass die Kirche in Deutschland den Krieg als gerecht apostrophierte, ist wohl allein der Tatsache geschuldet, dass man sich der Begründung anschloss, Deutschland sei ungerechtfertigt bedroht gewesen und der Bundesgenosse Österreich ja tatsächlich im Attentat auf den Thronfolger in Sarajevo angegriffen worden. Die Gerechtigkeit ergab sich zum einen aus dem so verstandenen Befreiungsschlag gegen die Bedrohung – zu dem das vatikanische Verständnis eines Zurückdrängens des Panslawismus passte – wie auch der moralischen Überlegenheit, die man den säkularen und laizistischen, auch den aufgeklärten und an der Moderne orientierten Ländern gegenüber verspürte. Hier ergab sich eine Gemengelage unterschiedlicher Motive, staatlicher und kirchlicher, die zu gegebener Zeit amalgamierten, um der gesamten Bevölkerung Deutschlands die Notwendigkeit des Kampfes und des Leides darzulegen. Nimmt man die moderne Definition des gerechten Krieges zur Hand, so hatte die Kirche der damaligen Zeit keinen der fünf Gründe auf ihrer Seite. Es blieb allein der Rekurs auf die frühchristliche Philosophie.

Immerhin stellt Michael von Faulhaber in einem Beitrag für die Zeitschrift *Glaube und Leben* 1915 fest, dass sich ein martialisches Auftreten im Kampf nicht mit dem Evangelium begründen lasse. Als grenzüberschreitende Religion könne das Christentum dem Krieg kein „Hosianna" singen. Die Botschaft der Schrift sei der Frieden, aber, und hier folgt nun die entscheidende Einschränkung, gemeint sei zunächst der individuelle Seelenfrieden und nicht ein politischer „Burgfrieden". Der Friede des Einzelnen solle auf die Gesellschaft und das Miteinander der Völker ausstrahlen, habe es jedoch schwer, wenn der böse Nachbar störe. Im Gegensatz und in Ergänzung dazu wendete sich der Feldpropst allerdings auch gegen den Pazifismus, den er „Sabbatismus" nennt. Dieser habe ebenfalls keine biblische Grundlage. Petrus habe am Ölberg bei der Verhaftung von Jesus das Schwert gezogen, um seinen Herrn und Meister zu verteidigen; dabei sei er von Jesus aufgefordert worden, das Schwert zu senken. Das sei, deutet Faulhaber, kein Aufruf zum Waffenverzicht, sondern allein religiös zu verstehen. Martialische Kriegsführung sei nicht erlaubt, Krieg an sich schon.[109] Was uns heute befremdlich erscheint, war zur damaligen Zeit in der Perspektive eines „gerechten Krieges" durchaus anerkannt. Auch hier differenziert Faulhaber zwischen der individuellen und sozialen Verantwortung. In seiner Auslegung von Lukas 6,29 („Dem, der dich auf die eine Wange schlägt, halt auch die andere hin, und dem, der dir den Mantel wegnimmt, lass auch das Hemd.") heißt es: *„Das Wort vom Nichtwiderstehen und Hinhalten der anderen Wange ist überhaupt keine sozialrechtliche Richtlinie. Der einzelne kann aus höheren Beweggründen der Aszese auf sein privates Recht verzichten und seinen Mantel verschenken – die christliche Sittenlehre hat auch der höchsten Selbstentäußerung und Aszese in der Form des Rates die Höhenwege gewiesen. Die staatliche Obrigkeit hingegen hat es nicht in der Hand, mir nichts dir nichts heilige Rechte des Volkes und des Landes ohne Schwertstreich zu opfern. Auf persönliche Rechte verzichten, kann vollkommen sein; den Rock eines andern, das Recht seiner Volksgenossen verschenken, wäre Unrecht; öffentliche Rechte des Vaterlandes opfern, wäre Verrat."*[110] So kann Bischof Faulhaber folgern: *„Für die Völker, die nur ein Diesseitsleben führen, wäre die Preisgabe notwendiger Lebensrechte Selbstmord, und der ist im fünften Gebote und im Evangelium (Mt 15,19*[111]*) verboten."*[112] Diese Vorrangstellung staatlicher Macht legitimiere das Recht des Krieges.[113] „Faulhabers Haltung zur Frage nach der Erlaubtheit des Krieges ist in den Jahren 1914 bis 1917 von einer unbeschränkten Bejahung gekennzeichnet. Die Aussagen seiner Predigten zu Kriegsbeginn unterscheiden sich hierin in keiner Weise vom Tenor der ersten Kriegsbegeisterung."[114] Diese Begeisterung herrschte im Katholizismus wie überall im Land.

Noch 1918 war Faulhaber von der Gerechtigkeit des Krieges überzeugt. *„Das Wort von Carlyle, die Religion sei die heldenmäßige Form des Daseins, hat sich in diesem Kriege neu bewahrheitet. Der Glaube an unser gutes Recht, das reine Gewissen als die Seele unserer Gewehre und unser Gottvertrauen haben sich als Quelle unerschöpflicher Kraft erwiesen."*[115]

Die geistige Situation der Zeit

Die Kriegsbegeisterung machte vor niemandem halt, inklusive geistlicher Würdenträger, Orden und katholischer Vereine und Verbände. Man identifizierte sich mit annexionistischen und chauvinistischen Kriegszielen, stand vorbehaltlos zur Nation und zum Herrscherhaus. Das war im damaligen Kontext durchaus nicht außergewöhnlich. „Während des Kriegs hatten nur wenige Intellektuelle den Mut, sich von einem aggressiven Kulturpatriotismus, der das ganze Land überschwemmte, zu distanzieren oder Rathenau öffentlich zuzustimmen, der vorgeschlagen hatte, das Wort ,Kultur' aus dem deutschen Wortschatz zu streichen."[116] Stattdessen war man davon überzeugt, den Krieg im Namen der richtigen Kultur zu führen. Die Kirchen nicht minder.

Kriegsbegeisterung und Kulturpatriotismus

Der ehemalige sächsische Offizier – er hatte es bis zum Major gebracht – und nachmalige Klosterchronist von Beuron, der Benediktiner Sebastian von Oer, sieht in einem sogenannten *Weckruf an das deutsche Volk* den Krieg im Sinne Gottes als gerechtfertigt. *„Ein gerechter Krieg ist es, der alle Parteien, alle Stände einigt, der alle Herzen, alle Hände im Gebet zum Lenker der Schlachten sich erheben läßt. Und Gott wird uns nicht verlassen! Dafür bürgt uns das Gottvertrauen, das Kaiser und Heer, Fürsten und Völker beseelt."*[117] Der Krieg sei deswegen gerecht, weil Deutschland aus Hinterlist und Heimtücke der feindlichen Länder in die Enge getrieben worden sei: *„Heute gilt es der deutschen Nation und ihren österreichischen Stammesbrüdern, das Netz zu zerreißen, das ein ränkesüchtiger König ersonnen und das fränkischer Übermut, russische und englische Hin-*

terlist und Tücke über uns ausgespannt haben. Und auch dieser Krieg ist ein gerechter, uns aufgezwungener, ein heiliger Kampf für Haus und Herd, für Vaterland, Freiheit und Ehre."[118] In seinem vaterländischen Übermut begeht Oer einen publizistischen Fehler. Oder ist es Absicht? In seinem Text, einer kleinen Broschüre von 17 Seiten, bezieht er sich auf den Krieg gegen Napoleon; die Titelzeile entleiht er einem Gedicht von Theodor Körner, Dichter und Kämpfer gegen Napoleon. Allerdings zitiert Oer, bewusst oder unbewusst, falsch. Es heißt eben nicht „*Wach auf*", sondern „*Frisch auf, mein Volk!*"

Frisch auf, mein Volk! Die Flammenzeichen rauchen;
  Hell aus dem Norden bricht der Freiheit Licht.
Du sollst den Stahl in Feindesherzen tauchen.
Frisch auf, mein Volk! – Die Flammenzeichen rauchen,
  Die Saat ist reif; ihr Schnitter, zaudert nicht!
Das höchste Heil, das letzte, liegt im Schwerte.
  Drück dir den Speer ins treue Herz hinein.
Der Freiheit eine Gasse! – Wasch die Erde,
  Dein deutsches Land, mit deinem Blute rein!

Es ist kein Krieg, von dem die Kronen wissen;
  Es ist ein Kreuzzug; 's ist ein heil'ger Krieg.
Recht, Sitte, Tugend, Glauben und Gewissen
Hat der Tyrann aus deiner Brust gerissen;
  Errette sie mit deiner Freiheit Sieg!
Das Winseln deiner Greise ruft: „Erwache!"
  Der Hütte Schutt verflucht die Räuberbrut;
Die Schande deiner Töchter schreit um Rache,
  Der Meuchelmord der Söhne schreit nach Blut ...

So betet, daß die alte Kraft erwache,
  Daß wir dastehn, das alte Volk des Siegs!
Die Märtyrer der heil'gen deutschen Sache,
O, ruft sie an als Genien der Rache,
  Als gute Engel des gerechten Kriegs!
Luise, schwebe segnend um den Gatten!
  Geist unsers Ferdinand, voran dem Zug!
Und all ihr deutschen, freien Heldenschatten,
  Mit uns, mit uns und unsrer Fahnen Flug!

Der parallele Duktus ist bewusst gewählt. Der Feind steht im Westen und wieder ist Deutschland am Kampf unschuldig. Wie schon gegen Napoleon, so insinuiert Oer, gilt es nun erneut gegen Frankreich zu kämpfen. Und wie Napoleon über Deutschland herfiel, so auch im übertragenen Sinne das republikanische Frankreich. Interessant in diesem Zusammenhang erscheint das Detail, dass sich, in ganz anderer Absicht, die Mitglieder der Weißen Rose fast 30 Jahre später ebenfalls auf Theodor Körner beziehen. In ihrem letzten Flugblatt enden sie mit dem Aufruf von 1813: *„Auf uns sieht das deutsche Volk! Von uns erwartet es, wie 1813 die Brechung des Napoleonischen, 1943 die Brechung des nationalsozialistischen Terrors aus der Macht des Geistes. Beresina und Stalingrad flammen im Osten auf, die Toten von Stalingrad beschwören uns! Frisch auf mein Volk, die Flammenzeichen rauchen!"*[119]

Krieg und Publizistik: Das Hochland

Oer ist davon überzeugt, dass der Kampf gegen Frankreich ein Kampf um den Erhalt des religiösen Erbes ist. Der Krieg sei der Kampf um den wahren Glauben. Er ist gerecht, weil der deutsche Soldat auf Seiten Gottes stehe. *„Unsere Nachbarn drüben über den Vogesen haben ihren Gott vergessen; sie haben ihn abgesetzt, aus Schule, Gemeinde und Staat verjagt. Nun verlässt er sie."*[120]

Die Zeitschrift *Hochland* begleitete und legitimierte besonders in den ersten Jahren nach 1914 als intellektuelle Stimme des Katholizismus das Kriegsgeschehen. *Hochland* wurde 1903 in München von Carl Muth gegründet. Zunächst war man an einem Kulturdiskurs, besonders zwischen Katholizismus und moderner Literatur, interessiert. Mit dem Krieg wurde die Zeitschrift politischer. Der Name war Programm, man wollte sich dem Höchsten widmen, Geist und Gottheit. Innerhalb der Kirche blieb die Zeitschrift umstritten, war zeitweise unter Modernismusverdacht indiziert.[121] Man publizierte nun zu Kriegsbeginn im Dienste der nationalen Sache. Vielleicht etwas moderater als die nicht-konfessionelle Presse. Aber immer in klarer Parteinahme für das Deutsche Reich. Zum einen aus empfundener nationaler Verantwortung, sicher zum anderen – das erscheint in vielen Artikeln – als Sprachrohr eines Katholizismus, der sich nicht vorwerfen lassen möchte, weniger staatstreu zu sein als protestantische Kreise. *Hochland* bewegte sich auf der geistigen Linie der katholischen Mehrheit. Man diffamierte in den Artikeln die Kriegsgegner und deren Kultur, stellte Beziehungen her zwischen Krieg, Kultur und Geist, veröffentlichte Kriegsberichte und Kriegsbetrachtungen, analysierte den vermuteten Beitrag der Freimaurerei zum Kriegsgeschehen, reflektierte die Lage, insbesondere der katholischen Kirche im Kriegsdeutschland.

Natürlich sah man beim *Hochland* den Krieg als ein Erweckungserlebnis aus der Lethargie. Wiewohl man die Schrecken nicht verleugnen wollte. 1915 überwog die Hoffnung, der Krieg möge zu einer Stärkung des Volkes beitragen. Der Herausgeber Carl Muth schreibt in einem Leitartikel zu Beginn des Jahrgangs 1915: *„Noch hat ja selbst das Schicksal dieses Krieges nicht ganz aufgeräumt mit dem, was wir die statistische Krankheit nennen, noch haben uns seine furchtbaren Gefahren nicht erlöst von dem Aberglauben an die Allmacht der technischen Kultur, ja, es ist sogar wahrscheinlich, daß derselbe an der Oberfläche haftende Ungeist der Vergangenheit sich aus gewissen Erfahrungen dieses Krieges in seinem Aberglauben sogar verstärkt sieht und nur wieder auf die technische Vollendung unserer Außen- und Sachkultur zurückführt, was ganz andere und viel tiefere Ursachen hat."*[122] Muth befürchtet, man bliebe bei einer allzu technischen und rationalen Weltsicht, anstatt sich auf das Geistige und Höhere zu besinnen. Wird das Christliche, so fragt Muth, *„dem wir unsere Kraft verdanken, ... noch ebenso sein, wenn wir erst einmal gänzlich modernisiert, d. h. naturalisiert, mit anderen Worten von allem Glauben an jegliche Übernatur losgelöst und damit überhaupt aller Religion bar geworden sind?"*[123] Frankreichs Untergang sei die Abkehr von der Religion gewesen, davon ist Carl Muth fest überzeugt. Die Quelle der Freiheit sei dagegen die Religion. *„Denn nur aus ihrem* [der Freiheit, Anm. M. L.] *metaphysischem Urgrund, aus der Übernatur ist sie zu verstehen, und nur, wenn sie von da aus begriffen wird, kann auch das natürliche Leben von ihr wieder sein rechtes Licht empfangen und die Fesseln törichter Konventionen und fälschender Begriffe sprengen, in die es auf allen Gebieten menschlicher Betätigung bis zu den höchsten der Dichtung und Kunst hineingezwungen wurde."*[124] Der Sieg im Kriege ist in dieser Logik die Grundbedingung, Europa im genannten geistigen Sinne zu prägen. Weil ja die Deutschen Individualisten seien, müssten sie in die metaphysische Bindung gezwungen werden. Darin sieht Carl Muth das Ziel der Zeitschrift im zweiten Kriegsjahr. Man wolle, so lesen wir, einen Beitrag leisten, sich *„über die religiösen, sittlichen, sozialen und staatlichen Kräfte klar zu werden"*[125]. Das sei ein ganz anderer Ehrgeiz als der französische, dessen einziges Bestreben darin bestehe, Deutschland zu erniedrigen.

In einer Zeitschrift der deutschen Franziskaner findet sich hierzu ein deutlicher Aufruf: *„Katholische Fahne katholischer Jugend, was bist Du? Katholisch – römisch-katholisch, päpstlich mit jeder Faser. Sei mir gegrüßt! Katholische Fahne katholischer Jugend, wohin gehst Du? Wo die Winde blasen, wo die Kugeln pfeifen, wo die Widersprüche höhnen. Die schönsten Fahnen sind die sturmzerrissenen, kugelzerfetzten ..."*[126] Dass die Kirche in Gedanken, Worten und Werken sprichwörtlich die Waffen segnet, ist übrigens kein deutsches Spezifikum gewesen. Vom Bischof von London, Arthur Winnington-Ingram, ist ein martialischer Kriegsaufruf überliefert, der an Deutlichkeit nichts zu wünschen übrig lässt: *„Tötet Deutsche! Tötet sie nicht um des Tötens willen, sondern um die Welt zu retten ... tötet die guten wie die bösen ... tötet den jungen Mann wie den alten ... tötet jene, die sich freundlich unserer Verwundeten annahmen, wie jene Teufel, die den kanadischen Sergeant gekreuzigt haben ... jeder, der in diesem Kampf fällt, ist ein Märtyrer!"*[127] Von dem anglikanischen Geistlichen findet sich in der englischen Ausgabe von Wikipedia ein Zeitungsfoto, wie er anlässlich eines Gottesdienstes ein Kriegsschiff besucht.

„Der deutsche Krieg und der Katholizismus": Ein französischer Frontalangriff

Die katholische Kirche in Frankreich kritisierte natürlich ihrerseits den Kurs der katholischen Kirche in Deutschland massiv. Man warf ihr vor, die Loyalität zu Kaiser und Reich über die Katholizität zu stellen, also die Verbindung von Gliedern einer Kirche über Grenzen hinweg und insbesondere zum Zentrum des Glaubens, Rom. In Frankreich gründete sich ein sogenannter *Katholischer Ausschuß für französische Werbearbeit im Ausland* unter dem Vorsitz der Erzbischöfe von Reims, dem symbolträchtigsten Ort des katholischen Glaubens in Frankreich, und Paris, dem kirchenpolitisch wichtigsten. Neben den Hauptpersonen waren weitere Bischöfe und einflussreiche Katholiken des Landes aktiv, ein Unterschied zu Deutschland insofern, als sich die Bischöfe hier mit derartigen allgemeinen publizistischen Äußerungen eher zurückhielten. Dieser Ausschuss verantwortet eines der wichtigsten Werke im Kampf des Geistes. Das Buch heißt *La Guerre Allemande et le Catholicisme* und wurde herausgegeben von dem Oratorianer Alfred Baudrillart, Professor und Rektor am Institut Catholique, später Titularerzbischof und

Kardinal in Paris.[128] Seine Abneigung gegen Deutschland war tief; er behielt sie auch in den späteren Friedenszeiten nach 1918 bei.

Mit dem Buch wird die Auseinandersetzung auf dem Schlachtfeld auf die intellektuelle Ebene getragen. Der Paderborner Bischof Schulte sorgt sich und schreibt an den Vorsitzenden der Fuldaer Bischofskonferenz, Hartmann: *„Hinter dem französischen Machwerk, das ich übrigens eingesehen habe, stehen die französischen Bischöfe, wenn auch nur die aus dem Nordosten Frankreichs ... Die Verleumdungs- und Schmähschrift richtet sich gegen ganz Deutschland – die Katholiken sind mit keiner Silbe ausgenommen –, gegen die Person des Kaisers und gegen unsere braven Soldaten."* Man engagierte sich jedoch selbst nicht aktiv publizistisch. Ein Engagement wurde zwar diskutiert, dann jedoch auf Betreiben Erzbergers hin, der sich auf einen Wunsch des Papstes bezog, verworfen.[129] Das Einzige, was die Bischöfe als Reaktion auf das französische Buch unternahmen, war der Versand eines Protesttelegramms an den Kaiser mit der Zusicherung, sich beim Papst zu beschweren.

Der Tenor des Buches lag auf der Beweisführung, dass der Krieg als ein Feldzug Deutschlands gegen den Katholizismus gewertet werden müsse. Dem gegenübergestellt wird ein christliches Frankreich, erhärtet durch eine Vielzahl von Dokumenten, unter anderem einer Liste der bis zum Zeitpunkt der Publikation getöteten Kleriker. Das annähernd 300 Seiten starke Buch ergänzte ein Album mit einer Gegenüberstellung der französischen und der deutschen Armee.[130]

Nach Aussage von Bernard Gaudeau war Deutschland schuld am Krieg. Er spricht in einem Aufsatz über die *„christlichen Gesetze des Krieges"*.[131] Gaudeau thematisiert mit der Besetzung des neutralen Belgiens einen wesentlichen Streitpunkt in der intellektuellen Auseinandersetzung und – wie sich noch zeigen wird – auch in der innerkirchlichen Diskussion. War die Besetzung an sich schon ein Unrecht, gar ein Angriff auf den Katholizismus an sich, da Belgien ein zutiefst katholisches Land war? Oder hatte Belgien – so die deutsche Position – seine Neutralität durch eine allzu enge Bindung an England bereits verwirkt? Das Buch, das nach Gaudeaus Aussage zum rechten Zeitpunkt komme, zeige, dass das deutsche Vorgehen, nicht nur gegen Belgien, sondern in seinem gesamten Krieg, eine komplette *„Antithese der katholischen Lehre von den Gesetzen des Krieges ist: Gerechtigkeit, Glauben, Mitgefühl und Liebe Gottes"*.[132] Gaudeau dekliniert diese Attribute im Einzelnen durch und will aufweisen, dass das deutsche Denken und Handeln diesen nicht entspricht. Es gebe da eine Kontinuität von Luther über

Kant und Hegel bis Bismarck.[133] Deutschland stehe für intellektuellen Atheismus und sozialen Anarchismus, dies seien die wahren Gefahren für die Kirche.[134]

Der Herausgeber des Bandes, Alfred Baudrillart, zur Zeit der Publikation am renommierten Institut Catholique in Paris tätig, sieht noch Nietzsche in der Reihe der Philosophen, die das Denken in Deutschland derart beeinflusst hätten, dass nun eine Art ideologischer Krieg gegen Frankreich geführt werde. Besonders heftige Reaktionen in Deutschland rief der Artikel von Georges Goyau hervor.[135] Goyau, der sich als Historiker speziell mit der Religionsgeschichte befasst hatte, analysiert das Verhältnis von deutscher Kultur und Katholizismus, wobei er das Wort Kultur bewusst in Anführungszeichen setzt. Kultur, das ist für ihn das protestantische Kaisertum, und aus dieser Kultur heraus seien Kriegszüge gegen die Katholiken im eigenen Land und gegen Frankreich gestartet worden. Nicht nur das. Goyau zeigt sich davon überzeugt, dass schon Bismarck in Frankreich einen Kulturkampf entfesseln wollte. Dieser habe gesehen, dass religiöse Streitigkeiten eine unerschöpfliche Quelle der Schwächung der Kirche darstellten, deswegen habe er die „höllische Idee" gehabt, den Kulturkampf quasi zu exportieren.[136] Für Goyau gilt Martin Luther, der Deutsche, als einer der Übeltäter einer Art philosophischen Misere, die sich auf das Gefühl der Überlegenheit und das Recht des Stärkeren stütze.

Weitere Artikel behandeln die Rolle der Kirche in Frankreich und in der Welt, die Auswirkungen des Krieges auf die Kirchen und die Geistlichen, die Seelsorge in der französischen Armee; des Weiteren nimmt der Band einige Dokumente, eine Rede des Papstes, sowie Briefe und Texte französischer Bischöfe auf.

Natürlich zeigen sich die Bischöfe von der Gläubigkeit der eigenen Nation, der eigenen Soldaten überzeugt. Die deutsche Seite wird in ihrer Antwort hier anknüpfen, indem man die eigenen Erfahrungen mit dem Messbesuch der französischen Kriegsgefangenen der Schilderung der französischen Bischöfe entgegensetzt. Diese führen die Rechtgläubigkeit der eigenen Nation an, die sich gleichwohl im Einklang mit der katholischen Weltkirche sieht, wohingegen der deutsche Katholizismus, ungewollt und gewollt, in Richtung einer nationalen Kirche tendiere.

Deutsche Abwehr der Angriffe I

Das Buch erntete auf deutscher Seite allerorten Empörung und Ablehnung. Erst recht bei den Katholiken, die sich durch ihre Glaubensgeschwister jenseits des Rheins desavouiert fühlten. In den *Akademischen Monatsblättern* empört sich im September ein Halberstädter Kaplan: *„Die Franzosen haben in ihrem berüchtigten Buche über den ‚Deutschen Krieg und den Katholizismus' die Anklage erhoben: Deutschland führe den Krieg, um in Frankreich, der treuesten Tochter der kath. Kirche, dieser selbst den Todesstoß zu geben. Der protestantische deutsche Kaiser habe es auf die Vernichtung der katholischen Dome und der katholischen Völker, ja der Kirche selbst abgesehen."*[137]

Mehrere Bücher erschienen in Deutschland als Antwort auf die französische Schrift. Der Freiburger Theologe Georg Pfeilschifter – wir werden ihn im Zusammenhang mit der Edition von Soldatenbriefen aus dem Feld noch näher kennen lernen – brachte zwanzig Artikel zusammen, deren Ziel die Abwehr der französischen Thesen war.[138] Dass er sich intensiv mit der nationalen Frage auseinandersetzte, war kein Zufall und wird durch seine spätere Laufbahn noch bestätigt. Zu Beginn der Zwanziger Jahre wechselte der Theologe nach München, 1933 gehörte er zu den Unterzeichnern des Bekenntnisses der Professoren an den deutschen Universitäten und Hochschulen zu Adolf Hitler und dem nationalsozialistischen Staat.[139]

Über die Absicht einer Abwehr der Thesen hinaus, verfolgte Pfeilschifter das Ziel, *„positiv [zu] zeigen, was wir Deutsche und insbesondere wir deutsche Katholiken wirklich sind, was wir an echter Gesinnung erarbeitet haben, und was man von uns ... mit Sicherheit erwarten darf und muß"*[140]. Pfeilschifter hatte sich mit Faulhaber abgesprochen, diesen auch als Mitautor, als einzigen deutschen Bischof übrigens, gewonnen.

Die breit angelegte Zielsetzung des Buches findet ihren Widerhall in der Fülle der Themen, die die einzelnen Beiträge behandeln. Manche beziehen sich direkt auf die Kriegssituation, manche behandeln die religiöse Situation in Deutschland, wieder andere Fragen der Kultur. Die Zusammenstellung macht deutlich, dass dem Herausgeber auch an einer Art Anthologie deutscher Geisteshaltung gelegen war.

Am Beginn finden sich eine (französische) Übersicht der Kapitel des Buches von Baudrillart und ein Hinweis auf eine Schrift von Rosenberg, die ebenfalls 1915 erschienen war. Dazu unten mehr. Die romanischen

Völker, und mit ihnen die Katholiken, drohten ausgerottet zu werden. Ihre herrschenden Geister seien Haeckel oder Nietzsche (der scheinbar wie ein Ping-Pong-Ball argumentativ zwischen Frankreich und Deutschland hin- und hergeworfen wurde); sie beeinflussten die protestantische Kultur als Feindin der katholischen Kirche: Sie sei atheistisch und durch eine germanische Ideologie infiltriert. Deutschland sei überdies der Hort des Modernismus, ein Gedanke, der schon einige Jahre zuvor in Rom ventiliert wurde. Ja, noch mehr, die Katholiken Deutschlands hätten sich unter dem protestantischen Einfluss von Rom abgewandt, den Kulturkampf mithin nicht abgeschlossen. Frankreich indes behaupte seine Stellung als älteste Tochter Roms; sein Kampf sei ein Kampf für die Sache des wahren Glaubens. So sah man in Deutschland die Substanz der französischen Schrift.

Das Anfangskapitel aus der Feder des Theologen Joseph Mausbach aus Münster setzt sich mit dem Grundduktus des französischen Papiers und der daraus resultierenden Problematik auseinander.[141] Es sei doch erstaunlich, so Mausbach, dass ein solches Buch gerade den Reihen des eigentlich übernationalen und einigenden Katholizismus entspringe. *„Inmitten aller Schrecknisse des Krieges war bisher ein wahrer Trost für jedes fromme und friedliebende Gemüt, daß man bei der eigenartigen Gruppierung der kriegführenden Mächte nicht von einem Religionskrieg sprechen, nicht die finstere Glut eines blutigen religiösen Fanatismus entfachen konnte. Die Verfasser des genannten Werkes haben alles getan, der Menschheit auch diesen Trost zu rauben."*[142] Besonders gegenüber der protestantischen Kirche hat Mausbach Bedenken. Er hofft aber, dass die französische Äußerung nicht pars pro toto für alle Katholiken gesehen werde und so deren Stellung im Reich wieder unterminiere. *„Ihr Vaterland, ihre Kultur, ihre christliche Sitte und katholische Glaubenstreue wird in der Schmähschrift vor aller Welt, vor den höchsten Wächtern der Religion aufs schwerste gekränkt."*[143] Besonders übel sei es, *„die Feinde Frankreichs als Feinde des Katholizismus bloßzustellen"*[144].

Inwieweit der Krieg als „gerecht" zu betrachten sei, ein Thema das immer und immer wieder erörtert wurde, wie wir bereits gesehen haben, wird auch hier diskutiert durch den Freiburger Kirchenhistoriker Heinrich Finke, der sich schon mit einer Rede am 28. Oktober 1914 im Auditorium Maximum der Freiburger Universität mit dem Titel: *Der Gedanke des gerechten und heiligen Krieges in Gegenwart und Vergangenheit* hervorgetan hatte. Der Vortrag und die daraus resultierende Publikation boten die Grundlage für den Beitrag Finkes in Pfeilschifters Buch. Für Finke steht außer Frage, dass Deutschland einen gerechtfertigten Verteidigungskrieg führt, mithin legitim agiert, weil ihm der Kampf aufgezwungen worden sei. Die Stimmigkeit dieser Einschätzung läge im deutschen Naturell. *„Gerade der Deutsche, dessen dürfen wir uns rühmen, hat eine starke Dosis von Unabhängigkeit des Urteils, Objektivität auch in Dingen, die sein Innerstes ergreifen, besonders aber die Fähigkeit, sich in die Auffassungen und Anschauungen anderer hineinzuleben, von einer gütigen Natur als Erbteil mitbekommen."*[145] Finke bleibt unbeirrt. Er diskutiert Details des französischen Buches, analysiert Beweggründe für den Krieg vonseiten der Entente und weist die Rede von der Urheberschaft Deutschlands am Krieg zurück. Interessant an seinem Artikel ist, dass Finke an keiner Stelle theologisch oder kirchenhistorisch argumentiert, sondern allein politisch-historisch. Die Schuld liegt ihm zufolge zuallererst bei Russland. Deutschland, so schlussfolgert er, sei abschließend nichts anderes übrig geblieben, den Krieg zu erklären, um nicht von einer feindlichen Übermacht erdrückt zu werden.

Ob der Krieg einen religiösen Charakter hat, versucht der Bonner Kirchenhistoriker Heinrich Schrörs zu beantworten. Er fragt: *Ist der Krieg ein Religionskrieg?*[146] Um den Artikel zu verstehen, muss man die Hintergründe der Person Schrörs kennen. Die *Rheinische Biographie* beschreibt ihn so: „Zentrumsmann ist Schrörs zeit seines Lebens nie gewesen. Er war Monarchist, dabei deutschnational, eine Haltung, die er mit seinen im Ersten Weltkrieg erschienenen Publikationen unterstrich. Sein hierin zum Ausdruck kommender rigoroser Nationalismus war weniger Ausdruck einer ‚Anbiederung der Katholiken an den Nationalstaat' als vielmehr ‚die Angst vor einer neueren Isolierung der Katholiken in der Gesellschaft wie auch der Kirche im Staat'."[147] Genau diese Haltung findet sich in seinem Artikel wieder. Schrörs unterstellt der französischen Schrift, sie zeihe Deutschland der Kirchenfeindlichkeit. Der Überfall Belgiens sei nicht in erster Linie strategisch motiviert gewesen, vielmehr habe das kleine Land als Symbol des Katholizismus an sich gegolten. Bemerkenswert an Schrörs Artikel ist, dass er sich nicht nur mit der französischen Schmähschrift auseinandersetzt, sondern gleichfalls eine Art Apologetik der katholischen Kultur in der protestantischen Mehrheitsgesellschaft konstruiert. Als ob er nicht nur den Kriegsgegnern, sondern auch den deutschen (kritischen) Leser überzeugen möchte. Er greift Argumente auf, kommt ihnen entgegen, bestätigt oder widerlegt sie. *„Gewiß ist es wahr, daß* *es in Deutschland eine Philosophie des Pantheismus gegeben hat, die noch ihre Adepten zählt. Wahr ist auch, daß diese Philosophie Folgerungen für das politische und moralische Gebiet mit sich führt, die in vollem Widerspruche mit dem Evangelium und der Sittenlehre Christi stehen. Aber nicht wahr ist, daß die Folgerungen auch allgemein gezogen und als notwendig erkannt wurden, daß sie das deutsche Geistesleben beherrschen ... Nein, unsere Staaten ruhen noch im großen und ganzen auf christlichem Boden, unsere Schulen pflegen noch die Lehre und Moral des Erlösers, unser Volk ist seiner großen Masse nach noch positiv religiös, unsere Sozialpolitik ist von den Ideen der Gerechtigkeit und Liebe eingegeben, unsere Fürsten und Staatsmänner und Heerführer sind Männer des Glaubens und Gottvertrauens ..."*[148] Schrörs' Formulierungen klingen wie das Pfeifen im Walde. Gerade die Katholiken, die doch ebenso angegriffen würden, stünden doch fest zum Reich. Sie sind, nach Schrörs, *„keine Christen, deren Namen bloß im Tauf- und Trauungsbuche stehen; es sind der großen Masse nach aufrichtige Bekenner ihres Glaubens, treu ihrer Kirche und voll heißer Liebe zu dem Oberhaupte auf St. Peters Stuhl. Sie haben es bewiesen in der langen und drangvollen Zeit des Kulturkampfes und haben für ihre katholische Überzeugung die schwersten Opfer gebracht. Noch lebt zum Teil das Geschlecht der kirchlichen Helden, und die Söhne sind ihrer Väter nicht unwert. ... Mit dem Mute der Entschlossenheit, die da weiß, daß es das höchste der irdischen Güter zu verteidigen gilt, haben sie den Schlag gegen unsere nationale Existenz aufgefangen; in ungeteilter, aus dem tiefsten sittlichen Pflichtgefühl quellender Begeisterung stehen sie zu Kaiser und Reich."*[149]

Die Perspektive, die deutsche Bevölkerung und besonders deutsche Katholiken sowohl als fromm und romtreu, wie auch als staatsloyal darzustellen, zieht sich noch durch weitere Artikel. Man behandelt Belgiens Neutralität. *„Belgiens Regierung hat diese Pflicht schon lange vor Ausbruch des Krieges verletzt, Belgiens Ehre an England verkauft, Belgiens Unabhängigkeit politisch und militärisch zu Englands Gunsten aufgegeben. Belgien hat sein Wort, allen Staaten gegenüber gleichmäßig neutral zu sein, nicht gehalten. Es hat sein Wort gebrochen!"*, schreibt zum Beispiel Godehard Josef Ebers, Professor für Staats- und Kirchenrecht (und Rektor der Universität Köln von 1932–1933). Man spricht über die Seelsorge im Feld und die Pastoral der Bischöfe Deutschlands und Frankreichs durch Hirtenbriefe im Vergleich. Immer wieder geht es um die Stellung der Katholiken im deutschen Staat, denn der Angriff, den die französischen Texte führten, unterhöhlte nach Meinung der katholischen Theologen nicht nur Deutschland an sich, sondern die Stellung des Katholizismus im Besonderen. *„Der Katholizismus"*, stellt der Regensburger Domdekan Franz Xaver Kiefl fest, *„ist innerlich einiger denn je. In Weltanschauungsfragen, soweit sie die Grundlagen der Kirche betreffen, gibt es keinen Zwiespalt. Der deutsche Protestantismus, in der Kulturkampfzeit noch einig wenigstens in der Anerkennung der dogmatischen Grundgedanken der Reformation, ist es heute nicht mehr ... Für uns Katholiken ist die Einheitlichkeit des höchsten religiösen Ideales, für welches wir leben und sterben, eine unversiegliche Kraftquelle. Wir deutsche Katholiken haben an allem, was unser Vaterland Großes und Edles hat, ehrlich mitgebaut und halten mit der ganzen Treue deutschen Gemütes an den ererbten Heiligtümern der Nation fest, wozu wir in oberster Reihe die christliche Grundlage unseres Staatswesens rechnen."*[150] Es sei ja gerade der Feind, der diese Einheitlichkeit im Katholizismus untereinander und mit dem Staat bedrohte. Kiefl dreht den Spieß der französischen Argumentation geradezu um. Die christliche Kultur ist seiner Ansicht nach *„der tiefste Grund, weshalb wir um den Sieg der deutschen Waffen beten, weil wir das internationale Freimaurertum, den schlimmsten Feind des Christentums, im Bunde mit unsern Gegnern sehen, und weil ein Sieg unserer Feinde der katholischen Kirche bei uns und in anderen Ländern das traurige Schicksal der Kirche wie in Frankreich bringen würde."*[151]

Der Band von Pfeilschifter ist, wie gesagt, der einzige, in dem sich ein Bischof als Reaktion auf das französische Buch äußert, nämlich Michael von Faulhaber, zur Zeit der Publikation noch Bischof von Speyer und stellvertretender Feldpropst der bayerischen Armee. Sein Beitrag trägt den Titel *Unsere religiöse Kultur.*[152] Faulhaber sieht seinen eigenen Stand, die deutschen Bischöfe indirekt angegriffen. *„Die Steine, die nach den Deutschen und damit nach den deutschen Katholiken geworfen wurden, haben also zugleich die deutschen Bischöfe getroffen ..."*[153] Die Beschwerden, die man daraufhin bei Papst und Kaiser eingelegt habe, seien eine heilige Pflicht gewesen. Faulhabers Beitrag entbehrt nicht einer gewissen Polemik, wenn er formuliert, man könne die *„deutschländische Ausprägung des Katholizismus"* Frankreich gegenüber auf einen Leuchter heben, dessen Kirche ja als älteste Tochter Roms gelte. Wiewohl man doch wisse, dass älteste Töchter der Mutter immer die meisten Sorgen machten.[154] Faulhaber betont das nationale Spezifikum der katholischen Kirche und benennt sieben von ihm so genannte *„Charakterzüge"*, die das Wesen der katholischen Kirche in Deutschland besonders ausmachten. *„Das Reich Gottes läßt sich also nicht nationalisieren zu Gunsten eines einzelnen Volkes. Anderseits brauchen aber auch die Völker nicht entnationalisiert zu werden zu Gunsten des Reiches Gottes. Die Völker können mit ehrlichem Heilswillen das Reich Gottes suchen und ihm angehören, ohne ihre gute nationale Eigenart zu verleugnen, ohne ihre berechtigten nationalen Interessen zu verraten. Einheit im Glauben bedeutet nicht Einerlei der nationalen Gesinnung, Gnadengemeinschaft bedeutet nicht Kulturschablone, religiöser Brudersinn bedeutet nicht vaterländischer Stumpfsinn. Die Mission des Christentums will die Germanen nicht romanisieren, die Romanen nicht germanisieren."*[155] Die nationalen Abgrenzungen waren dem Bischof wichtig, denn darin sah er Unterschiede und Positiva eines eigenständigen Kurses der katholischen Kirche in Deutschland. Deren Stellung sei gefestigt und könne von den französischen Glaubensbrüdern niemals in Frage gestellt werden; der Vergleich der beiden „Kirchen", wenn man so will, verbiete sich, gegenseitige Einflüsse seien überhaupt nicht gegeben. *„Kann ein denkender Mensch wirklich glauben, der heutige Kulturkampf in Frankreich sei von Deutschland eingeschleppt, also nur ein deutscher Sonnenflecken an der französischen Sonne, und die deutschen Katholiken, die den Kulturkampf im eigenen Lande unter schweren Opfern überwunden haben, ließen sich so leicht zu einem kulturkämpferischen Feldzug begeistern?"*[156] Die Frage ist rhetorisch gestellt, die Antwort diffizil, wie ein späterer Blick in Äußerungen von Feldpredigern, Bischöfen und Soldaten von der Front beweist.

Deutsche Abwehr der Angriffe II

Das zweite Buch, welches auf dem geistlichen Schlachtfeld erschien, ist eine dezidierte Auseinandersetzung mit den französischen Angriffen. Eine sogenannte *Denkschrift deutscher Katholiken gegen das französische Buch: „La Guerre allemande et le Catholicisme"* von Alfred Rosenberg versammelte 126 Vertreter des Katholizismus in Deutschland: Politiker, Professoren, Adelige; die bekanntesten unter ihnen etwa der bayerische Ministerpräsident Georg Graf von Hertling und Matthias Erzberger, beide Zentrumsleute.[157] Ihnen war die Aussöhnung des Katholizismus mit dem Kaiserreich bekanntlich ein Herzensanliegen. Dazu entdecken wir unter den Verantwortlichen die katholischen Verleger Bachem aus Köln und Herder aus Freiburg, den Münsteraner Sozialethiker und Theologen Franz Hitze, den Sozialreformer und Reichstagsabgeordneten August Pieper, Generaldirektor des Volksvereins für das katholische Deutschland, Lorenz Werthmann, den Vorsitzenden des Deutschen Caritasverbandes aus Freiburg, den Landespräsident von Westfalen, Prinz von Ratibor und Corvey sowie den Industriellen August Thyssen aus Kettwig bei Essen. Des Weiteren finden sich viele Mitglieder des Reichstages, des preußischen Herrenhauses und oberste Richter.

Dass in diesem Buch kein Bischof eine Plattform findet, sei, so die Herausgeber, beabsichtigt. *„Das spezifisch politische Ziel und die Art der Polemik vertragen sich nach deutscher Auffassung so wenig mit der Eigenart der amtlichen kirchlichen Hirtenpflichten, daß man glaubt, selbst bei dem Werke der Abwehr von der Beteiligung der Bischöfe absehen zu wollen."* Eine leichte Enttäuschung über die Nichtteilnahme deutscher Bischöfe vermeint man zwischen den Zeilen allerdings schon zu lesen; das aber wird im genannten Sinne verbrämt. *„Freilich wäre nach dem erfolgten französischen Angriff eine Beteiligung deutscher Bischöfe an der Gegenwehr sittlich und rechtlich einwandfrei, dennoch erschien es ratsam, aus dem angegebenen Grunde davon abzusehen und der Welt das Schauspiel eines Kampfes unter katholischen Bischöfe zu ersparen."*[158] Womit man, ganz nebenbei, die Bischöfe aus Frankreich noch zusätzlich ins Unrecht setzte, weil sie nun als diejenigen dastanden, die sich an niederen Angriffen beteiligt haben, während ihre deutschen Amtskollegen generös beiseite gestanden hätten.

Mit einigem Pathos erklären die Autoren, sie legten *„feierlich Verwahrung dagegen ein, daß man es gewagt hat, unsere Krieger und unser ganzes Volk des Barbarismus anzuklagen. Wir sind Zeugen der sittlichen und religiösen Erneuerung des Volkes. Unser Kaiser ging voran, als er seine Rede am 31. Juli schloß mit den Worten: ‚Und nun empfehle ich Euch Gott. Jetzt geht in die Kirche, kniet nieder vor Gott und bittet ihn um Hilfe für unser braves Heer.' Damit hatte er die Saiten im Herzen der Deutschen voll angeschlagen. Das gesamte Volk fühlte sich eins mit seinem Kaiser, der in der Stunde der größten Not sich ebenso an Gott wandte, wie es selbst Gott anzurufen gestimmt und gewillt war."*[159] Im Gewande der Objektivität folgt eine akribisch zusammengestellte Apologie. Man greift einige Thesen des französischen Buches auf, wiewohl die Auswahl deutlich macht, von welchen

Angriffen man sich wohl besonders getroffen sah: hauptsächlich der Vorwurf mangelnder Kultur – oder vielmehr protestantisch und philosophisch zersetzter Kultur –, die Verletzung der Neutralität Belgiens und die Zerstörung nationaler katholischer Kulturgüter, wie der Kathedrale von Reims. Jeder ausführlichen Antwort auf ausgewählte Vorwürfe wird eine Reihe von Texten, Dokumenten und Quellen beigefügt, die die eigene Position sachdienlich unterstreichen sollten. Von der eigenen Redlichkeit zeigt man sich unbedingt überzeugt. *„Mit elementarer Gewalt brach ein neuer religiöser Volksfrühling für das gesamte Deutschland hervor und offenbarte die tiefsten religiösen Kräfte. Mit den Alten sammelte sich die Blüte des Volkes ernst und ergriffen in den Tausenden von Kirchen und flehte innig zu Gott um Hilfe in dem frevelhaft aufgezwungenen, von feindlichen Regierungen seit Jahren mit Lug und Trug vorbereiteten Kampfe. In echter und frommer Andacht gingen Millionen deutscher Krieger vor ihrem Ausmarsch zu den Sakramenten; in zahllosen Pfarreien blieb kaum einer zurück. Das Zeugnis der deutschen Feldgeistlichkeit bestätigt uns, daß der religiöse Eifer nahezu aller unserer Krieger in den Mühsalen und Gefahren des Kampfes nicht erlahmt ist."* Daraus folgt für die Autoren konsequent: *„Solche Krieger sind nicht fähig der Schandtaten, deren man sie bezichtigt."*[160]

In der Kriegsschuldfrage sind die Autoren unbeirrt. Immerhin muss man konzedieren, dass sie sich bemühen, Entwicklungen differenziert aufzuzeigen, wenn auch mit der eindeutigen Zielrichtung, die deutsche Unschuld zu beweisen. Dabei verfällt man allerdings nicht der Gefahr, einfach die Frage zurückzuspielen und ihrerseits den Gegner als den allein Schuldigen zu benennen. *„Der gesunde Menschenverstand, den Gaudeau anruft, ist also überhaupt nicht in der Lage, die Frage nach der Urheberschaft des Krieges zu beantworten. Das vernünftige Denken aber muß auf Grund der Ereignisse und der veröffentlichten Aktenstücke sich gegen die vorgebrachte Behauptung wenden, daß Deutschland den Krieg gewollt und ihn verschuldet habe. Die Annahme, daß Deutschland kriegslustig gewesen sei, ist nur dadurch zu erklären, daß das Denken durch die politischen Leidenschaften bei sehr vielen Menschen unmöglich gemacht wird."*[161] Letztlich bleibt die Kriegsschuldfrage in dem Band unbeantwortet. Die Darstellung eines diffizilen Weges bis hin zu den Kriegserklärungen sollte wohl suggerieren, dass sich Deutschland aufgrund der außenpolitischen Lage genötigt sah, den Krieg zu erklären. Ausdrücklich formuliert wird das nicht.

Empörung zeigt sich ob des Vorwurfs der Kulturlosigkeit. In die Diskussion eingeführt werden unterschiedliche Interpretationen, vor allem des Werkes von Immanuel Kant und – aus kirchlicher Sicht verständlich – der verschiedenen Perspektiven katholischen und protestantischen Denkens. *„Daß Keime des Modernismus sich bei Kant finden, ist wahr. Aber warum hatte man den Modernismus so um sich fressen lassen, während die deutschen Katholiken fast unberührt geblieben waren?"*[162] Im Fühlen mit der Nation seien alle unterschiedlichen Ansichten vereint, Traditionen und Sichtweisen seien dagegen zweifellos unterschiedlich. *„Wenn Goyau also die deutsche Kultur hätte beschreiben wollen, so hätte er zunächst den kulturellen Tatbestand auf allen Gebieten aufnehmen müssen, und wenn er dann dazu übergegangen wäre, diese vielgestaltigen Einzelleistungen als aus einer einzigen Idee hervorsprießend nachzuweisen, dann würde er eine staunenswerte Tat vollbracht haben. Aber es würde ihm unterwegs die Erkenntnis gekommen sein, daß es nicht möglich ist, die gesamte deutsche Kultur religiös einheitlich zu erklären. Deutschland ist nun einmal das Land der religiösen Spaltung, und es geht nicht an, das außer Betracht zu lassen. Es gibt eine spezifisch katholische religiöse Kultur in Deutschland und eine spezifisch nichtkatholische religiöse Kultur, die ihrerseits wieder in religiöse Einzelkulturen auseinanderfällt."*[163] Dem von französischer Seite vorgebrachten Vorwurf, in Deutschland werde ein heidnisch-germanischer Kult gepflegt, treten die 126 wackeren Apologeten munter entgegen. Sicher, diese Tendenz gebe es, aber die Mehrheit der Deutschen sei katholischer oder evangelischer Provenienz und der Kaiser, obschon Protestant, stehe in seiner Funktion über den Konfessionen. Die Autoren gehen in der weiteren Argumentation jedoch einen gefährlichen Pfad, wenn sie die Wertigkeit der eigenen, deutschen Kultur mit rassistischen Argumenten den Vertretern der Kriegsgegner gegenüber stellen: *„Kämpfen etwa jene für wahre Kultur und Zivilisation, welche im Verein mit Turkos, Senegalesen, Arabern, Hindus, Gurkhas, Sikhs, Kirgisen, Tataren, Tscherkessen, Kalmücken, Turkmenen, Tschungusen und wie sie alle heißen mögen, ins Feld ziehen? In kurzer Zeit wird ein Bericht über die ‚Kulturtaten' der Angehörigen der farbigen Rassen aus den Tagebüchern französischer Offiziere und Soldaten zusammengestellt werden. Dann kann Goyau Studien über ‚Kultur' machen, über eine ‚Kultur' in Strichelchen. Das ist aber nicht deutsche Kultur."*[164] Ein anderes Beispiel ähnlich gelagerter Vorurteile liefert der prominente Philosoph Max Scheler, wenn er in einem Artikel über die Aufgabe der Kirche nach dem

Krieg schreibt, Russland sei machtsüchtig, England neidisch und Frankreich rachsüchtig.[165] Das aber ist deutscher Chauvinismus, der nicht nur den geistigen Weg bereitet für die Herrschaft der Nationalsozialisten, sondern die Intention des Textes insgesamt desavouiert. Er entkräftet ihn nicht, sondern affirmiert ihn geradezu.

Sogar auf den Kulturkampf gehen die Autoren ein. Der sei beileibe kein Exportschlager gewesen, wie die Franzosen unterstellen würden. Die deutschen Katholiken selber hätten in der Folge auch widerstanden; der Vorwurf, jetzt solle mit den deutschen Truppen die Auseinandersetzung mit dem Katholizismus in das Nachbarland getragen werden, sei deswegen absurd. *„Ein Kulturkampf ist kein Exportartikel. Dazu war Bismarck der ungeeignetste Mann, um etwas für Franzosen schmackhaft zu machen. Es liegt auch nichts weniger als eine Schmeichelei für die eigenen Landsleute in der Behauptung, weil man sie für so dumm hält, das schlimmste Gift aus Bismarcks Hand unbesehen angenommen und verschluckt zu haben."*[166]

Die Verletzung der belgischen Neutralität wird natürlich zurückgewiesen. Es habe keinerlei Chance gegeben, auf das Land Rücksicht zu nehmen. Ganz im Gegenteil sei Deutschland Frankreich und England zuvorgekommen, die ja ebenfalls die Absicht gehabt hätten, in Belgien einzumarschieren. Deutschen Protesten hätten dann sicher nur Hohn und Spott entgegen geschlagen.

Die Schrift kommt zu einem ähnlichen Schluss wie vergleichbare Äußerungen zur Zeit und zum Thema. Ja, der Katholizismus sei international, aber es gebe nationale Ausprägungen und das habe seine Richtigkeit. *„Es ist ja auch kein Fehler, wenn ein Katholik national gesinnt ist. Er ist dazu sogar sittlich verpflichtet. Darum nehmen es die Deutschen gar nicht übel, wenn die Katholiken anderer Länder ebenfalls national denken. Aber man muß einen Unterschied machen zwischen national und nationalistisch. Wenn der nationale Gedanke bis zum Extrem gespannt wird, führt er zum Unheil. Dann wird alles, selbst der Katholizismus, diesem Prinzip geopfert."*[167] Der Grund für das Verhalten liege aus deutscher Sicht in der schweren Situation der Kirche Frankreichs angesichts des Laizismus. *„Der französische Katholizismus ist einem Schwerkranken vergleichbar. Zerschlagen von der eigenen Landesregierung, welche die Bürger selbst gewählt haben, blutet er aus tausend Wunden ... In den weitaus meisten Schulen des Landes wachsen die Kinder ohne Gott und Religion auf ... Krank ist vieles bis ins innere Mark: in Kirche und Staat, in der Familie und beim Einzelmenschen."*[168]

Die Fortführung des Krieges mit literarischen Mitteln

In einem weiteren Werk über die religiöse Situation in den europäischen Ländern zur Zeit des Krieges skizziert der schon bekannte Georg Pfeilschifter[169] eine durch und durch säkulare französische Republik, die sich der Kommunikation mit Kirchenvertretern und dem Vatikan verweigert; gleichzeitig aber zeige sich die französische Kirche patriotisch, wiewohl sie doch – dieses Unverständnis liest man bei dem Autor zwischen den Zeilen stetig heraus – eher in kritischer Distanz zum Staat stehen müsste. *„Hohe und niedere französische Geistliche predigen, daß dieser Krieg ein Kampf gegen den Katholizismus sei; ja noch mehr, es sei ein Krieg gegen die Religion und gegen Gott selbst. So sehr wird Gott von ihnen zum französischen Nationalgott gemacht, daß alle Feinde Frankreichs natürlich als Empörer gegen Gott erscheinen."*[170] Wechselseitig also diffamieren einander die Kriegsgegner und sprechen dem anderen die rechte Gläubigkeit ab. Immerhin hat der Autor die Hoffnung, dass der Krieg den Katholizismus in Frankreich stärken werde: *„Das, was ich in Freiburg von französischen Gefangenen aus besseren und gebildeten Kreisen erfahren habe, bestätigt diese Nachricht. Auch sie betonen, daß die Pflege des religiösen Lebens außerordentlich gewachsen sei seit Ausbruch des Krieges, und daß alle Schichten der Bevölkerung daran beteiligt seien. Man hat unzählige Zeichen der Rückkehr zum katholischen Leben gesehen. Auch bei den Soldaten im Felde, unter denen sich rund 25.000 katholische Geistliche (darunter auch drei Bischöfe) und Ordensleute befinden, welche unter wohlwollenden Vorgesetzten vollständig die Obliegenheiten von Feldgeistlichen erfüllen, zeigt sich vielfach reges religiöses Leben. Der Priester ist in dem Milieu, wo man ihn sonst der Verachtung preisgegeben hätte, jetzt, freilich nicht überall, ein Gegenstand, wenn auch nicht der Verehrung, so doch des Respekts geworden."*[171] Die Äußerungen unterstreichen die Überzeugung, die in einigen Kreisen des deutschen Katholizismus vorherrschten, nämlich dass durch den Krieg erstens der Stellenwert der Religion in allen Bereichen und Ländern wieder ansteige und zweitens – dies wird im genannten Zitat zumindest implizit deutlich – dass es ja die deutsche Armee gewesen sei, die eine neue Wertschätzung der Kirche erreicht habe. *„Nicht selten erfahren wir"*, so Pfeilschifter, *„aus den von uns in Frankreich besetzten Gebieten, wie der französische Klerus erbaut ist von der Religiosität unserer Soldaten und wie er diese deutschen ‚Barbaren' seinen Gläubigen,* *welche ihre religiösen Pflichten schlecht oder gar nicht erfüllen, als Vorbild empfiehlt.*"[172]

Pfeilschifter legt später sogar noch nach. Im Auftrag eines sogenannten *Arbeitsausschuß zur Verteidigung deutscher und katholischer Interessen* im Weltkrieg publiziert er 1918 eine Sammlung von 459 Soldatenbriefen, deren Ziel er mit „*Abwehr*" beschreibt. „*Diese Briefe sollen Ruf und Ehre unserer Soldaten als gläubiger Katholiken und als guter Menschen verteidigen – gegenüber den verletzendsten Angriffen auf ihre Religion und Moral, die von französischer Seite in die Welt hinausgeschrien worden sind. Der deutsche Soldat, so wird ohne jeden Unterschied zwischen Gläubigen und Ungläubigen, zwischen guten und schlechten Elementen behauptet, ist überhaupt antikatholisch, antichristlich, ja sogar direkt antireligiös; daher seine allgemein, methodisch und systematisch geübte himmelschreiende Barbarei namentlich gegen Kirchen und Priester, die ein Prinzip der deutschen Kriegsführung ist.*"[173] Gegen diese, seiner Meinung nach unseriösen Unterstellungen will Pfeilschifter nun die originalen Briefe setzen, um die Rechtgläubigkeit und Rechtschaffenheit der deutschen Soldaten zu dokumentieren. Damit will er „*für unsere Gegner und deren Gläubige nur Material dafür vorlegen, daß unsere katholischen Soldaten nicht von Natur und Haus aus Barbaren, religiöse Spötter und Kirchenverächter sind und daß sie es auch in diesem lang dauernden Krieg nicht geworden sind*"[174]. Pfeilschifter betont, er wolle mit der Publikation „*Zeugnis ablegen dafür, daß im Gegenteil zum mindesten ein recht erheblicher Prozentsatz unserer katholischen Soldaten treu katholisch in Glaube und Sitte, in Wort und Werk war und ist. Sie will aller Welt zeigen, daß das von der französischen Schmähschrift entworfene Bild ein Zerrbild ist und eine Fälschung der Wirklichkeit.*"[175] Der Theologe betreibt hiermit sozusagen die Fortführung des Krieges mit literarischen Mitteln.

Max Scheler: Der Genius des Krieges

Die geistige Fundierung des Krieges, besonders die Legitimation des deutschen Kriegseinsatzes, besorgten also die deutschen Theologen, Dichter und Denker. Einer der bekanntesten unter ihnen war der schon erwähnte Philosoph Max Scheler, der sich hauptsächlich mit Wissenssoziologie und Phänomenologie befasste. Scheler nahm am Krieg aus gesundheitlichen Gründen nicht teil. Die nationale Begeisterung vertrat er wie andere – zahlreiche Publikationen geben Zeugnis davon. Zentral für diese Zeit ist sein Werk *Der Genius des Krieges und der Deutsche Krieg,* in dem er sich sowohl mit soziologischen, aber auch ethischen und religiösen Fragen zum Krieg auseinandersetzt. Schelers Erwähnung im Zusammenhang mit der Stellung der katholischen Kirche im Krieg beruht auf der Tatsache, dass Scheler 1916 feierlich im Kloster Beuron in die katholische Kirche aufgenommen wurde. Von da an bis 1922 arbeitete er für das katholische Periodikum *Hochland,* in dem, wie schon erwähnt, viele nationale Beiträge erschienen. Anfang der Zwanziger Jahre hat er sich dann, mittlerweile Professor in Köln, wieder vom Katholizismus distanziert.

In seiner Schrift *Soziologische Neuorientierung und die Aufgabe der deutschen Katholiken nach dem Krieg,* publiziert 1916 ebenfalls im *Hochland,* entwickelt Scheler seine christliche Korporationsidee, verbunden mit dem Wunsch, der Katholizismus möge im Nachkriegsdeutschland eine moralische und geistige Führung übernehmen.[176]

Scheler zeigt sich enttäuscht, dass durch die Auseinandersetzung der Bischöfe (zum Beispiel durch die Denkschriften) eine übernationale Solidarität des Katholizismus erodiert. Krieg und Staat gehören für den Philosophen zusammen. Der Kampf sei das Mittel, die *„Geistesherrschaft"* zu erlangen. In diesem Verständnis ist *Der Genius des Krieges* geschrieben. Das Buch ist den *„Freunden im Felde"* gewidmet, schlägt einen großen Bogen von allgemeinen Betrachtungen über das Wesen des Krieges, dessen Metaphysik und einer Differenzierung des gerechten bzw. ungerechten Krieges bis hin zu den Spezifika des nun sich ereignenden deutschen Krieges und dessen moralischer Legitimation. Schelers Buch kulminiert in der Forderung nach einer geistigen Einheit Europas, die mit einer Abkehr vom englischen Denken, wie Scheler es kritisiert, verbunden sei. Der Genius, der sich durch den Krieg herausbilde, führe aus dem Egoismus in eine neue Gemeinschaft. Aufgabe des Staates sei es, dass er diesem Genius, dieser Schaffenskraft, die Scheler wahrgenommen haben will, nicht *„vorschreibe oder Richtungen erteile, sondern daß er ihm einen freien Boden seines Schaffens dadurch gewähre, daß er die egoistischen Triebe des nur durch Interesse und Vorteil bewegten gesellschaftlichen Seins und Handelns zwecks nationaler Wohlfahrt bändige und einschränke".*[177] Scheler will eine von ihm konstatierte Individualisierung, die allein den Eigennutz im Blick habe, im Sinne einer Gemeinschaftlichkeit überwinden. Der Krieg erschien ihm genau dies trefflich zu befördern.

Ethisch wäre der Kampf auf jeden Fall zu vertreten. Stünden sich doch im Krieg keine einzelnen Personen, sondern der Feind *„als eines Werkzeugs der fremden Regierung, deren Wille in dieser Gestalt als Ganzes tätig ist"*[178], gegenüber. Das Christentum als moralische Instanz vertrete mitnichten eine Anti-Kriegs-Position. *„Es sind denn auch"*, so der Philosoph, *„nur gewisse moralistische, den Erlösungs-, Gnaden- und supranaturalen Charakter des Christentums durch und durch verkennende utopistische Sekten, wie zum Beispiel Wiedertäufer, Quäker, Mennoniten und andere, gewesen, die eine Verurteilung des Krieges überhaupt aus den Evangelien ableiten wollten. Keine der großen christlichen Kirchen ist dem gefolgt."*[179] Der Krieg indes befördere und profiliere die Entwicklung der Menschen und ihr Verhältnis zueinander. Der *„Kriegsmoral als einer Vorstufe zur religiösen Liebesmoral entspricht es, daß der Krieg ebensowohl die Kraft in sich birgt, die Gemüter innerlich zu einen, als er die große Kraft ist, die Menschen äußerlich zu trennen und zu scheiden; wogegen der Friedenszustande die Menschen ebenso äußerlich eint, als er sie innerlich atomisiert und trennt!"*[180] Gott sei im Krieg der große Richter, der über allem menschlichen Rechtsverständnis steht und dessen Begehren der Überwindung des Ichs und der Bewahrung der Sitte und Liebe gelte. *„Erst angesichts dieser moralischen Kräfte wird die Idee des Krieges als Gottesgericht völlig klar. Ist Gott ein Gott der Liebe, so wird er auch dem Volke den Sieg geben, in dem die Liebe die reichste, die tiefste, die hochgeachtetste ist."*[181]

Natürlich beschäftigt sich Scheler mit der Frage nach dem gerechten Krieg. Er benennt zwei Kriterien. Da seien Art und Natur der zum Krieg führenden Grundsätze: Sie müssen kriegswichtig sein und dem Gemeinwillen der den Krieg führenden Nation entsprechen.[182] Beide Bedingungen sieht er in Deutschland und Österreich erfüllt und deshalb sei der Krieg gerecht. *„Ob er gerecht oder ungerecht ist, das entscheidet sich ja gar nicht nach jener oberflächlichen Entstehungsgeschichte seiner letzten diplomatischen und sonstigen Anlässe, sondern entscheidet sich auch hier nach Art, Größe und Kriegswichtigkeit der Gegensätze, die in ihm treiben und die er ordnen soll ... Er ist gerecht, weil gleichzeitig höchst charakteristische und große, historisch bewährte Kulturideen hinter den kämpfenden Mächten stehen."*[183] Die geistige Einheit Europas, so Scheler, sei das Ziel, zu erreichen durch dem *„noch intakte[n], noch nicht kapitalistisch angefaulte[n] edle[n] kriegerische[n] Geist der europäischen Jugend"*[184]. Diese

Jugend – aller Nationen, wie Scheler anmerkt – sei auf dem Weg des Guten, Schönen und Wahren. Der Weg dorthin müsse in der Überwindung eines durch englischen Geist geprägten Denkens bestehen. Zum Zeitpunkt der Abfassung seines Buches ist der Krieg für Scheler „*ein göttliches Ultimatum für Europa*"[185]. Das besagt: „In einer Zeit, in der das Ressentiment allgegenwärtig die Wahrnehmung gleichermaßen Werte präformiere wie deformiere, ist die Wertordnung gewissermaßen aus den Fugen geraten. Die Frage, die der Hypostasierung des Krieges als schöpferischer Kraft zugrunde liegt, ist, wer einen tiefgreifenden gesellschaftlichen und ethischen Wandel zu initiieren vermag, der die Realisierung der Werte gemäß der objektiven Wertordnung ermöglicht. Aber nicht nur die Frage nach dem den gesellschaftlichen Wandel initiierenden Subjekt, sondern auch die Frage nach dem möglichen Einheitsstifter bewegt Scheler. Die Lösung dieser komplexen Aufgabe traut er indes nicht den Subjekten zu, die selbst Träger dieser Werttäuschung, somit zu sehr involviert und letztlich nicht mehr Subjekt, sondern Objekt sind. Daher rückt der Krieg als metaphysisches Subjekt der Geschichte ins Zentrum seiner Erwägungen und nimmt den Platz schöpferischer und einheitsstiftender Subjekte ein."[186] Der Krieg bedeute eine ethische Wende, insbesondere eine Abkehr von verwerflichen Tendenzen, die durch englisches Denken in Europa zugenommen hätten. Er wird in der Sicht Schelers transzendiert, um für die Gesellschaft die Zwecke zu erreichen, die der Philosoph als notwendig erachtet. „Eine solche dem Krieg vermeintlich inhärente sozialintegrative und bewusstseinsbildnerische Intensität läßt ihn in Schelers Augen den Genius schlechthin verkörpern. Vor dem Hintergrund eines solchen Kriegsverständnisses erhält auch die scheinbar paradoxe Semantik des Titels der Kriegsschrift ihre Plausibilität. Als klassisch Gebildeter war Scheler sicherlich mit der ursprünglichen Bedeutung des lateinischen Begriffs Genius vertraut ... Ausgerechnet dem todbringenden Krieg eine lebensstiftende Funktion zuzuschreiben, wie es über die begriffliche Kombination von Genius und Krieg suggeriert wird, scheint nur auf den ersten Blick ein unauflösbares Paradox zu sein ... Die aus dem Lot gekommene Wertordnung erfährt somit eine von außen initiierte Korrektur."[187]

Zu Beginn des Jahres 1916 äußert sich Max Scheler, wieder in der Zeitschrift *Hochland*, ausführlich zur Rolle der Katholiken nach dem Krieg. Es kann nicht überraschen, dass Scheler von der grundsätzlichen moralischen Überlegenheit des Christentums, näherhin des Katholizismus, ausgeht und von einer missionarischen Verpflichtung spricht. *„Als Katholiken, d. h. als Menschen, die neben dem Prinzip der Selbstverantwortung auch noch jenes der solidarischen Mitverantwortung in allen, das menschliche Heil und das Gute betreffenden Fragen als verbindlich fühlen und ansehen, haben wir auch allen unserer Kirchen Nichtangehörigen zu dienen, das Gebot der Stunde zu erfüllen. Als Deutsche aber müssen wir diesen Dienst mitzuleisten bestrebt sein auch allen Deutschen.*"[188] Das ist die katholische Variante des Geibelschen Schlagwortes *„Am deutschen Wesen mag die Welt genesen"*. Den geistigen Input, den Scheler sah, verbindet er angesichts der gemeinsamen Opfer auf dem Schlachtfeld mit der Hoffnung endgültiger Anerkennung der Katholiken als verlässliche Staatsbürger.[189] Er unterscheidet sich mit seinen Gedanken in keiner Weise vom allgemeinen Sehnen der katholischen Kirche zur Zeit des Weltkriegs endlich, endlich in Deutschland angekommen und angenommen zu sein. Die besondere Leistung des deutschen Katholizismus, so Scheler, ergebe sich eher aus der Verbindung zwischen Glaube und Volk, allein das für die Kirche so zentrale Vereinswesen hätte ohne deutschen Organisationskreis nicht so stark aufgebaut werden können. *„Das heißt, das katholische Deutschtum verdankt diese spezifischen Vorzüge nicht spezifisch katholischen Kräften, sondern einer unter der Führung Preußens und der bildnerischen Wirksamkeit des Vorbildes seiner Eigenart von Militarismus besonders hochentwickelten allgemein deutschen Anlage."*[190] Auf jeden Fall, so führt Scheler weiter aus, verdanke man die eigenen Erfolge auch der *„Parteienzerklüftung"*, wie zum Beispiel dem Auftreten der Sozialdemokratie. All dies beweist für ihn die Bedeutung der katholischen Kirche in Deutschland für den Staat und ist letztlich immer noch Ausdruck einer Apologie, gute Staatsbürger zu sein, die sich nicht von einer fremden Macht, nämlich Rom, fernsteuern ließen. Was die Frage nach der Rolle der katholischen Kirche nach dem Krieg angeht, so schließt Scheler an seine Schrift *Vom Genius des Krieges* an. Er erhofft sich stärkeren Einfluss, den Katholiken empfiehlt er eine deutliche und kritische Distanz zum Kapitalismus. Andererseits wünscht Scheler sich die Erfüllung einer supranationalen Solidarität, wie auch der Katholizismus allumfassend sei. Innerhalb der Weltkirche erhofft sich Max Scheler einen größeren Einfluss der deutschen Kirche.

Zur Ehrenrettung Max Schelers muss man erwähnen, dass er sich von seinen Thesen mit der Zeit mehr und mehr distanzierte. Den Genius verfasste er 1914, die Artikelserie im Hochland 1916. Bei allem Wandel im Denken blieb aber doch die Überzeugung, *„daß der Krieg ein gottgewolltes Ereignis in der Geschichte der Menschheit darstelle und daß es darauf ankomme, Gottes Plan zu begreifen und die gesamten Lebens- und gesellschaftlichen Verhältnisse entsprechend zu erneuern"*[191] Der Idealismus, den Scheler mit den Kriegsereignissen verband, blieb und mit ihm eine stärkere Verbundenheit mit der katholischen Kirche, in der er die Garantin für seine Thesen sah.

Katholisches Deutschland und Österreich-Ungarn

Noch eine Publikation sollte schon wegen ihrer Opulenz erwähnt werden. 1917 erschien im Münchner Sankt-Michaelsbund das umfängliche und reich bebilderte, großformatige Buch *Sankt Michael – Ein Buch aus eherner Kriegszeit zur Erinnerung, Erbauung und Tröstung für die Katholiken deutscher Zunge*. Das Buch stellt eine Anthologie mit Texten des patriotischen Katholizismus in der Kriegszeit dar. Für den Kunsthistoriker Bernd Feiler verdeutlicht der Band mit dem „Nebeneinander von Kriegsallegorien und dem Antikriegsbild [...] die komplizierte Situation des Katholizismus gegen Ende des Ersten Weltkriegs im Spannungsfeld zwischen nationalem Bekenntnis und christlicher Friedensbotschaft"[192]. Aufwendig gestaltet, mutet es wie eine Art Foto- oder Gedenkalbum an – und genauso war es gemeint. Der Verlag vergaß nicht, am Ende des Buches eine Liste einzufügen, die es mit Ereignissen während des Krieges und über die zu beklagenden Toten bzw. Gefallenen auszufüllen galt. Wie die Erinnerung an ein Ritual erscheint das Buch als eine fast postmodern anmutende, individualisierte Quintessenz des für viele auf positive oder negative Weise äußerst beeindruckenden Ereignisses ihres Lebens.

Der Krieg wurde im katholischen Deutschland besonders unter der Perspektive eines Beistandes mit dem katholischen Österreich-Ungarn gesehen. Auch das war ein Ausdruck der geistigen Zeitzeichen. *„Der beispiellose Völkerkrieg hat uns alle mit einem Schlage wieder verbrüdert, die Völker der Donau und des Rheins, die der Elbe und der Istria, und der Tiroler tauscht seinen Gruß mit den Söhnen Prags und Berlins. Sie haben sich gefunden, die zwei Völker im Herzen Europas – Deutschland und Österreich-Ungarn. In der Not, in der Gefahr haben sie sich gefunden als die Säule und Grundfeste europäischer Freiheit und Kultur, als die Retter des Christusglaubens gegenüber jenen, die sich im Kampfe* *wider alles das zusammengestellt. Nun mag der Krieg seinen Lauf nehmen! Wir glauben an unsern Sieg, an unsern Sieg ebenso, wie wir an Gott und Seine göttliche Gerechtigkeit glauben. Siegen oder sterben, das gilt nicht mehr für den Soldaten im Felde; das gilt für das deutsche Volk, das gilt für Österreich-Ungarn, das gilt für unsere Kultur und Gesittung und unsere Religion.* "[193] Das schrieb der Kapuzinerpater Sebastian Wieser 1914. Der Donaumonarchie sah man sich auf katholischer Seite eng verbunden, sie galt als Führungsnation des katholischen Teils Europas. Nicht nur der deutsche Kaiser ist der Garant für die Gültigkeit des Krieges, nein, er ist dies gemeinsam mit dem österreichischen, dem katholischen, wie Joseph Mausbach konstatierte. *„Der Nachdruck der Worte [des Seins- oder Nicht-Seins deutschen Wesens, Anm. M. L.] wird verstärkt durch den Eindruck der Personen, durch die erhabenen Gestalten zweier Kaiser, die, jeder in seiner Art, ihr Volkstum und Staatswesen so einzig verkörpern, die beide jetzt wie ein geweihter Kaiser deutscher Nation vor Europa treten, um das Erbe der alten, christlich-germanischen Kultur zu schirmen.*"[194]

Man erhoffte sich eine Art christlich-römischer Entente, gleichsam ein Wiederauferstehen des Heiligen Römischen Reiches. *„Was nicht zu gering angeschlagen werden darf, ist der Umstand, daß mit der Waffenbrüderschaft Österreich-Ungarns auch ein Teil der großdeutschen Ideale wieder erstanden ist, daß eine Wandlung in unserm Nationalbewußtsein hervorgerufen wurde, daß das deutsche Volk sich auf seine Einheit wieder besann.*"[195] In den Kriegspredigten wurden Deutschland und Österreich „als den im Grunde einzigen Vertretern der alten christlichen Kultur ... dabei die Rolle eines Werkzeugs in Gottes Hand zugeschrieben, der erwartete deutsche Sieg erscheint als Sieg des Guten, der Gerechtigkeit, des Christentums, Gottes selbst"[196]. Man dachte großdeutsch und sah im Habsburgerreich die bessere Führungsmacht des deutschen Volkes als das protestantisch geprägte Preußen. Nicht umsonst fand der Katholikentag 1867 in Innsbruck statt. Die verschiedenen Initiativen einer geistigen Auseinandersetzung mit dem Feind, insbesondere durch Herabwürdigung, wirken in der Rückschau kurios. „Die im Grund gleichartige politische Situation der Katholiken in Deutschland wie in Frankreich brachte sie dazu, die in ihren Ländern (wenn auch in unterschiedlichem Maße und auf spezifisch verschiedene Weise) politisch wie gesellschaftlich diskreditierte Kirche als Bundesgenossen und Verfechter der eigenen nationalen Sache darzustellen. Der Krieg der Nation wurde zum Krieg der national gesinnten Katholiken, die mit ihrem

Dienst für das Vaterland zugleich ihre missachtete Kirche in die kriegerische union sacrée einbringen wollten, aber damit Gefahr liefen, die weltumspannende Kirche an die eigene Nation zu binden."[197]

Aus der katholischen Internationalen war der nationale Katholizismus geworden. Eine Entwicklung, die so oder so ähnlich in vielen Ländern Europas vonstatten ging, befördert durch den in allen Staaten in den vergangenen Jahrzehnten eingesetzten Säkularisierungsprozess. Kirchenmenschen waren derart in ihren Nationalstaaten geprägt worden, dass es zu einem „Verschmelzen von Nationalismus und Christentum [kam], zu beider Vorteil, da die Kirchen Vaterlandsliebe zu einer in jeder Hinsicht christlichen Tugend, ja zu einem Gebot erklärten ... während umgekehrt der Nationalismus ohne Scheu an die religiösen Gefühle der Bevölkerung appellieren und sich auf Gottes besondere Sympathie und seinen Beistand berufen konnte"[198]. Benedict Kreutz, ein badischer Militärpfarrer, auf den wir später noch ausführlich zu sprechen kommen, äußert sich anlässlich eines Vortrags im Jahre 1916 zumindest ein klein wenig selbstkritisch, wenn er sagt, dass zu den Fehlern, die Feldgeistliche gemacht hätten, eine *„übertrieben vaterländische Gesinnung* [zählt]. *Die in diesem Übermaß unwahr ist"*, sie diene *„weder der Religion noch dem echten Hochsinn vaterländischer Treue. Das Heldengrab als solches ist durch sich allein noch kein Laufgraben zum ewigen Leben."*[199]

Matthias Erzberger: Überzeugter Katholik und überzeugter Deutscher

Eine der wichtigsten Verbindungsmänner zwischen Kirche und Reich im Ersten Weltkrieg war der schon erwähnte Zentrumspolitiker Matthias Erzberger. Für die vatikanische Kurie galt er damals als einer der wichtigsten Vertrauten. Er sei, so der Kirchenhistoriker Hubert Wolf, „als Deutscher überzeugter Katholik und als Katholik überzeugter Deutscher gewesen"[200]. Erzbergers Denken und Bemühen um die Kirche führte sogar dazu, dass er 1915 Überlegungen anstellte, ob man nicht den Vatikan nach Liechtenstein, Menorca, Mallorca oder auf die Insel Elba verlegen könne, um den deutschen Bischöfen Papstbesuche zu ermöglichen, ohne das feindliche Italien zu durchqueren. Ihm war die deutsche Kirche und ihr Gedeihen ein besonderes Anliegen; zentral war sein Kampf gegen jegliche Diskriminierung.[201]

Matthias Erzberger (1875–1921), Zentrumspolitiker und einer der wichtigsten Vertrauten der vatikanischen Kurie als Vermittler zwischen Kirche und Reich. (Foto: ullsteinbild / Waldemar Titzenthaler)

So sehr Erzberger gute Beziehungen zum Vatikan hatte, in Deutschland war er durchaus umstritten. Äußerungen, die der Feldgeistliche im Großen Hauptquartier, Ludwig Berg, dem Kaiser gegenüber machte, zeigen, dass man sich innerhalb der Kirche nicht nur stolz auf den engagierten Katholiken und Politiker Erzberger zeigte. *„Kaiser sprach sehr scharf gegen ihn. Woher jetzt all das Geld. Von Haus aus doch unbemittelt; besonders Thyssen und andere Aufsichtsräte haben ihn gehoben und Vermögen zukommen lassen. Ich sage es geradeaus ‚Wer für Erzberger eintritt, ist mein Feind.' Ich sprach dem Kaiser, daß die Beurteilung Erzbergers auch in den Kreisen seiner Freunde sehr geteilt sei ... Man will den Ring schließen der katholischen Staaten Habsburgs, auch Parma, und selbst Frankreich gegen das protestantische Haus Hohenzollern."*[202] Zugegeben, Berg scheint dem Kaiser nach dem Munde geredet zu haben, da er sich eh in der Nähe des Herrschers privilegiert fühlte. Dass er sich so deutlich von dem Zentrumspolitiker Erzberger distanziert, lässt auf Vorbehalte innerhalb der Kirche schließen. Wieder stehen sich Kirche und Kaiserhaus, Katholizismus und Protestantismus, Vatikan und Reich ideell gegenüber; die Vorbehalte in den Köpfen sind fest; Erzbergers Initiativen werden letztlich doch als gegen das Reich gerichtet angesehen. Die Katholiken, so wird intendiert, machen ihre eigene Sache, respektive ihre eigene Politik.

Den zum Konklave nach dem Tod Pius X. versammelten Kardinälen ließ Matthias Erzberger ein *Memorandum deutscher Katholiken über den gegenwärtigen Weltkrieg* zukommen. Das deutsche Volk, so lasen die Papstwähler, habe den Krieg nicht gewollt. Kriegserklärung und Mobilmachung hätten dagegen wahrhaft zur religiösen Erneuerung beigetragen. Man sehe sich einem Feind machtlos gegenüber, nämlich der Lüge. Einziger Grund für Deutschland, den Krieg zu führen, seien Existenzängste. Mit dem Gegner Russland stünde man der Gefahr einer religiösen Unterdrückung durch die Orthodoxie gegenüber, die den größten Gegner des Katholizismus in Europa darstellte.

Die Wende in den Köpfen

Die Wende in den Köpfen begann bereits 1915, als deutlich wurde, dass man in einen verlustreichen Krieg geriet. Dass dieser vermutlich nicht zu gewinnen sein würde, wurde nach den Schlachten an der Somme und in Verdun 1916 deutlich, die Siegesgewissheit schwand, und mit ihr die überhöhte Loyalität zum kämpfenden Reich. „Angesichts der stetig zunehmenden Zahl der Gefallenen wurde es überdies immer schwieriger, den Soldatentod als ein sinnvolles, gottgewolltes Opfer für die Gemeinschaft zu deuten, das ein seliges Leben nach dem Tode garantiere"[203], resümiert Wolfgang Mommsen. Der Krieg zeigte offen seine brutalen Seiten, die von Anfang an vorhanden, doch jetzt erst als schmerzhaft empfunden wurden. Die Maschine übernahm die Herrschaft, mit den Worten Ernst Jüngers gesprochen. Die verherrlichenden Predigten und Publikationen ließen nach, man veranstaltete dezidierte Gedenkgottesdienste für die Gefallenen. Es gab hier und da kritische Stimmen. Der Krieg als Fanal zu einem neuen Aufbruch in einem neuen Europa, das muss ein vorherrschendes Gefühl vieler Intellektueller gewesen sein. Angesichts der Schlacht, so Ernst Jünger im *Stahlgewitter*, *„zeigte sich das neue Europa zum ersten Male auch in der Schlacht"*[204]. Immerhin sprach der Rottenburger Bischof Paul Wilhelm von Keppler vom Krieg als einem *„Massensterben, als einen, mit allen Mitteln der Kunst und der Wissenschaft geförderten und beschleunigten Völkermord"*[205]. Das waren klare Worte, sie blieben leider Minderheitenmeinung.

Allerdings standen die Kirchen, und zwar die protestantische wie die katholische Kirche, weiterhin in der Verpflichtung, die amtliche Politik zu unterstützen. Die Geistlichen predigten Durchhaltekampagnen und die Gemeinden beteiligten sich an Sammlungen von Edelmetallen und der Verteilung von Versorgungsgütern. Nicht ganz unbedeutend waren da die Erfahrungen von 1917, als der Jesuitenorden wieder zugelassen wurde, in München mit Eugenio Pacelli ein vatikanischer Nuntius mit Einfluss auftrat und zum ersten Mal mit Graf von Hertling ein Katholik Reichskanzler wurde.[206] Der hielt sich zwar nicht lange im Amt, aber seine Ernennung war, im protestantischen Preußen, ein Zeichen.

Ganz im Stil einer technikgläubigen Gesellschaft ist ein sogenanntes Kriegsgebet des deutschen Volkes formuliert. Hier vertraut die Kirche der Moderne, während sie sie geistig und geistlich zu bekämpfen sucht.

Kriegsgebet des deutschen Volkes

Herr der Heerscharen, Du Schirmherr der gerechten Sache,
wir bitten Dich im Namen Deines Sohnes,
unseres Herrn und Heilandes,
Du wolltest unsere Truppen im Felde mit Deiner Kraft umgürten,
unsere Feldherren mit Deinem Geiste erleuchten,

*unsere Kriegsschiffe mit dem Panzer Deiner Allmacht umgeben,
unsere Luftfahrer im Schatten deiner Fittiche behüten.*

*Vater der Erbarmung und der Treue,
König des Himmels und der Erde,
laß Deinen Namen angerufen sein über den Treubund der beiden Kaiser,
laß Dein Angesicht leuchten über unsern König und das ganze königliche Haus!*

*Heiliger, starker Gott, laß Dir besonders jene empfohlen sein, die uns nahe stehen!
Sei Du mit Deinem allmächtigen Schutz ihr Schild in den Gefahren des Krieges,
ihr Stab und ihre Stütze in den Mühen des Dienstes,
ihre Krone in der Stunde des letzten Kampfes!
Sei Du der Heiland ihrer Wunden und ihrer Zuversicht von der Morgenwache bis in die Nacht hinein!
Barmherziger Vater, bewahre sie in Deiner Gnade und führe sie die Wege der Heimkehr!*

*Heiliger, unsterblicher Gott,
öffne unserem Volke die Augen und gib ihm die Gnade,
Deine heiligen Absichten in dieser Stunde der Prüfung zu erkennen,
im Geiste der Buße unter Deine gewaltige Hand sich zu beugen und die fremden Götter aus seiner Mitte fortzuschaffen.
In Tagen des Waffenglückes wollen wir Deinem Namen die Ehre geben und nicht eigner Kraft uns rühmen,
in den Tagen des Unglücks wollen wir nicht verzagen.*

*Vor den Waffengräbern des Krieges wollen wir mit Deiner Gnade wachsen in Gottesfurcht und Gottvertrauen,
in der Treue zum Königshause,
in der Liebe zu unseren Volksgenossen,
und den tapferen Vorsatz fassen,
ein neues Leben zu beginnen.*

Vater des Lichtes und Gott alles Trostes,
gib jedem einzelnen von uns das Wollen und das Vollbringen,
starkmütig die Lasten des Krieges zu teilen,
einmütig die Wunden des Krieges zu heilen,
großmütig in den Werken der Nächstenliebe und Fürsorge auszuharren
und in Deinem Dienste, Du Vater der Verwaisten,
die Trauernden zu trösten.

Gott des Friedens,
wir bitten Dich auf den Knien,
Du wollest die Tage der Heimsuchung abkürzen und unser liebes Vaterland bald wieder die Segnungen eines ehrenvollen Friedens genießen lassen.
Laß unser Vertrauen nicht zuschanden werden!
Durch Christus unseren Herrn.
Amen.[207]

Predigten, Berichte und Briefe von der Front

Auch im Feld fanden sich Geistliche wieder. Seit den 1830er-Jahren gab es in Preußen eine Militärseelsorge, die auch über die Reichsgründung hinaus Bestand hatte und von weiteren Ländern übernommen wurde. Betreut wurden evangelische, katholische und jüdische Soldaten. Für diese gab es im Ersten Weltkrieg rund 30 Rabbiner im Feld. Da die etatmäßig angestellten Seelsorger nicht ausreichten, wurden im Weltkrieg Freiwillige rekrutiert. Aufgabe der Geistlichen war die Betreuung der Soldaten, im Ernstfall auch unabhängig von Religion und Konfession. Die Identifikation mit dem Reich war bei den Pfarrern und Pastoren groß, wenige sahen ihren Dienst kritisch. Teilweise hatten sie selber eine militärische Laufbahn hinter sich, teilweise sahen sie sich – den Offizieren gleichgestellt – ebenso in die Pflicht genommen wie die Soldaten.

Katholische Geistliche im Krieg

Die Aufgaben der Priester im Krieg beschrieb Michael von Faulhaber in einem Hirtenbrief 1916. Da er auch als Feldpropst in der bayerischen Armee amtierte und eine eigene militärische Vergangenheit und Sympathie für die Sache hatte, nahm er ausführlich die Militärseelsorge in den Blick. Faulhaber war überzeugt: *„Ein herrliches Los ist ihnen zugefallen. Ein Saatfeld mit hundertfältiger Ernte ist ihnen anvertraut. Unsere Feldsoldaten brauchen Licht aus der Höhe, um in dem rätselhaften Dunkel des Krieges sich zurechtzufinden, die grausigen Erlebnisse mit dem Glauben an die göttliche Vorsehung in Einklang zu bringen und auch im Feindesland die Gebote Gottes als Leuchte für ihre Pfade zu nehmen, das Gebot der Eidestreue und des Gehorsams, das Gebot der*

ehelichen Treue und der Keuschheit, das Gebot der Nächstenliebe und Menschlichkeit. Unsere Feldseelsorge bringt Licht aus der Höhe ... "[208]
Nach der Weihe durften die Feldgeistlichen zwar nicht mit der Waffe in der Hand kämpfen, allerdings wurden sie in der Militärseelsorge und im Sanitätsdienst eingesetzt. Die Bemühungen der Bischöfe gingen angesichts der Situation in Deutschland bei aller Verklärung des militärischen Dienstes dahin, möglichst viele Priester für unabkömmlich zu erklären, da sie die Pastoral vor Ort aufrecht erhalten wollten. Das erklärte Ziel war, den drohenden Priestermangel zu verhindern. Nachwuchsmangel würde man ohnehin bekommen, da Studenten und Seminaristen, die noch keine niederen Weihe empfangen hatten, eingezogen wurden wie andere junge Männer auch. Der Bonner Kirchenhistoriker Hermann-Josef Scheidgen hat für einige Diözesen die Zahl der zum Militärdienst einberufenen Geistlichen ermittelt. (Ein genaues Stichdatum konnte nicht festgelegt werden, das verzerrt das Bild etwas.) Demnach waren in der Diözese Limburg 25 Geistliche eingezogen, in der Diözese Ermland (Ostpreußen) 51, in der Diözese Rottenburg 20, in der Diözese Limburg 43 und in der Erzdiözese Freiburg 80.[209] Der Versuchung, junge Männer schnell oder nachträglich zu weihen, um sie vor der Einberufung zu schützen, gab man, mit Ausnahme der Diözese Gnesen-Posen, wo einige Fälle verzeichnet sind, nicht nach.[210]

Drei Aufgaben hatte die katholische Seelsorge im Feld. Dazu gehört die Betreuung der deutschen Soldaten, die Beratung in allen Fragen des Lebens, der Familie, der Beziehungen in der Truppe und des Alltags. Dann ging es um die moralische Integrität, nicht nur im Kampf, auch an der Heimatfront. Hier arbeiteten Feldseelsorge und Seelsorge in Deutschland Hand in Hand. Man diskutierte über die Gerechtigkeit des Krieges und über angemessenes ethisches Verhalten zuhause in den Familien. Die Aufrichtigkeit und Moral der Angehörigen galt als Maßstab der Unterstützung und der Treue den Angehörigen im Kampf gegenüber. Nicht zuletzt sah sich die Militärseelsorge in der Verantwortung für die Kampfmoral und die Loyalität zu Reich und Kaiser.

Die Militärseelsorge war seit Beginn des 20. Jahrhunderts mehr oder weniger verbindlich geregelt. Der Föderalismus forderte auch hier seinen Tribut, deswegen gab es unterschiedliche Strukturen mit unterschiedlichen Beauftragungen. Die meisten Landesfürsten unterstellten ihre Truppen und mit ihnen auch die Militärgeistlichen der preußischen Oberhoheit. Allerdings muss der Kirchenhistoriker Hermann-Josef Scheidgen in der Rückschau feststellen: „Die katholische Militärseelsorge im Reich war kaum auf den Kriegsfall vorbereitet. Der Mangel an Vorschriften für deren Durchführung führte anfangs zu großen Schwierigkeiten."[211] Es mangelte an Organisation und an Koordination. Im Zentrum der Kritik stand der Feldpropst der preußischen Armee, Heinrich Joeppen. Die Feldgeistlichen verlangten konkrete Anweisungen, die Bischöfe klagten über mangelnde Absprachen. Und Joeppen nutzte seine Stellung gerne, um Vorteile für sich selber zu erreichen. Der Feldgeistliche Ludwig Berg berichtet in seinen Tagebüchern von Bestellungen, die Joeppen bei ihm aufgegeben hatte, nicht immer mit Erfolg. Am 8. Januar 1918 muss er mit Bedauern melden: *„Hochwürdigster Herr! Die Marketenderei konnte leider nicht alle gewünschten Sachen liefern. Glücklicherweise fand ich Gelegenheit, einiges hinzuzukaufen. Tabak ist zur Zeit leider nur ½ Pfund zu erhalten. Auf Euer Bischöfliche Gnaden besonderen Wunsch hin lege ich die Rechnung bei. Gesamt-Rechnung 55.05. Ich würde mich sehr freuen, recht bald in ähnlicher Weise eine Sendung vorbereiten zu dürfen. Etwaige Wünsche nehme ich daher recht dankbar an. Die Zusendung als ‚Einschreiben, Heeressache' scheint der sicherste Weg zu sein. Hoffentlich kommt die heute Abend abgegangene Sendung den Erwartungen entsprechend gut und zeitig an."*[212] Berg fertigte eine Liste mit den Artikeln an, die an seinen Chef im Laufe des Jahres übersendet wurden, darunter neben Tabak Dauerwurst, Honig, Seife, Zucker und Schnaps. Die Auseinandersetzungen des Episkopats mit Joeppen zogen sich über die gesamte Zeit des Krieges hin; trotzdem blieb Joeppen bis 1920 im Amt.[213]

Die Position der Feldgeistlichen blieb insgesamt ambivalent. Sie waren Priester und Soldaten, sie waren Offiziere und doch für die Mannschaften da. Sie kamen aus geistlichen Sphären und fanden sich in oft säkularer Umgebung wieder. *„Die kath. Feldgeistlichen hatten gewiß keinen leichten Stand gegenüber höheren Militärs, die sich innerlich schon von der Kirche entfernt hatten, auf deren Kooperation man bei der Durchführung der Feldseelsorge angewiesen war."*[214] Die Betroffenen reagierten unterschiedlich. Überliefert sind die umfangreichen Aufzeichnungen des Militärseelsorgers Ludwig Berg aus Aachen, aus denen wir bereits Einblicke bekamen. Berg genoss sichtlich seine Rolle, fand wenig Raum zur kritischen Überprüfung der Situation und sah sich teilweise – da er Seelsorger im Großen Hauptquartier an der Westfront war und also in sporadischem Kontakt mit dem Kaiser stand – als jemand, der (Kirchen-)politik mitgestalten konnte. „Das Leben im Kriegszustand gewann für Berg so große Selbstverständlichkeit, daß keine Zweifel am

Heinrich Joeppen (1853–1927), war seit 1913 Feldprobst der Preußischen Armee. (Foto: Weihe zum Feldpropst der Armee – ullsteinbild)

Sinn des Krieges auftauchen, oder zumindest der Wunsch, er möge doch bald zu Ende gehen. Seine Schrecken wurden mit den Mitteln der verharmlosenden Anekdote, der schicksalsergebenden Phrase oder des versöhnlichen Opfergedankens neutralisiert."[215]

Apropos: Fast wie nebenbei wurde Ludwig Berg aktiver Zeuge der Bestrebungen des Kaisers, Aachen als Bistum wieder neu zu errichten, nachdem es zu Beginn des 19. Jahrhunderts schon kurz unter napoleonischer Herrschaft bestanden hatte. Man erhoffte sich auf Seiten der Regierung eine Art kulturellen Leuchtturm an der Westgrenze des Reiches. Berg unterstützte das Vorhaben, wo er konnte, bekräftigte, führte Gespräche, fühlte sich als Teil kirchpolitischer Grundsatzentscheidungen – Berg war emotional umso mehr betroffen, da er vor dem Krieg als Religionslehrer in Aachen tätig gewesen war. Berg berichtet von einer sogenannten Abendtafel mit dem Kaiser im Großen Hauptquartier in Spa am 12. Mai 1918: *„Nun sagt der Kaiser: ‚Hertling* [seinerzeit Reichskanzler, Anm. M. L.], *mit dem Professor Berg müssen wir jetzt einmal eine große Sache besprechen. Aachen muß wieder ein Bistum werden. An der Grenze haben wir nötig einen kerndeutschen Bischof, der dafür* *sorgt, daß hier an der Grenzwacht gutes deutsches Leben und daß nur deutsch gesprochen wird.' H. greift den Gedanken auf und sagt: ‚Ja, für die Errichtung der Aachener Diözese habe ich mich schon mal interessiert ...''* Berg genießt sichtlich die Aufmerksamkeit, die ihm als Aachener Priester zuteil wird: *„Aus inneren Gründen heraus würde ein neues Bistum Aachen sehr zu begrüßen sein ... Ich sage, daß die Gründung des Bistums bei den Aachenern hellste Freude auslösen werde ... Kaiser spricht nochmals seine Sympathie aus für die Errichtung der Diözese Aachen.''*[216] Das Bistum wurde erst 1930 errichtet; Ludwig Berg, er starb 1939, war daran nicht mehr beteiligt.

Manches Engagement der katholischen Feldseelsorge wirkt in der Rückschau nahezu exotisch, wenigstens ungewöhnlich. Ein Beispiel: Der ehemalige Generalsekretär der Katholischen Jünglingsvereine, Johannes Veen, wurde 1915 Feldgeistlicher und baute im gesamten Kampfgebiet überkonfessionelle Soldatenheime. *„Jedes Heim hatte behagliche Unterrichtsräume, Schreib- und Lesezimmer und womöglich auch einen Vortragssaal. Zeitungen und Zeitschriften befanden sich neben einer sorgfältig ausgewählten Bücherei in jedem Heim in reicher Fülle. Schreibgeräte und Schreibstoff, Tisch- und Gesellschaftsspiele sowie Musikgeräte standen zur Verfügung.''*[217] Finanziert wurden diese Heime über Patenschaften.

Eine besondere Attraktion stellten die sogenannten Kapellenwagen dar. Drei der zu Beginn des Krieges bestellten Wagen sollten an der Westfront eingesetzt werden, einer an der Ostfront. Die *Kölnische Volkszeitung*, die unter ihren Lesern zu einer Sammlung für ein solches Fahrzeug aufgefordert hatte, schrieb in ihrer Ausgabe vom 20. Dezember 1914: *„Das Innere des Wagens selbst, das von großen seitlichen und Vorderspiegelscheiben beleuchtet wird, hat 1,25 Breite und 1,80 Länge und ist nur durch eine Tür zugänglich, um an der anderen Seite den Raum besser für die besonderen Zwecke des Raumes auszunutzen. An der der Tür gegenüberliegenden Seite befinden sich zwei verschiebbare, mit kräftigem Lederpolster überzogene breite Sitze, die sich zu einem einzigen Ruhelager ausziehen lassen. An der Türwand liegt dann ein eingebauter großer Schrank für die Kleider und langen Meßgewänder der Geistlichen ... Den hinteren Teil des Wagens nimmt der eigentliche Altarraum ein, der 50 Zentimeter Tiefe besitzt; den eigentlichen Altartisch bildet eine 55 Zentimeter tiefe, 1,30 Meter breite, auf den Boden des Wagens laufende Schublade, auf welcher der eigentliche Altaraufsatz steht. Diese Schublade kann nach Öffnung der die ganze Hinterseite* *des Wagens verschließenden Doppeltüren herausgezogen werden, so daß ein Altartisch ... entsteht."*[218]

Zwei Vertreter der Kirche bildeten innerhalb des Klerus während des Krieges eine eigentümliche Ausnahme. Unter den Feldgeistlichen der katholischen Kirche war auch Prinz Max von Sachsen, Konvertit, ehemaliger Professor für Kirchenrecht und Liturgik in Fribourg und Köln. Ein Original, nicht nur wegen seiner Abstammung, sondern ebenso wegen seiner Thesen. (Der Vatikan verwarf seine theologischen Thesen; er selber stellte sich gegen den Antimodernisteneid.) In der Staatsführung befürchtete man, der Prinz könne als Bischof berufen werden. Einen der Ihren, aus dem protestantisch gesinnten deutschen Herrschaftsadel, wollte man nicht an der Spitze eines Bistums sehen. Schon 1916 schied Max von Sachsen aus dem Militärdienst aus und zog sich für Studien in seine Heimat zurück. Aus humanitärer Sicht war das Handeln von Rudolph Hittmair, dem Bischof von Linz, bedeutsam. Hittmair war autoritär und litt an Bazillophobie, weswegen er Beerdigungen mied. Im Krieg wandelte sich sein Wesen. Er nahm persönlich 1914 den Dienst der Krankenpflege beim Orden der Barmherzigen Brüder auf und wirkte als Seelsorger bei den an Flecktyphus erkrankten Serben in Mauthausen. Schon wenig später infizierte er sich. Durch die nächtlichen Krankendienste stark physisch geschwächt, starb er wenige Tage darauf. Sein Fall ist der einzig bekannte im deutschen Sprachraum, bei dem sich ein Oberhirte aktiv ins Kriegsgeschehen eingebracht hat, nicht nur begleitend, predigend oder Besuche machend, wie dies die anderen Bischöfe getan haben.

Feldpredigten

Einen guten Einblick in das Verhältnis der katholischen Kirche zum Krieg bieten die von den Geistlichen überlieferten Feldpredigten. Der Predigt kommt im katholischen Gottesdienst, anders als in der protestantischen Tradition, eine Brückenfunktion zu. Sie soll die biblischen Texte auslegen und auf den sakramentalen Höhepunkt der Feier, das eucharistische Mahl, hinweisen. Für den Prediger bietet sie jedoch eine Art Kür im ansonsten streng geregelten Ritual der Liturgie. Hier besteht die Möglichkeit, Meinung zu bilden, aktuelle Entwicklungen aufzunehmen und zu deuten. Für die Zuhörer konnte das einen mahnenden Charakter haben, einen aufbauenden, einen moralischen oder einen apologetischen Charakter.

Wiewohl der Prediger Möglichkeiten der freien Gestaltung hat, wird er sich, und das kann man zur Zeit des Ersten Weltkriegs wegen der engen Bindung der Geistlichkeit an die Hierarchie als eine Selbstverständlichkeit voraussetzen, an die Vorgaben der kirchlichen Obrigkeit halten. Das heißt, es wurden die jeweiligen Impulse der Bischöfe aufgegriffen und weiter entwickelt. Man sah sich einer Gesamtstrategie der Kirche im Rahmen der Politik des Staates verpflichtet und hat versucht, die Kampfmoral der Truppe religiös zu steigern. Die Feldprediger, die dem jeweiligen Feldpropst (also dem Militärbischof) unterstanden, haben sich in einer doppelten Verpflichtung, nämlich der kirchlichen und der militärischen Obrigkeit gegenüber, gesehen.

Manche Prediger griffen auf Vorlagen zurück, die zahlreich in kleinen Heften produziert und vertrieben wurden. Geworben wurde gerne mit dem aufkeimenden Krieg, wie ein Beispiel des katholischen Herder-Verlags aus Freiburg zeigt: *„Kriegsgeist durchrauscht das alte Europa, Morsches verjüngend und bekräftigend. Dieses Geistes Kanal und Kleid beut sich hier."*[219] Der Jesuit Robert Köppel, Pfarrer an der Westfront, schreibt an Bischof Faulhaber, der selber zwischen 1916 und 1918 in der Schriftenreihe *Feldpredigten* Predigten drucken ließ: *„Was den Feldgrauen die Gulaschkanonen, sind uns Feldgeistlichen die neuen Feldpredigten."*[220]

All dies führte dazu, dass die Predigten in der Rückschau keine besonderen Überraschungen bieten. Zunächst waren sie so gestaltet, dass Kriegsziel und Kriegsverlauf bekräftigt und unterstützt wurden. Erst später, als die eigenen Verluste immer größer wurden und eine Stellungsschlacht tobte, die kein Vor und Zurück ermöglichte, kamen nachdenklichere Töne hinzu. Das Gedenken und das Gebet für die Verwundeten und Gefallenen waren die gesamte Kriegszeit über obligat. Die Predigtliteratur der evangelischen Kirche war ungleich umfangreicher als die der katholischen. Das ist den Mehrheitsverhältnissen geschuldet, vielleicht auch der Tatsache, dass evangelische Vertreter zu Beginn des Krieges viel stärker mit den militärischen Strukturen verknüpft waren.

Krieg als Strafe Gottes

Herausragende Prediger waren zu der Zeit die beiden Feldpröpste der Armee, Michael von Faulhaber und Heinrich Joeppen. Unterzieht man die vorliegenden Predigten einer Art Kategorisierung, so lassen sich verschiedene Themenstränge herauskristallisieren, die die Predigten kennzeichnen.[221] Der Krieg, und das ist sicher eine Grundauslegung der Kirche gewesen, weil es so eng zur eigenen Lehre passte, könne als Strafe für das schuldhafte Leben der Einzelnen und die Entwicklungen in der Gesellschaft gesehen werden und er biete geradezu eine Möglichkeit, Abbitte zu leisten und Buße zu tun. Feldpropst Joeppen schreibt in einem Hirtenbrief an Ostern 1916: *„Gott allein ist es bekannt, wie viele in dieser ruhelosen, von ungeahnten Erlebnissen ernschütterten Zeit Ruhe und Frieden gefunden haben in ihm! Herrliche, herzerhebende Zeugnisse kommen immer von neuem aus den Schützengräben. Gott hat eine große Gemeinde an der Front, aber auch hinter der Front durch seinen gewaltigen Bußprediger, den Krieg, um sich versammelt! Kriegszeit ist Bußzeit und Gnadenzeit, eine Zeit barmherzigster Heimsuchung Gottes."*[222] Der Kampf als Chance, so kann das gelesen werden, dem man sich genau deswegen nicht entziehen darf. Dem Kampf dürfe man sich nicht entziehen, so das Gefühl der Zeit. Er werde befördert durch den *„Rausch zur Tat, ... als ob selbst der Tod sich scheute, ihnen in den Weg zu treten"*[223].

Die Strafe Gottes sei über die Menschheit gekommen wegen ihrer moralischen Verwerflichkeit, dem sittlichen Verfall, aber auch wegen ihrer Gottlosigkeit, die sich in den vergangenen Jahrzehnten allüberall breit gemacht habe. Das Ergebnis werde ein Gutes sein, davon zeigten sich die Prediger überzeugt, wie ein Schreiben des Kölner Erzbischofs von Hartmann vom 21. November 1914 zeigt. Dort heißt es: *„Der Krieg ist eine bittere Arznei, als solche aber auch eine Gnade zum Heil der Seele."*[224]

Michael von Faulhaber predigte im selben Sinne am 9. August 1914 zum Aufmarsch der Truppen im Dom zu Speyer: *„Der Krieg hat den bösen Ruf, er sei Hoch-Zeit des Hasses. Er ist auch eine Hochzeit der Liebe, der reinen Liebe, die stärker ist als der Tod ... Der Krieg singt das hohe Lied der Bruderliebe."*[225] Wenn nun der Kampf zu führen sei, so mag er zur individuellen Läuterung beitragen. *„Wir waren durch die lange Friedenszeit etwas verwöhnt. Wir hörten wohl aus der Zeitung, da oder dort in der Ferne würden die Plagen des Krieges aus sieben Zornesschalen über die Völker ausgegossen. Allein wir spürten das nicht am eigenen Leibe. Jene fernen Gewitter hagelten nicht über unsere Weizenfelder. Bei uns war Friede. Wenn aber die Kriege die Völkerleben lange ausbleiben, dann beginnen gewöhnlich die Kriege im Volksleben, die Palastrevolutionen im Familienleben, die Zwistigkeiten und tollen*

Feindseligkeiten im Gemeindeleben, die maßlos gehässigen Parteikämpfe im politischen, die Bruderkriege im sozialen Leben. Friede im Völkerleben – Krieg im Volksleben."[226] Das war eine etwas merkwürdige Konklusion des Bischofs, und sie bleibt selbst dann seltsam, wenn er anschließend versucht, den Frieden zu würdigen und die Gemeinde dazu aufruft, ebenso den Wert des Friedens wieder zu erkennen. Der Krieg von außen werde, so Faulhaber, den Zusammenhalt im Inneren stärken.

„Wenn aber ein Volk gezwungen wird, die Sense mit dem Schwert zu vertauschen, die Arbeit an der Maschine mit der Arbeit an der Kanone und das häusliche Heim mit dem Kriegszelt zu vertauschen, wenn der Krieg auseinanderreißt, was Gott verbunden hat, dann erwacht beim Abschiednehmen die alte, am Altar zusammengetraute Liebe. Dann besinnen sich die Volkskreise wieder, daß sie unter der gleichen Sonne und unter der gleichen Krone trotz allem viel gemeinsames haben. Dann treten die Parteigegensätze im Volksleben zurück, und der deutsche Süden sagt zum deutschen Norden: ‚Bruder, dein Leben ist mein Leben, und dein Tod ist mein Tod.' Krieg im Völkerleben – Friede im Volksleben. Der Krieg singt das hohe Lied der Bruderliebe."[227]

Sogar die Kleinsten wurden von den Predigern nicht ausgenommen. In einer Kinderpredigtvorlage von 1915 findet sich der Satz: *„Auch ihr seid schuld"*, wendet sich der Prediger an die Kinder, *„daß der schlimme Krieg gekommen ist und daß so viele unschuldig sterben müssen."*[228] Der Kölner Erzbischof Hartmann schrieb im März 1915 einen Hirtenbrief eigens an die Kinder in der Erzdiözese. In dem Brief wird die Kriegssituation ebenso geschildert wie das Empfinden zu Hause, verwundete oder getötete Verwandte oder Bekannte zu haben. Auch erwähnte der Erzbischof den materiellen Bedarf des Krieges, die Notwendigkeit, Gold einzutauschen, um es dem Staat zur Verfügung zu stellen.[229]

„Der Krieg läßt auch die Kraft des deutschen Volkes erscheinen", sagte Michael von Faulhaber. *„Bekennen wir es offen: Unser Volksleben zeigte in manchen Punkten Leichenflecken sittlicher Entartung: die Zahl der Selbstmorde und Duellmorde, groß wie die Verluste einer Schlacht, die Zahl der Ehescheidungen und der Geburtenrückgang, der dem deutschen Volke in den letzten zehn Jahren mehr Volkskraft raubte als der letzte Krieg ihn kostete, eine versumpfte Literatur und den französischen Koketten nachgeäffte Frauenmode, ebenso unsinnig wie undeutsch! Die öffentliche Sittlichkeit unseres Volkes war auf dem Weg nach Paris. Da kam der Ruf zu den Fahnen am Abend des 1. August und er wurde zugleich zu einem Weckruf der sittlichen Volkskraft!"*[230] Der Krieg wirke

wie eine umfassende sittliche Reinigung, zumal gegen einen Feind, den der Bischof der Verunreinigung der deutschen Kultur bezichtigt.

Der Krieg als Erzieher

Wenn der Krieg zur Buße führt, hatte er aus damaliger Perspektive automatisch eine erzieherische Funktion, und zwar nicht nur bei den Kindern, sondern auch bei den erwachsenen Menschen, denen die Kirche Verfall und Unglaube attestierte. Ein Autor mit Namen A. Huber kann deswegen 1915 schreiben: *„Was kein Bußprediger, keine Mission fertig gebracht hat, das ist dem Krieg mit einem Schlag gelungen. Er hat aus gottvergessenen Weltkindern hilfesuchende Gotteskinder gemacht."*[231] Die Erziehung würde wirken, heißt es, getreu dem Motto: „Not lehrt beten". Das Volk habe sich abgewandt von Gott, sich an Wohlstand und Fortschritt gewöhnt und darüber das Göttliche vergessen. Jetzt sei die Situation gekommen, wo man quasi durch die Bedrängnis wieder auf den „rechten Pfad" geführt werde. *„Gott sei es gedankt: die Menschheit betet wieder. Die Völker beten wieder. Unsere Arbeiter und Bauern beten, unsere Gelehrten und Gebildeten, unsere Soldaten und ihre Führer. Und in den Familien beten sie wieder, beten gemeinsam ihr Abendgebet oder den Rosenkranz für den Vater und Bruder, beten aus Herzensgrund, nicht aus Gewohnheit, nicht allein weil die Not sie beten lehrt, nein, weil das Innerste es so gebietet. Alles wahre und aufrichtige Beten knüpft uns und unser Erdenleben wieder fester an Gottes Thron. Kameraden! Vergesst eure Gebete nicht! Seid eine treue Vaterunser-Armee!"*[232] Ein Prediger geht gar so weit, dass er seine Predigt explizit mit *Der Krieg als Erzieher* betitelt.[233]

In dieser Situation, dessen zeigten sich die Prediger weiter überzeugt, würde die Präsenz Gottes überdeutlich werden, gerade in einer Zeit, in der man ihn zu vergessen oder wegzudiskutieren drohte. Der Münchner Erzbischof Franziskus Kardinal Bettinger kann noch kurz vor seinem Tod 1917, nachdem die Abgründe des Krieges überdeutlich geworden waren, geradezu von dem Aufbruch, den der Kampf zu Beginn gezeigt hatte, schwärmen. *„Ein gewaltiges ‚Hosanna dem Sohn Davids' durchbrauste das Land beim Ausbruch des Krieges. Herzerhebend war der gemeinsame Aufruf zu Gott um seine mächtige Hilfe in dieser schweren Not und war das Bestreben, sich durch religiöse Erneuerung und Bußübung dieser Hilfe von oben würdig zu machen. Begeisterung, Gottvertrauen und Gebetseifer hätten auch bis zum Kriegsende* *ihre Kraft bewahrt und ihre tausenderlei Frucht geerntet, wenn das Kriegsende mit einem glorreichen Siege die kämpfenden Soldaten und das hoffnungsfreudig harrende Volk schon nach wenigen Monaten beglückt hätte."*[234] Michael von Faulhaber, als bayerischer Feldpropst Nachfolger Bettingers, ist sich sicher: *"Die schwerste Niederlage in diesem Weltkrieg ist der Kreditverlust des Atheismus und anderer fremder Götter von ähnlichem Kaliber."*[235] Tatsächlich stieg nach Kriegsausbruch die Zahl der Gottesdienstbesucher an, die Kommunionhäufigkeit nahm zu, ließ aber auch bald wieder nach.[236] Wie Mose die Schuhe ausziehen musste, um Gott im brennenden Dornbusch begegnen zu können, so sei der Krieg ebenso eine heilige Erscheinung, dem in Demut zu begegnen sei, sagte Faulhaber. Er fragte in einer Predigt rhetorisch: *"Ob die lange Dauer des Krieges der Erziehung der Völker dient? Um sie in harter Kriegsschule zu lehren: ‚Die Religion allein hielt aufrecht in diesen schwersten Zeiten deutscher Geschichte! Das Leben ist eine saure Pflicht und kein Vergnügungsrausch! Die Heilighaltung der Ehe, die Keuschheit der Ehelosen und alle andern göttlichen Gebote sind zugleich ein vaterländischer Segen! Die völkische Demut gedeiht in einem langen Krieg besser als in einem kurzen Sieg!' Wir nennen den Krieg eine Heimsuchung, weil er suchen soll, zu Gott heimzuholen. Wir nennen ihn eine Erscheinung des Herrn im Dornbusch, die uns lehrt, vor dem Heiligen in Ehrfurcht die Schuhe von den Füßen zu ziehen. Laßt euch nicht irremachen! Ich sage euch: Nur für die Oberflächlichen ist der lange Krieg ein Totengräber des Vorsehungsglaubens. Für tiefere Geister ist er ein Erwecker und Erzieher des Glaubens.*[237]

Krieg und Resakralisierung der Kirche

Eine fast prosaische Krönung stellt die Parallelisierung zwischen dem Krieg und der Erscheinung des Herrn dar: Faulhaber paraphrasiert eine Epiphanie, die so offenkundig mit dem Weihnachtsevangelium spielt, dass sie heute in der Rückschau fast kabarettistisch wirkt: *"Im fünften Jahre der Regierung des Kaisers Tiberius beginnt das Evangelium. Wir heute können ebenso feierlich sagen: Im siebenundsechzigsten Jahre der Regierung des Kaisers Franz-Joseph, im siebenundzwanzigsten Jahre der Regierung Kaiser Wilhelms des Zweiten erging nicht nur das Wort, sondern auch die Kraft des Herrn an Deutschland und Österreich, und alles Fleisch hat das Heil Gottes geschaut."*[238] Fehlen nur noch Ochs und Esel auf „Gottes Schlachtfeld" – wie der Prediger seine Predigtsammlung nannte –, möchte man heute gerne ergänzen. Der Kriegsschauplatz wurde für die damaligen Zeitgenossen zur heiligen Wallstatt (nicht umsonst findet sich hier und da in den Kriegspredigten eine Kreuzzugsmetaphorik), in seiner Bedeutung dem Gottesdienst fast überlegen. *„Was ist die Fronleichnamsprozession gegen die Aufzüge an den Fronten, was sind alle Glockengeläute und Hochamtsorgeln gegen den Donner der Kanonen und das Krachen der Mörser!"*[239] Der Krieg wird zum Sakrament. Solche Gedanken kann derselbe Prediger in einem anderen Text äußern, ohne der Blasphemie bezichtigt zu werden. Mit dem Kampf sei erreicht, worin alles Predigen und Katechetisieren bisher wenig Erfolg gezeigt hat. *„Man hat den Krieg eine ‚Mission' genannt, die Gott selber unter den Völkern abhält ... Ein gewaltiger Ruck ging durch unsere junge Mannschaft hin zum Religiösen, zum Übernatürlichen."*[240] Der das schrieb, war Theologieprofessor in Paderborn.

Auch Bischof Faulhaber zeigte sich davon überzeugt, dass der Krieg zu einer Re-Sakralisierung der Gesellschaft führen wird: *„Der Krieg hat in den Missionen viele Zelte des Gottesreiches zerstört, er hat aber dafür in den Seelen viel Gottesreich wieder aufgebaut und zu uns kommen lassen."*[241] Not lehrt beten, das war den Menschen im Ersten Weltkrieg klar. Weitaus weniger klar war, inwieweit das Gebet durch eine tiefe Frömmigkeit gedeckt oder nicht doch der existenziellen Situation entsprungen war. „Die Neigung zu mythischem Denken und erst recht zur Legendenbildung wurde ... durch eine geistige Isolation verstärkt, die das Höhlenleben in den Unterständen mit sich brachte. In den Schützengräben hielt man alles für wahr, was nicht gedruckt war, lautete ein Bonmot. Berühmt wurde im Lager der Entente die Legende um die goldene Marienstatue auf der Basilika von Saint-Albert, die nach einem deutschen Treffer waagerecht nach vorne hing, so daß es aussah, als erbarmte sich die Muttergottes der Soldaten zu ihren Füßen. Wo jederzeit der Tod zuschlagen konnte, siegte das Verlangen nach Zeichen aus einer höheren Welt über alle rationalen Einwände. Die Statue hielt in ihrer segnenden Haltung lange durch, aber gegen eine weitere Granate zog sie schließlich doch den Kürzeren."[242]

„Und nun, was will Gott uns lehren durch diesen Krieg?", fragt der Pfarrer und Volksschriftsteller Heinrich Hansjakob. *„Er will uns lehren, daß die Erde sein Paradies ist und daß es verkehrt ist, wenn die Menschen glauben, auf Erden zu sein, um ein möglichst gutes Dasein zu erkämpfen, möglichst viel Bildung zu haben, das Leben zu genießen und Kreuz und Leid zu verschmähen."*[243] Die Selbstsucht der Menschen,

schreibt der Badener in seiner durchaus kriegskritischen Schrift *Zwiegespräche über den Weltkrieg, gehalten mit den Fischen auf dem Meeresgrund*, erschienen in Stuttgart in seinem Todesjahr 1916, führt zum Kampf und zum Krieg und der Fortschritt zur Entzweiung mit Gott. Der Krieg ist das zwangsläufige Ergebnis dieser Weltsicht. *„Wie der Mäher zur Sommerszeit das blühende Gras, so mäht der Tod Millionen blühender Menschenleben aus allen kriegführenden Nationen auf den Schlachtfeldern nieder und bringt millionenfaches Leid denen, die daheim auf deren Heimkehr hoffen."*[244] Über allem Schlachten steht für Hansjakob das wahre Reich, das Reich Gottes, zu dessen Bekenntnis er mahnt. Für den Stadtpfarrprediger P. Dionysius aus München war die Unterstützung aus der Kirche der Heimat gar der Einsatz einer *„Beterarmee"*![245]

Der Franziskanerpater Johannes Imping, der als Garnisonspfarrer in Neiße wirkte, sah, ganz im Gegenteil zur heimatlichen Beterarmee, sogar im Eintritt in den Soldatenstand, der Schwur auf Reich und Kaiser bedeutete, die Bekehrung zum Glauben schlechthin: *„Wenn du ... zu Hause vielleicht ohne Gott und ohne Religion gelebt hast, als Pionier kommst du damit nicht durch. Revidiere dein Inneres und drücke mit der Ablegung der Eidesformel deinen Vorsatz aus, ein neues, religiöses Leben zu beginnen"*[246], spricht Imping anlässlich einer Vereidigung von Pionieren.

„Für Gott und Vaterland"

Selbstverständlich wird in den Predigten die Gewaltanwendung der eigenen Truppen gerechtfertigt. Natürlich sei man wie selbstverständlich in einen gerechten Krieg gezogen. „Rachsucht, Neid und Raubgier der Feinde Deutschlands seien die wahren Ursachen des Völkerringens, das Ziel die Versklavung der Deutschen und die Vernichtung ihrer Wirtschaft."[247] Gott sei mit den Soldaten, die deutschen (und österreichischen) Truppen kämpften, indem sie für ihre Nationen kämpfen, für die Sache Gottes, gegen Modernismus und Verfall. Insbesondere im französischen Nachbarn sah man eine Art Sodom, das vernichtet werden müsse. Ja, man verstieg sich auf katholischer Seite sogar dazu, in den französischen Moden an sich eine Gefahr für die europäische Kultur zu sehen. *„Wir wollen uns nicht zu Richtern aufwerfen, aber es ist doch eine allgemein bekannte Tatsache, daß die dunkle Welle der französischen Unsittlichkeit fast in alle Länder der gebildeten Welt geleitet wurde. Schmutzige Romane, liederliche Schaustücke, unzüchtige Klei-*

dertracht sind zum großen Teil im Babylon des Westens entstanden. Die Mahnungen der Gutgesinnten verhallten in dem rauschenden Lärm des Genußlebens, die kirchliche Obrigkeit war der Verachtung und dem Spotte preisgegeben, die Ordensleute wurden wie gemeine Verbrecher aus dem Lande gejagt und die sakrilegischen Räubereien der Kirchengüter von Staates wegen angeordnet. Wie lange noch sollte der gerechte Gott den Frevel sich auswüten lassen? Das Maß der Gerechtigkeit war übervoll, der Tag des Gerichts mußte nahen. Und er kam."[248] Man möchte gerne erfahren, was jener Jesuit, der diese Wort schreibt, sich zehn Jahre später beim Anblick der Stadt Berlin gedacht haben muss, angesichts der Romane von Alfred Döblin und Heinrich Mann, der Bilder von Otto Dix und der Moden von Paul Poiret. Babylon war demnach wohl in der Folge des Krieges gleichsam nach Osten „verrutscht". Man wetterte gegen „welsches" Leben und sah jetzt die Gelegenheit gekommen, den schädlichen Keim vor Ort, nämlich in Paris, auszurotten. Was die Predigt des oben erwähnten Jesuiten angeht, Hemmes mit Namen, so fühlen sich die Herausgeber 1918 doch wenigstens bemüßigt, eine mäßigende editorische Notiz hinzuzufügen. *„Die Predigt wurde in Lille gehalten"*, heißt es da. *„Daher die Schärfe des Tones, der die deutschen Soldaten vor den französischen Dalilagestalten warnt. Wo die Unterkunftsverhältnisse in sittlicher Hinsicht günstiger liegen, kann natürlich auch die Tonart der Warnungen gemildert werden."*[249]

Mit der Mode wollte man gleich den Laizismus zum Teufel jagen, bevor er das eigene Volk infiziert. *„Kein römischer Imperator der ersten 300 Jahre grausamer Christenverfolgung hat so systematisch die christliche Religion unterdrückt wie die atheistisch regierte französische Republik unserer Zeit."*[250] Die Überzeugung, eine zutiefst christliche Mission am und im gegnerischen französischen Volk zu erfüllen, begegnet uns in den Soldatenbriefen wieder, so als ob in den Jahren vor dem Krieg eine Art religiöser Unterdrückung zwischen Champagne und Pyrenäen geherrscht habe. Mit den deutschen Soldaten komme das Christentum wieder zurück; deutsche Soldaten hängten in einer französischen Schule das Kreuz gleichsam symbolisch wieder auf.[251] Ludwig Berg formuliert solche Sachverhalte in seinen Tagebüchern distinguierter, indes mit einer reichlichen Portion Chauvinismus. So berichtet er in einem Brief vom 14. Dezember 1914 von einer Begegnung mit einem französischen Pfarrer bei einem Gottesdienst in der nordfranzösischen Stadt Douai in der Region Nord-Pas-de-Calais: *„Der alte, ehrwürdige Pfarrer der Kirche assistierte in seinem violetten Ornat beim Hochamt. Tags vorher hatte ich* *ihm meinen Besuch gemacht, um Rücksicht zu nehmen auf seine gewohnte Gottesdienstordnung; er aber sagte in starker Selbstverleugnung und französischer Gewandtheit: ‚mais excusez, s. v. p., vous êtes le maître.' Meine Einladung zur Assistenz tat dem Priestergreis wohl. Für den nächsten feierlichen Gottesdienst hoffe ich einen tüchtigen Orgelspieler zu gewinnen ...* "[252] Bei Ludwig Berg finden sich auch antisemitische Äußerungen, nicht in einer Predigt zwar, aber in seinen Tagebucheinträgen. Obwohl er selber auf den gewachsenen Antisemitismus hinweist, versteigt er sich selber zur Notiz, polnische Katholiken stünden zwar treu im Glauben, aber, wie er formuliert: *„leben nicht nach dem Glauben, da zu viel Trunksucht; diese durch die Juden befördert".*[253]

Selbstverständlich beteiligte sich die katholische Hierarchie auch predigend an der politischen Entrüstung, der Krieg würde auf Seiten der Gegner mit unfairen Waffen geführt. Michael von Faulhaber thematisiert in seinem Hirtenbrief zur ersten Kriegsweihnacht 1914 die Frage der Wahrheit. *„Mit der Wahrheit wird in diesem Krieg ein frevelhaftes Spiel getrieben"*, stellt der Feldpropst entrüstet fest. Dies treibe ihn um, mehr noch als der Frieden. *„Diese jetzt aktenmäßig bewiesene Unterseepolitik geheimer Kriegsverträge, diese doppelzüngige Russenart in widerlicher Vermengung mit dem heiligen Gottesnamen, diese planmäßige Irreführung des neutralen Auslands durch eine gewissenlose Weltkorrespondenz, diese bewußte Geschichtsfälschung und Entstellung oder Verschleierung deutscher Erfolge, dieses Unterschlagen von Depeschen und Mißbrauchen der Genfer Flagge, diese Frevel an der Wahrheit sind die wehereichsten Wunden und längsten Verlustlisten, sind der eigentliche Leichengeruch und Friedhof des Krieges."* Faulhaber versteigt sich zu der Bemerkung: *„Die Lügen des Krieges schreien lauter zum Himmel als sein Wundenblut!"*[254]

Und die eigene Heimat? Die gehe, so zeigen sich die Prediger überzeugt, geläutert aus dem Krieg hervor, den sie für die gute Sache, für die Religion, ja für Gott selber geführt haben. Mit der Re-Christianisierung der Kriegsgegner gehe die Epiphanie des Christentums im eigenen Land einher. Es werde erstarkt und „herrlich" aus den Trümmern Europas wieder auferstehen. *„Ja, die Weltenherrschaft unseres lieben deutschen Volkes muß ein Zeitalter der Eucharistie, ein Zeitalter der innigsten Vereinigung, des häufigsten Empfanges des Leibes und Blutes Christi werden, und in der Kraft dieser Speise wird jene Herrlichkeit ewig bestehen, in Treue fest. Mir schwebt da ein herrliches Bild vor Augen. Ich sehe da einen herrlichen Kaisergreis im Silberhaar, vielgeprüft, aber majestätisch groß, und neben ihm einen wettergebräunten kernfesten*

Herrscher in der Kraft der Jahre, wie sie über ihren Völkern thronen, die glücklichen Zeiten durchleben, und in ihrer Mitte, da schwebt im himmlischen Glanze eine weiße Gestalt, der eucharistische Gott und Weltenkaiser. Ja, wenn dieser Dreibund besteht, wenn diese drei Kaiser ihren Völkern gebieten, der himmlische Kaiser und die beiden Herrscher auf Erden im Schutze des Herrn: Ja, lieb' Vaterland, magst ruhig sein, fest steht und treu die Wacht am Rhein. O möge die Tat der beiden Herrscher Wilhelm und Franz Joseph bei Beginn des heutigen Schlachtendramas, der Empfang der heiligen Kommunion bzw. des Abendmahls, die Ouvertüre zu jenem idealen Zeitalter bilden, der Kaiserherrlichkeit, der heiligen Eucharistie.''[255] Und mit der Herrlichkeit hatte man in diesem Bild auch gleich die, den Katholiken so bedeutsame, großdeutsche Reichseinheit geschaffen, verkörpert durch die beiden Kaiser in Wien und Berlin, und, ganz nebenbei, die ökumenische Mahlgemeinschaft in Abendmahl und Eucharistie. Der Text wurde 1915 verfasst und der Theologe Heinrich Missalla konzediert immerhin, er sei eine Ausnahme, wenn auch von der Kritik anerkannt worden. Katholische Rezensenten stören sich weniger an der Überhöhung der Herrscher als vielmehr an der Gleichsetzung von Eucharistie und Abendmahl.[256]

Krieg und Sittenverfall

Besorgniserregend war für Prediger und Bischöfe der sittliche Verfall, der durch die Situation des Krieges – die Männer an der Front, die Frauen allein zu Hause – befördert werde. Das spielt sowohl in den Predigten als auch in den Hirtenbriefen eine nicht unwesentliche Rolle. *„In deiner Kompagnie, bei deinem Bataillon oder Regiment, bei deiner Kolonne, bei deinem Trupp sind manche, die keine langen schlimmen Reden über Religion, über Glaube und Sitte halten, die keine falschen Propheten des Wortes sind, aber sie sind schlechte Propheten durch ihr Beispiel"*, warnt ein Domkapitular Dr. Eberle. *„Wo es sich um den freien Besuch des Gottesdienstes handelt, da fehlen sie; du findest sie weder im Beichtstuhl noch am Kommuniontisch. Aber wo man schlechte Witze hört, da sind sie dabei, und wo man mit Frauenehre umgeht wie mit feiler Marktware, da triffst du sie. Was kümmert sie Weib und Kind, was fragen sie nach ihrem Taufgelübde und ihrem Kommunionversprechen? Und wenn du das immer wieder und wieder siehst, dann, Kamerad, mag es dir wie eine lodernde Gefahr sein, und du brauchst die* *ganze Überwindungskraft einer starken Mannesseele, um dir den Teufel vom Hals zu halten."*[257]

Die Ehe solle für heilig gehalten werden, Keuschheit und Tugend müssten gerade in Kriegszeiten hochgehalten werden, an der Front und in der Heimat. Übertriebene Moden, übertriebene Körperpflege, Genusssucht, mangelndes Schamgefühl, vorwiegend bei Frauen, kritisierten die Bischöfe heftig. Der Freiburger Erzbischof Nörber findet mahnende Worte für die Frauen seines Bistums: *„Die deutsche Frau war früher die Hüterin der Keuschheit. So soll es bleiben. Aber tief betrübend ist es, daß nicht einmal der furchtbare Ernst des Krieges imstande war, manche aus dem jüngeren Geschlecht ernst zu stimmen und an die Züchtigkeit zu mahnen."*[258] Hier schwingt wieder der Erziehungsgedanke des Krieges durch, der doch nun, so mag man den Kirchenfürsten interpretieren, zu gesteigerter Moral und Anstand beitragen müsse. Aufsehen erregten Berichte über zahlreiche von Geschlechtskrankheiten betroffene Soldaten. Dies lasse ja eindeutige Rückschlüsse auf das Betreiben von Bordellen und das Treiben von Prostituierten zu, dem Einhalt geboten werden müsse. Die Bischöfe entschieden sich nach langwierigen Diskussionen im Episkopat über eine Immediateingabe an den Kaiser, die Anfang April 1915 abgeschickt wurde. Nach ausführlichen und etwas devot wirkenden Anfängen kommen die Kirchenfürsten in dem Schreiben direkt zur Sache. *„In die Öffentlichkeit gedrungene Berichte und Mitteilungen in Feldbriefen lassen uns leider nicht mehr daran zweifeln, daß der Sittlichkeitsstand der hinter der kämpfenden Front stehenden Truppen schwer bedroht ist. Unendlich mehr als der Gedanke an die vielen Gefallenen, Verwundeten und Verstümmelten schmerzt der Gedanke an so viele Jünglinge und selbst Ehemänner, die vielleicht eben noch heldenhaft den Feind in Waffen überwunden haben und nun schmachvoll unterliegen den von demselben Feind – zum Teil vielleicht mit teuflischer Berechnung und Bosheit – ihnen bereiteten sittlichen Nachstellungen. Hunderte unserer Soldaten lassen sich umgarnen von weiblichen Wesen, die man nur als den Abschaum und Auswurf der von uns bekriegten Völker bezeichnen kann, und verlieren an sie ihre sittliche und leibliche Gesundheit, Ehre und Manneswürde. Während das Vaterland dringend ihrer Dienste bedürfte, liegen sie auf ehrlosem Krankenbett und fallen als Untaugliche und Schädlinge der Gesellschaft zur Last. Dem Segen Gottes, den daheim das Volk ohne Unterlaß herabfleht, wirkt der Fluch dieses lasterhaften Treibens entgegen."* Die

Bischöfe – stellvertretend für alle unterzeichneten die beiden Vorsitzenden, die Kardinäle Hartmann aus Köln und Bettinger aus München – wissen auch, was in der von ihnen konstatierten Situation angesagt ist. *„Wir bitten Eure Majestät, durch ein kaiserliches Machtwort den so dankenswerten Bemühungen und Maßnahmen der militärischen Behörden Nachdruck zu geben und einen vollen Erfolg zu sichern, damit die ganze Strenge militärischer Disziplin einen festen Damm schaffe gegen Unzucht und Alkoholismus und unsere Heere gegen diese verderbenbringende Flut schütze."*[259]

Die Schrecken des Krieges wurden als Keule für alles benutzt, was in den Augen der Kirche zu Beginn des 20. Jahrhunderts moralisch verwerflich war. Der Franziskaner Gisbert Menge aus Marienthal predigt im August 1914 für Entsagung und gegen die Genusssucht. Besonders verderblich findet er die die damals aktuelle *„weibliche Kleidertracht"*. Mit derben Worten geißelt er diese Mode, die, nach seiner Einschätzung der unsterblichen Seele großen Schaden zufüge. *„Wie oft haben Männer und Frauen, denen das Wohl ihres Volkes am Herzen liegt, gegen diese Verirrungen Klage geführt! Wie viele Mädchen, die doch anständig sein wollen, scheinen geile Dirnen zu sein! Sie wagen es sogar, in ungeziemender Kleidung das Gotteshaus zu betreten, wo doch derjenige wohnt, der in unendlichen Schmerzen am Kreuze verblutet ist, der allen Demut und Entsagung predigt, der einmal unser alle Richter sein wird, sie erdreisten sich sogar, in einer unschicklichen Kleidung am Tische des Herrn zu erscheinen."*[260] Schuld an dieser Entwicklung ist natürlich die *„Ausländerei"*, die modische Entwicklung einer Nachahmung *„leichtfertiger Pariserinnen"*. Sich gegen solche Entwicklungen zu stemmen, sei der Auftrag der katholischen Frau und also ein Beitrag zum Gelingen des Krieges. Aufgeschreckt wurden die katholischen Verantwortlichen wieder 1917, da das Preußische Kriegsministerium den Gebrauch von Kondomen zum Schutz vor Geschlechtskrankheiten empfahl. Das sahen einige Bischöfe als eine *„Anleitung zur Hurerei"* und beschwerten sich beim Reichskanzler, dem Zentrumspolitiker Hertling.[261]

„Treue Gefolgschaft dem Kaiser"

Der Kaiser wurde zu einer Art neuem Stellvertreter Gottes im Krieg. Indem er einen gerechten Krieg führte, zumal mit religiöser Implikation, wurde die Sache Gottes zur Sache des Kaisers. So kann Bischof

Faulhaber anlässlich des Kaisergeburtstages 1916 ohne einen Hintergedanken feststellen: *„Und doch greift uns dieser feldmäßig einfache Gottesdienst tiefer als je ein Kaisertag in die Seele. Und tiefer als je steigt aus der Seele ein Gebet für den Kaiser, den gottbestellten Führer in diesem schweren Kampfe, ein Treuegruß an den Kaiser, diese erzstarke Herrschergestalt mit dem goldenen Herrschergewissen, diesen Reinwuchs deutscher Kraft, diese majestätische Verkörperung soldatischer Edelart ... Es ist gut, in dieser schweren Zeit der Kriegsopfer den Träger des Kreuzes und sein dreifaches Bekenntnis zur Krone sich vor Augen zu halten. Das Bekenntnis zum gottgesetzten Führer ist Geist vom Geiste Jesu. Das lebenslängliche Bekenntnis zu den Kronrechten des Kaisers ist Nachfolge Jesu. Gerade als Jünger des Gekreuzigten grüßen wir in Ehrfurcht und Treue den Träger der Krone."*[262] Beim uns bereits bekannten karrierebewussten Militärpfarrer Ludwig Berg muss man natürlich berücksichtigen, dass er im Großen Hauptquartier tätig war und so jederzeit, real oder virtuell, mit der Gegenwart des Kaisers konfrontiert. Aber er war vom Herrscher zutiefst überzeugt, seine Predigt vom 24. Oktober 1915 in Charleville anlässlich des Jubiläums der 500-jährigen Herrschaft der Hohenzollern in Brandenburg und Preußen war gewiss aus tiefstem Herzen gehalten, wie die Nachträge beweisen. Berg notierte Schlagworte:

„1. 500 Jahre Hohenzollernherrschaft in Brandenburg-Preußen. Segensreiche Zeit, [Nachtrag: infolge der Ehrlichkeit der Herrscher, des Beamtentums und der Aristokratie (...)]

2. Kirche und Hohenzollernherrschaft:
Kirche und Schutz der Monarchie im allgemeinen,
Kirche (Leo III.) hat deutsche zur kaiserl. Nation gemacht, erzogen und Kaiseridee in unser Vaterland gepflanzt und gepflegt schon vor der Glaubensspaltung.

3. Jetzige Herrscher, Benedict XV. und Wilhelm II. Freunde.
Kaiser Wilhelm II. der Friedenskaiser!,
Kaiser Wilhelm II. der Siegeskaiser!,
[Nachtrag: Benedict der Friedenspapst].
Daher wir um so freudiger heute das Gelöbnis: treu zu Kaiser und Reich, treu zur Mutter, d.h. Kirche. Bekanntes Lied: Fest soll ... – Erneuerung des Taufgelübdes. Pro Deo et Patria!"[263]

Berg ist nicht nur an der Verehrung des Kaisers gelegen, er sieht sich selber als kirchenpolitischer Akteur, will die Situation nutzen, die Loyalität der katholischen Kirche Kaiser und Reich gegenüber zum Ausdruck zu bringen und, über seine Position, die Beziehungen zwischen beiden Parteien zu befördern. Im März 1917 überreicht er dem Kaiser eine Schrift des Kölner Erzbischofs über dessen Frontbesuch im Jahr 1916.

„Sr. Majestät
Dem Deutschen Kaiser, König von Preußen
Großes Hauptquartier, 5. III. 1917

Aller durchlauchtigster, allergroßmächtigster Kaiser und König, allergnädigster Kaiser und Herr!
Euer kaiserlicher Majestät naht sich der alleruntertänigst gehorsamst Unterzeichnete mit der tief empfundenen Bitte, Euer Majestät möge huldvoll geruhen, die Erinnerungsschrift ‚Ein Kirchenfürst im Felde – Seine Eminenz Felix Kardinal v. Hartmann, Erzbischof von Köln, an der Westfront vom 6. bis 14. April 1916' allergnädigst anzunehmen und das gleichzeitige feierliche Gelöbnis begeisterster Hingabe und felsenfester Treue an Eure Macht und das Vaterland. Die während seiner Zugehörigkeit zur 1. Garde-Infanterie-Brigade in der Feuerlinie und im Schützengraben bis zur Todesbereitschaft gewählte Opferbereitschaft bleibt dem alleruntertänigst Unterzeichneten Stern und Stab auf dem fernen Lebenswege. Und diesem Lebenswerk höhere Weihe zu verleihen durch inständiges Gebet für Eure Kaiserliche Majestät Wohlergehen ist dem ehrfurchtsvollst Unterzeichneten heiligste Pflicht und tiefes Herzensbedürfnis.

Euer Kaiserliche Majestät
alleruntertänigst gehormsamster Diener
Ludwig Berg, Dr. theol., Professor
kath. Feldgeistlicher des Großen Hauptquartiers Sr. Majestät des Kaisers u. Königs"[264]

„Was gelobt ihr denn, meine lieben Soldaten?!", fragt der stellvertretende Divisionspfarrer in Berlin, der Dominikanerpater Franziskus Stratmann, und liefert die Antwort sofort mit doppeltem Ausrufezeichen nach. *„Treue Gefolgschaft dem Kaiser! Und das bedeutet in unseren Tagen sehr viel, alles! In unseren Kriegstagen dem Kaiser folgen,* *bedeutet Vater und Mutter, Gattin und Braut, Brüder und Schwestern, Haus und Hof verlassen, seine Zeit und seine Neigung, ja seine Gesundheit und sein Leben hingeben.*"[265] Der Kaiser wird auch hier als absolutes Vorbild für die kämpfende Truppe präsentiert, dem es nicht nur zu folgen, sondern den es als Vorbild für den eigenen Einsatz anzuerkennen gilt. Das bloße Gehorsamsprinzip wird damit religiös überhöht, der Kaiser ist nicht mehr nur Vorgesetzter, Befehlshaber, sondern Leitfigur, oder gar eine Art messianischer Mittler für Gottes Willen. *„Unser Kaiser ist gewiß ein selbstbewußter Mann, aber seht, wie demütig er ist vor Gott! Er bittet Gott um Hilfe, er dankt Gott für jeden Sieg, in ihm sieht er den Lenker der Schlachten. Und der Kaiser will auch das Vaterland verteidigt wissen gegen die inneren Feinde. Er dringt auf Gottesfurcht und ehrt die Träger des Gottesgedankens; denn er weiß, daß sie die besten Stützen seines Thrones sind ... Soldaten! Macht euch durch euren Schwur zu Soldaten Wilhelms II., wachet und betet wie er!"*[266] Die terminologischen Anklänge an die Szene am Ölberg, als Jesus in Erwartung der römischen Häscher seine Freunde bittet, mit ihm in der Nacht zu wachen und zu beten, sind sicher nicht zufällig gewählt. Das Besondere an diesem Zitat ist, dass Franziskus M. Stratmann nach dem Ersten Weltkrieg zu einem energischen Kämpfer für den Frieden in Deutschland wurde.

Der Speyerer Bischof Faulhaber stellt sich in eine Reihe mit denjenigen, die zu Kampf und Opferbereitschaft auffordern, ja, er übertrifft deren Argumentation noch mit einem transzendenten Motiv: *„Wenn die Spartaner ins Feld zogen, nahmen sie aus der Heimat heiliges Feuer mit, um auch im Felde draußen mit heimatlichem Feuer zu opfern. Es wird schwere Opfer kosten, aber Gott wird helfen, wenn jeder einzelne seinen Mann stellt und jetzt beim heiligen Meßopfer mit dem heiligen Feuer eines todeskranken Opfermutes sich versieht, um dann draußen im Felde die schweren Opfer zu bringen. Laßt eure flammende Begeisterung nicht am ersten Regentag erlöschen! Geht in Gottes Namen als christliche Soldaten! Wollte euch die Überzahl des Gegenbundes bange machen, – vor dem Ewigen sind tausend Jahre wie ein Jahr, vor dem Allmächtigen tausend Mann wie ein Mann ..."*[267] Faulhaber sah sich zweifellos verpflichtet, die Kampfmoral zu steigern, Durchhalteparolen waren für ihn als Teil der Militärseelsorge selbstverständlich. „Faulhabers Bereitschaft, sich als Bischof vorbehaltlos in den Dienst der propagandistischen Unternehmungen staatlicher Stellen einbinden zu lassen, überrascht wegen des umfangreichen persönlichen Einsatzes und des

Vorsatzes, sämtliche, ihm als Bischof zu Gebote stehenden Möglichkeiten in Betracht zu ziehen. Der Grund ist in Faulhabers persönlicher Auffassung von seinem Hirtenamt zu sehen, die neben dem religiösen Moment auch sehr stark von einem vaterländischen Moment gekennzeichnet war. Dies wird umso verständlicher, als Faulhaber als absoluter Monarchist eine erheblich größere Verbindlichkeit gegenüber der staatlichen Obrigkeit empfand als andere Bischöfe."[268] Nicht zu vergessen seine soldatische Seele, die ihm naturgemäß eingab, in Treue zum Befehl und zum Auftrag zu stehen.

Der Satz Faulhabers von der Niederlage des Unglaubens blieb letztlich nicht unwidersprochen. Der Franziskanerpater Thaddaeus Soiron erwidert 1917, das *„Wort vom Kreditverlust hat sich leider nicht bestätigt"*[269].

„Heldentod"

Mit dem Ende des Krieges trat wieder Ernüchterung ein. Die Predigten sahen sich jetzt mehr als vorher mit dem Sterben auf dem Schlachtfeld konfrontiert. Das war zwar die ganzen Kriegsjahre über der Fall, anfänglich aber noch mit der Aussicht auf einen Sieg verbunden. Mit zunehmendem Fortgang des Krieges stellte sich die Frage nach dem Sinn des Todes der Soldaten. Eine Verklärung erfolgte in der Terminologie vom Heldentod, zum Trost der Angehörigen und zur Stärkung der Truppenmoral. Der Hildesheimer Bischof Bertram ruft aus: *„O glücklicher Heldentod eines braven katholischen Soldaten!"* Bischof Faulhaber erzählt eine zu Herzen gehende Geschichte von zwei Soldaten, die sich noch im Sterben zu ihrem Glauben bekennen: *„Nachts um 11 Uhr durch eine Ekrasitgranate mitsammen tödlich verletzt, umarmten sie sich: ‚Wir sterben mitsammen, gelt, wir sterben mitsammen. Für unsern Kaiservater in Wien sterben wir gern'. Rosenkranz und Herz-Jesu-Bund hatten ihnen die Sterbensnot nicht ferngehalten, aber leichter gemacht."*[270] Die Stilisierung von Tod und Verletzung führt zu einer Art Sinnimplementierung, vermutlich, um den betroffenen Angehörigen den Verlust erträglich zu machen. Gleichzeitig mutierten die Kirchenvertreter zu Anwälten des Staates. Der Kölner Kardinal Hartmann am 12. Februar 1916 in einem Hirtenbrief in Bezug auf die Verwundeten: *„Sie sind es, die an ihrem Leibe die blutige Schrift des Krieges tragen, die ihre gesunden Glieder mutig dargeboten haben zu unserer Deckung gegen den Ansturm der Feinde, gegen Vergewaltigung und Verwüstung,* *wie wir sie mit Grauen an den Grenzen des Vaterlandes erblicken."*[271] Hartmann malt das Schreckgespenst eines überrollten Landes, wie es Deutschland knapp dreißig Jahre später erleben wird. Die Soldaten werden in ihrem Leid zu Verteidigern der Unversehrtheit jener, die den Hirtenbrief hören oder lesen; einer Zuhörerschaft, die zusätzlich dadurch betroffen war, dass das Gebiet der Erzdiözese Köln teilweise an der Westgrenze des Reiches lag.

Exkurs: Bischöfe an der Front

Drei Mitglieder der Fuldaer Bischofskonferenz haben sich während des Krieges direkt an der Front selbst ein Bild gemacht. Das waren der Feldpropst Joeppen im Auftrag des Preußischen Kriegsministeriums, der Vorsitzende der Bischofskonferenz, der Kölner Erzbischof und Kardinal Hartmann, und der Apostolische Vikar für Sachsen, Franz Löbmann. Joeppen besuchte hauptsächlich Dienststellen der Militärseelsorge (er war zum Beispiel im September 1918 in Frankreich und Belgien). Hartmann war im April 1916 an der Westfront und traf am 13. April im Hauptquartier mit dem Kaiser zusammen, der sogar einem Bittgottesdienst[272] des Kardinals beiwohnte. Löbmann war im Mai und Juni 1917 an der Ostfront.[273]

Michael von Faulhaber unternahm in seiner Eigenschaft als Feldpropst fünf Frontbesuche, drei nach Westen, zwei nach Osten. Eine Ausnahme zu den Besuchen der anderen Bischöfe stellte sicher dar, dass er sich – in seinem Selbstverständnis als Soldat unter Soldaten – selbst in Kriegshandlungen in die vorderen Schützengräben begab. Das steigerte seine Glaubwürdigkeit, genau wie seine Predigten. „Was ihm dabei half, war sicherlich auch seine Fähigkeit, als ehemaliger Soldat die militärische Terminologie fehlerfrei anzuwenden und eine realistische Vorstellung davon zu haben, unter welchen Lebensumständen Soldaten im Feld lebten", wenn er selber auch nur Erfahrungen zu Friedenszeiten gesammelt hatte. Teilweise publizierte er seine Erlebnisse. Zu Beginn des Jahres 1917/1918 kam er zu einem umfangreichen Besuch an der Ostfront. Er reiste nach Polen, damals zum russischen Reich gehörend, nach Galizien, Serbien, Mazedonien, Bulgarien und Rumänien. Der als Buch veröffentlichte Bericht über die Reise beschreibt Städte, durch die die Delegation kommt, das Zusammentreffen mit Vertretern der deutschen Verwaltung oder deutschen Offizieren und Soldaten. Besonderes Augenmerk legen die geistlichen Reisenden auf Friedhöfe, Krankenstationen und Lazarette. Eine interessante Begebenheit stellt wohl die Begegnung mit einem schwer verletzten Soldaten aus der Pfälzer Heimat dar. Der Autor des Reisetagebuches, der Münchner Generalvikar und spätere Bischof von Regensburg, Michael Buchberger, schreibt: *„Einen Samariterdienst darf ich hier nicht vergessen. Während wir in Tarnopol weilten, verunglückte dort ein wackerer Pfälzerkrieger sehr schwer. Se. Exzellenz erfuhr davon und begab sich sofort zu ihm, um ihn durch den Besuch und ein teilnehmendes Wort zu trösten und zu erfreuen. Da der Zustand sehr ernst war, spendete Exzellenz ihm auch die heiligen Sterbesakramente. Noch am selben Tag starb der Verunglückte."*[274] Buchberger zitiert aus einem Brief Faulhabers an die Angehörigen: *„Er war bei vollem Bewußtsein und sehr ergeben, und wußte, welche ernste Stunde ihm bevorstehe. Dann war ich ihm bei der heiligen Beichte behilflich, betete mit ihm die Reue und Ergebung in Gottes heiligen Willen und gab ihm die Absolution. Danach brachte ich ihm die heilige Wegzehrung und spendete ihm die heilige Ölung. Zum Abschied reichte ich ihm ein Sterbekreuz und sagte: ‚B'hüt dich Gott, Kamerad! Nur fest auf Gott vertraut!' Da drückte er mir die Hand und sagte ruhig und ergeben: ‚Es hat halt so sein sollen!' Er ist gut gestorben."*[275] Zitat und Auswahl zeigen, wie sehr man die Kampfhandlungen mit ihren Folgen als gottgegeben betrachtete. Das Verhalten Faulhabers, sein Brief an die Angehörigen werden nicht als kritische Aktionen gegen Krieg und Besatzung dargestellt, sondern vielmehr wird der Trost zu einer Affirmation des Geschehenen. Erst recht, wenn der Besuch des Bischofs und viel mehr noch der Waffengang der bayerischen Truppen zur Pilgerreise idealisiert werden. *„Man sah und fühlte es, wie die herzlichen Worte des Oberhirten den braven Männern aus Niederbayern und der Oberpfalz zu Herzen gingen; manch einem standen die Tränen in den Augen. Und bei dem Liede ‚O heilige Seelenspeise auf dieser Pilgerreise', da hielt wohl mancher in seinen Gedanken inne und betrachtete auch seine Kriegsfahrten bis hierher an die äußerste Grenze der Südost-Front* [Germakówka, nordöstlich von Czernowitz, heute in der Ukraine gelegen, Anm. M. L.] *als eine große, mühevolle Pilgerreise. Möge ihnen allen von Gott und Vaterland auch der verdiente Pilgerlohn einst werden."*[276] Den himmlischen Lohn sieht man dereinst in der Auferstehung, das mag – aus Sicht der Reisenden – den Hinterbliebenen und Trauernden Trost sein. *„Es ist eine gar ernste Stätte, und man möchte* *dort sehr traurig werden. Doch das Kreuz beschattet diese Stätte* [Lazarett und Soldatenfriedhof in Niš, Anm. M. L.], *und die im Zeichen des Kreuzes sterben und ruhen, harren auch in serbischer Erde des Tages einer seligen Auferstehung.*"[277] Bei dem Besuch im serbischen Kampfgebiet bemerkt Buchberger: *„Hier, wo Tausende fern der Heimat und dem Vaterlande ihrem harten Erdentagwerk obliegen und wo Tausende ihr Erdenleben im Dienst des Vaterlandes geopfert haben, hat die Bitte um ewiges Leben im himmlischen Vaterland etwas tief Ergreifendes."*[278]

Die Wirtschaftszeitschrift *Die freie Donau* berichtet über den Besuch des Bischofs in Bulgarien. Sie bilanziert treffend sein Auftreten und die Botschaft, die der Theologe in Anbetracht der Kriegsschauplätze findet: *„Die Leiden und Anfechtungen des Kriegers an der Front, die das lange Ausharren, die der ewig andauernde Kampf erfordert, fanden aus dem Munde des herrlichen Predigers verständnisvolle Beachtung und daran anknüpfend kraftvolle Ermahnungen, die wirklich eine Kräftigung des Soldaten bedeuteten. Auch auf die schweren grundsätzlichen Stimmungen, wie sie der Krieg und Schützengraben hervorruft, vermied es der Kenner der Soldatenpsyche nicht einzugehen."*[279] Immerhin scheinen sich der Autor des Zeitungsberichtes wie der Bischof bewusst zu sein, dass es elementare Diskussionen über das Verhalten der Kirche in den vergangenen vier Jahren des Krieges geben könnte. Faulhaber widerlegt und der Autor ist beruhigt. *„Den Vorwurf, daß die Kirche und das Christentum es nicht vermocht haben, den Krieg zu verhindern, noch die Kraft besitzen, ihn zu beenden, entkräftigte der Seelenhirt mit der allzu wahren Behauptung, daß das Christentum da nicht bankrott machen könne, wo es in Wahrheit gar nicht ist. Das Christentum war nicht bei jenen, die die Menschheit in jenen schrecklichen Weltkrieg gestürzt haben, noch ist es bei jenen, die dem ehrlichen Frieden in den Weg treten."*[280]

Allerheiligen 1917 verfassen die Bischöfe des Deutschen Reiches einen gemeinsamen Hirtenbrief. Der Krieg, so stellen die Verfasser fest, habe zu einer erheblichen Einschränkung der persönlichen Freiheit geführt, das Rad müsse, sobald die Lage das zulasse, wieder zurückgedreht werden. Man ist besorgt über die Idee einer ‚Nationalen Einheitsschule" und eine avisierte Trennung von Kirche und Staat. Man befürchtet, dass das Kriegsende (alte) Gräben aufreißen könnte.[281] Das Kriegsende wird erleichtert aufgenommen. Die heimkehrenden Soldaten werden mit wohlwollenden Worten bedacht. Nicht als

Besiegte kämen sie, sondern als Standhafte. Man dankt für Pflichterfüllung, man beklagt Verluste und ruft in Erinnerung, der Mensch dürfe sich nicht für übernatürlich halten. Die Novemberrevolution sieht man überwiegend mit Sorge, sie zerstörte eine tradierte Ordnung. Dass die Revolutionsregierung nun eine stärkere Trennung von Staat und Kirche wolle, wird auch als ökonomisches Problem gesehen, da die staatliche Unterstützung für Kultus, Ausbildung und kirchliche Infrastruktur entfalle. Man beschwört wieder das Gespenst der Säkularisierung; nun drohe nach hundert Jahren wieder Ähnliches.[282]

Zeugnisse der Feldgeistlichen

Wie gestaltete sich die Rolle der Feldgeistlichen im Kontakt mit den Soldaten? Sie sahen es bis zum Ende des Krieges als ihre Aufgabe an, den Durchhaltewillen zu befördern und die Moral der Soldaten zu stärken. Der Kaiser war auch im Klerus absolut, man hielt Gottesdienste ihm zu Ehren ab, gedachte seiner und betete für ihn weitaus enthusiastischer, als es das katholische Volk tat. Ein Anzeichen für die sich zum Kriegsende vergrößernde Kluft zwischen Klerus und Laien und sicher ein wichtiger Anhaltspunkt für emanzipierende Entwicklungen unter den katholischen Laien nach 1918.

Benedict Kreutz

Aufschlussreich ist das Tagebuch des schon erwähnten Militärseelsorgers Benedict Kreutz.[283] Kreutz wurde 1879 im Schwarzwald geboren. Nach Studium, Priesterweihe und Kaplansjahren war er ab 1910 Pfarrer in der Nähe von Bruchsal. Bekanntschaft erlangte er in der katholischen Kirche erst nach 1921, als er der zweite Präsident des Deutschen Caritasverbandes wurde. Von 1915 bis 1919 jedoch war er als Militärpfarrer tätig. Er hat ein aussagekräftiges Tagebuch verfasst, das einen guten Eindruck in den Kriegsalltag, die Seelsorge an den Soldaten und im Feld und die Stellung der katholischen Kirche zum Krieg vermittelt. Die meisten Einträge dokumentieren Gottesdienste, Sakramentenspendungen und Vorträge, festgehalten werden aber ebenso Besuche, Gespräche und Besonderheiten, die ihm auffielen. Interessant sind die Anmerkungen, die sich auf Gespräche mit protestantischen Geistlichen oder die Teilnahme von Protestanten an Gottesdiensten bzw. deren Beerdigung beziehen. Ökumene wurde hier scheinbar ganz pragmatisch gelebt. In Finnland stationiert, verstärkte Kreutz die Beziehungen zur evangelischen Kirche sogar. Weit nach Abschluss des Krieges berichtete Kreutz noch, wie sehr ihn die schrecklichen Kriegsbilder immer noch beschäftigten.

Das Ordinariat in Freiburg wollte Kreutz bei Kriegsbeginn als unabkömmlich melden; dieser meldete sich aber freiwillig zum Dienst. Ab Februar 1915 finden wir ihn in Mühlhausen im Elsass als Garnisonspfarrer. Er arbeitete in der Garnison, als Organisator der Militärseelsorge und oft auch direkt an der deutsch-französischen Front im Elsass. Kreutz verfasste Broschüren, hielt Fortbildungen und Vorträge, kümmerte sich um Gefangene, Invalide und Hinterbliebene. Seine Aufzeichnungen zeugen vom breiten Spektrum seiner Arbeit in der Militärseelsorge. Im Mai 1917 wurde er mit seiner Division an die Ostfront, nach Galizien, verlegt. Es wird berichtet, dass er sich nicht auf bloße pastorale Aufgaben beschränkte, sondern ebenso bei der Versorgung Verwunderter half. 1918 kam Kreutz nach Baden, um Vorträge über die Lage zu halten. Zurück an der Front, wurde er im Februar in den Süden Finnlands versetzt, unter anderem war er in Helsinki, kam sogar bis nach Rovaniemi an den Polarkreis. Man kann mit Fug und Recht behaupten, dass Kreutz durch seine verschiedenen Einsatzorte mit unterschiedlichen Kampfsituationen einen genauen Überblick über die Kriegssituation bekommen hat.

Auch Militärpfarrer Benedict Kreutz stimmt in den Chor derer, die an den feindlichen Mächten kein gutes Haar lassen, mit ein. In sein Tagebuch notiert er am 12. Juni 1915: *„Ein deutscher General pflegte schon vor 100 Jahren zu sagen: ‚Es gibt kein Verbrechen in der Welt, zu dem England nicht bereit wäre, den Dolch zu liefern, wenn es nur bezahlt wird.' Paßt für heutzutage ganz famos."*[284] Interessant an dieser abfälligen Bemerkung ist das merkantile Klischee Englands, das Kreuz hier bedient.

Benedict Kreutz berichtete aus eigener Anschauung (oder Anhörung) von sittlichen Verfehlungen, allerdings scheint es, ohne persönliche Empörung. In einer Notiz vom 11. Juli 1915 lesen wir von ihm aus Mühlhausen: *„Vorgestern erzählte mir Polizei-Amtmann Dr. Schlemmer, daß bei einer Nachtpatrouille in einem Vorort hier (ausgeführt durch 100 Mann) nicht ein einziges Haus gefunden wurde, wo nicht wenigstens eine Frau oder Braut, deren Mann im Krieg war, einen Armierungssoldaten als Ersatz bei sich schlafen hatte; wenn's nicht im I. Stock war, dann war's im II. Dr. Schlemmer hält die verheirateten*

Frauen für die Verführer im großen Stil hier."[285] Armierungssoldaten waren jene deutschen Soldaten, die mit dem Bau und der Instandhaltung rückwärtiger Befestigungen beschäftigt waren und nicht an vorderster Front kämpften.

Die dramatische Sorge um den klerikalen Nachwuchs, die ja, wie wir wissen, die Bischöfe umtrieb, macht eine Notiz des Militärpfarrers Kreutz vom Februar 1917 deutlich. Rot angestrichen, registriert er in seinem Tagebuch: *„3751 katholische Theologie-Studierende hat Deutschland am 1. October 1916. 93,6 % das heißt 3511 sind im Dienst für's Vaterland tätig. 2426 dienen mit der Waffe, 406 im Sanitätsdienst; gefallen sind bis 1. October 399, vermißt 59, gefangen 80."*[286] Kreutz dokumentierte, aber er kommentierte nicht.

Anlässlich eines Vortrages im September 1916 kommt der Militärpfarrer Benedict Kreutz auf die Ernüchterung zu sprechen, die nun, nach der ersten Begeisterung und den ersten schweren Verlusten und Stellungskämpfen, eingezogen war. Die Feldpredigten werden – so seine Beobachtung – angesichts des erfahrenen Leides in Zweifel gezogen: *„Allgemein ist festzustellen, daß der Krieg eine große Ernüchterung gebracht hat. Geschwunden ist, Gott Lob, die Unmasse abergläubischen Tuns, die am Anfang des Krieges so widerlich war. Die Wurfschaufel der Vorsehung scheidet Korn von Spreu auf der Tenne des Vaterlandes. Nachteilig hat diese Ernüchterung gewirkt auf den Schwung vaterländischer Begeisterung. An die Stelle der begeisterten Seele, die stellenweise nicht mehr lebhaft empfindet, muß die Einsicht des Vaterlandes treten. Der Feldgraue, nun einmal angeregt, sein Leben zu werten und einzuschätzen, genötigt, sich als Glied des Ganzen tatsächlich zu fühlen und für dasselbe sich zu opfern, stößt auf dem Grunde seiner Seele auf viele Probleme religiöser, sozial-ethischer und staatsbürgerlicher Art, für die er nicht in letzter Linie vom Feldseelsorger einen Fingerzeig ihrer Lösung erwartet. Daher scharfe Kritik an den Predigten vonseiten der Feldgrauen und Hinneigung zu* dem *Geistlichen – unbekümmert der Konfession – der ihm etwas zu sagen und zu geben hat für seine dürstende Seele."*[287] Kreutz' Vortrag ist schon deswegen von Interesse, weil er ausführlich die Reaktion der Soldaten und Offiziere auf die Militärseelsorge behandelt und Schwierigkeiten offen ausspricht. *„Die Soldaten"*, so steht es in den Notizen zu seinem Vortrag, *„üben selber Kritik an der Feldseelsorge. Die Unzufriedenen greifen auf alte politische Wahnvorstellungen zurück, weil sie ‚Ritter und Heilige' als die am Krieg Mitschuldigen betrachten. Es muß der Feldseelsorger durch seine Art* *und Hingabe sich erst wieder Vertrauen gewinnen. Man vergleiche die Redensarten über den Papst als Friedensvermittler, über Katholizismus als internationale Religion, Vorsehungsglaube, Ziel und Bestimmung des Menschen und so fort.*" Kreutz möchte seine Enttäuschung darüber nicht verbergen. *„Bewußt wird von solchen Leuten in Briefen und im Urlaub die Aussage verbreitet, daß bis zu ihnen vor die Feldgeistlichen sich noch nie gewagt hätten; sie entbehrten jeglicher Seelsorge. Sie halten durch ihr Gerede viele vom Besuch des Gottesdienstes ab.*"[288] Der Pfarrer kategorisiert die Soldaten und macht dadurch deutlich, dass die konfessionelle und glaubensmäßige Heterogenität nicht so bestand, wie man in Briefen oder offiziellen Verlautbarungen glauben machen wollte. *„Die positiv Gerichteten, besonders diejenigen, die keine streng religiöse Erziehung genossen haben, verfolgen oft verkehrte Ziele, weil sie erst jetzt im Kriege Gott suchen. Leute, die in der Religion nur eine Befriedigung des Gefühlslebens sahen, haben jetzt innere Kämpfe, weil ihnen der feste Glaubenssatz fehlt.*"[289] Es fehlte nicht an Versuchen, eine sogenannte deutsche Religion zu gründen, eine Mischung aus Religion und Deutschtum, wobei das Deutschtum als das bessere von diesen beiden anzusehen sei.

Sorgen und Herausforderungen der Feldgeistlichen

Gottfried Eisele, wie Kreutz Militärpfarrer aus Baden, berichtet drastisch aus seinem Alltag und zeigt, welchen seelischen Belastungen die Seelsorger selbst ausgesetzt waren. Den Besuch eines Lazaretts schildert Eisele an das Erzbischöfliche Ordinariat in Freiburg im April 1918: *„In einem dieser Lazarette kamen in 1 Nacht allein 450 Schwerverwundete an; es war für mich ein furchtbares Schauspiel; wie sie auf dem Schlachtfeld aufgelesen und notdürftig dort verbunden wurden, so kamen sie hier an; die meisten Kopf-, Lungen- oder Bauchschuß. Gab einem nach dem anderen die Absolution und heilige Ölung, viele konnten noch kommunizieren. Charfreitag, -Samstag und Ostern waren die schlimmsten Tage. War nachher auch total ermüdet; heute waren wieder viele gekommen.*"[290] Die Seelsorge wurde, glaubt man den Berichten, zur Schwerstarbeit. Der Benediktinerpater Maurus Ladenburger skizziert vom westlichen Kriegsschauplatz: *„Ich habe täglich das Glück, die heilige Messe lesen zu können; freilich, die Schwierigkeiten werden immer größer, weil man keine Kirchen mehr findet; und wenn* *solche da sind, stehen sie gewöhnlich unter Feuer, so daß die Soldaten sie nie betreten dürfen. Täglich muß ich zwei bis drei Stunden Beichte hören ...* "[291]

Die Erregung über den angeblichen Säkularismus kannten auch die Feldgeistlichen. „*Die französischen Einwohner sind einfach sprachlos vor Staunen, da sie den tiefgläubigen Sinn dieser deutschen Krieger sich so herrlich betätigen sehen. Wie sah es auch in dieser Beziehung bei ihnen aus! Die Schwester des französischen Pfarrers von Berru, der als Infanterist kämpft, sagte mir, daß in Berru ein einziger Mann Sonntags dem Gottesdienst beiwohnte, alle andern arbeiten. Kein Wunder, wenn man hört, daß der Pfarrer die Schule nicht betreten darf und es den Lehrpersonen bei strenger Strafe untersagt ist, den Namen Gottes beim Unterricht auszusprechen.*"[292]

Wieder andere Seelsorger huldigen dem Interkonfessionalismus, der seine Geburtsstunde in diesem Kriege habe, weil Protestanten und Katholiken Schulter an Schulter stehen. Andere Kreise, die sich mit Religion als einem Stück Lebenskunde beschäftigen, sehen im religiösen Gedanken lediglich und einzig ein Mittel für vaterländische Ziele. „*Fremd jeder individuellen Seelsorge mit den übernatürlichen Gnadenmitteln, sehen sie im Gottesdienst lediglich einen Anlaß zu einer weihevollen vaterländischen Kundgebung. Sie verkennen die Glaubenspflicht und die Überordnung der Religion, die von oben her in die menschlichen Verhältnisse und in das Innere hinein leuchtet als selbstständige und selbsttätige Lichtquelle, die das Herz erwärmt.*"[293] Auffällig ist, dass Benedict Kreutz die religiöse Überhöhung der Nation in Frage stellt und, mehr noch, dass er im Gegensatz zur kirchlichen Hierarchie in Deutschland, wenig Bezug auf die Kirche, ihre Existenz und ihre Notwendigkeit nimmt.

Der Kampf, den die Katholiken um ihre Anerkennung im Staate führten, war mit dem Krieg bei aller Beteuerung des Kaisers, er kenne nur noch Deutsche, nicht zu Ende. Die Realität sah oft anders aus. Pfeilschifter zitiert einen unbekannten Militärgeistlichen, der in einem Bericht 1916 aus Verdun anklingen lässt, wie sehr man noch um die nationale Position ringe. „*Es werden manchmal Stimmen laut, daß der religiöse Sinn unserer katholischen Soldaten, der sich bei Beginn des Krieges so mächtig entfaltet hatte, im Laufe des Stellungskrieges erstickt und erstorben sei; zum mindesten in bezug auf die Frontsoldaten ist dieses harte Urteil falsch. Der Eifer der Leute in der B.-Schlucht erinnert vielmehr an die Schriftstelle: ‚Es drängt sich das Volk, es sucht seinen Hirten!' Wie die einen in den Morgenstunden, so ziehen andere in derselben Absicht den gleichen Weg am Abend; nicht kommandiert, sondern ganz freiwillig stellen sie sich ein: sie verlangen zu beichten und wollen in überströmender Freude von dem Glück in großer Gefahr, von unerwarteter Rettung aus bitterer Not, vom schuldigen Dank für Gottes Segen und Unserer Lieben Frau Schutz erzählen; viele kommen, weil sie die Ordnung in ihrem Innern durch die Sakramentsgnade erhalten und festigen wollen; manche, um nach jahrelangem Fliehen vor dem Throne der Barmherzigkeit endlich einmal Erlösung von Gewissensschuld zu finden.''*[294]

Benedict Kreutz war national, aber er war kein Ideologe. Er erzählt die Geschichte eines französischen Soldaten, der ihm, verwundet, einen Zettel überreicht. *„Au nom de la liberté de conscience, assureé par la loi 1905: La republique aussre la liberté de conscience, je déclare appartenir à la religion catholique; à l'hopital militaire je veux avoir la visite du prêtre et tous les secours de son ministère. En cas d'accident ou de maladie grave, je réclame près de moi le prêtre catholique. Si je meurs, je veux les prières de l'Eglise catholique et l'humanition religieuse."* Der ihm das gab, hieß Alexandre Bordier, war 23 Jahre alt und schwer verwundet; Kreutz kommentiert die Notiz des Soldaten, die er im Original in sein Tagebuch schreibt, mit *„c'est la liberté".*[295]

Aus der nationalen Trunkenheit wachte man Ende des Krieges mehr oder weniger ernüchtert wieder auf. Von religiösem Aufbruch und sittlicher Erneuerung war wenig geblieben. Die katholische Kirche hatte sich mit der protestantischen Monarchie erst arrangiert, dann identifiziert, aber die Schrecken des Krieges hatten die transzendenten Gefühle auf den Boden der Tatsachen zurückgeholt. Ein Diakon aus dem Erzbistum Paderborn zieht deswegen 1917 ein resigniertes Fazit, das bei seinem Erscheinen im Oktober 1918 vermutlich noch an Evidenz gewonnen hatte. *„Im Anfang des Krieges hatte bei den Soldaten wie im ganzen deutschen Volke das religiöse Leben einen innern und äußern Aufschwung genommen, man hoffte auf eine durchgreifende religiöse Erneuerung. Aber schon bald trat ein Rückschlag ein. Die konfessionelle Mischung der Truppen, das Beispiel vieler lauer, religiös und sittlich abgestorbener Kameraden, der Mangel an regelmäßiger Seelsorge, die im Felde die meisten Soldaten nicht nachhaltig und umfassend zu erreichen vermag, beförderte diesen Rückschlag, der im Mangel an Gottvertrauen, im unrichtigen Gottesglauben, in der gerückten Stimmung und mannigfachem Vergehen seinen Grund hatte. So lautet* *denn das Urteil durchweg: Viele wollen von Religion und Sittlichkeit nichts wissen. Die sich breitmachende Laxheit nimmt immer mehr zu und bildet eine große Gefahr. Der Krieg hat auch hier wie eine Feuerprobe gewirkt. Wer vor dem Kriege wahrhaft religiös war, der ist es im Kriege geblieben, wovon die Zahl der beim Feldgottesdienste Kommunizierenden Zeugnis ablegt. Bei vielen aber, die vor dem Krieg religiös lau waren und nur äußerlich ihre religiösen Übungen verrichteten, hat das Scheidewasser des Krieges den Rest zerstört. Das trifft bei den Protestanten in weit höherem Maße zu als bei den katholischen Soldaten, wenn auch von diesen gar mancher nichts mehr von Gott und Kirche und Sakramentenempfang wissen will. Das militärische Leben ist eben zu sehr auf das Diesseits gerichtet."*[296]

Krieg und Berufung

Es gibt Berichte vom Überlebenskampf der Soldaten, die ihre spätere klerikale Laufbahn mit ihrer Rettung in Verbindung bringen. Ein sogenannter Anstaltskurat Freiberger erzählt in einem kleinen, von der Erzdiözese München-Freising nach dem Krieg herausgegebenen Buch über die im Kampf beteiligten Theologie-Studenten und Kleriker von einer wundersamen Rettung in wahrhaft allerletzter Not. Bis in den November 1918, so der Leutnant der Reserve, sei er in allen Kämpfen unversehrt geblieben. Das Schicksal – Freiberger fragt, ob es Zufall oder Fügung Gottes gewesen sei – ereilte ihn am Allerheiligentag 1918. *„Mittags gegen 12 Uhr, wie man mir später erzählte, schlug ein Granatvolltreffer direkt neben mir ein, als ich bei einem neuerlichen Angriff vorne und Sperrfeuer auf die Reservestellung, wo wir waren, als erster den Unterstand verließ. Ich lag scheinbar leblos, wie zu Tode getroffen, am Boten, blutend am ganzen Körper, von neun Splittern verwundet: Gehirn-, Augen-, Unterkiefer-, Hals-, Lungen- und Unterschenkelschuß. Nachdem nicht das geringste Lebenszeichen vorhanden war, legten mich meine Leute neben einer Mauer nieder und bedeckten ‚die Leiche' ihres Kompanieführers mit einer Zeltbahn. Nach ein paar Stunden bekamen sie Befehl zum Rück- und damit zum Heimmarsch. Beim Abschiednehmen vom ‚toten Kompanieführer' sahen sie einige Lebenszeichen an der offenen, rechten Gehirnwunde. Nach Anlegen eines Notverbandes schleppten sie mich zurück ins Feldlazarett 2, in Montcornet. Dort bekam mich glücklicherweise ein Kamerad meiner Heimat,*

Georg Besenrieder, in die betreuende Hand. Und er bat den einzigen noch anwesenden Arzt, Dr. L., er möchte mich noch verbinden. Währenddessen aber ließ der Puls vollkommen nach, so daß der Arzt dem Sanitäter befahl, vor dem Aufbruch des Lazaretts mich noch schnell in den Friedhof zu tragen und dort zu beerdigen. Der Sanitäter besorgte diesen ‚Liebesdienst' an mir, grub mir ein Soldatengrab, holte den Feldgeistlichen, Pfarrer R., erzählte diesem noch kurz, daß er mich kenne und daß ich von seiner Heimat Moosburg sei und – daß ich wahrscheinlich Priester geworden wäre. Und dieses Wort allein sollte mir das Leben retten. Mit der Bemerkung: Da müssen wir ihm doch noch ein Grabkreuz auch aufs Grab stecken, schickte der Feldgeistliche den Sanitäter fort. Und bis dieser mit dem Holzkreuz zurückkam, zog der Geistliche den Verband zurück, um die Kopfwunden näher zu betrachten. Und er sah, daß der offenliegende Puls noch ein wenig Leben zeigte. Das aber war mein Glück, die wunderbare Fügung Gottes, daß gerade ein Priester am offenen Grabe, in letzter Minute noch, wie von der Hand Gottes geführt, an mir Lebenszeichen sehen und so mein Leben retten durfte ..." Die Erzählung klingt realistisch, weil wenig ausgestaltet, und doch wird offensichtlich, welches Verständnis in der Zeit von Kirche und Berufung bestand. Der Kuratus wird natürlich seine beabsichtigte Laufbahn mit seiner Errettung in Verbindung bringen, womit die übernatürliche Zusprechung eher mit seinem Amt – dem des Feldgeistlichen – verknüpft wird, der Schutz des Herrn seinen besonderen Dienern gegenüber.[297]

Feldpostbriefe

Eine wichtige Quelle der geistlichen Mentalitätsgeschichte des Krieges stellen die Feldpostbriefe der Soldaten dar. Sie waren Laien, standen anders als die Kleriker nicht in einem Gehorsamsverhältnis zur kirchlichen Hierarchie. Die Bindung und die Hörigkeit den Geistlichen gegenüber waren dessen ungeachtet groß. Geschrieben unter dem Eindruck von Kampf, Tod und Elend, sind sie oft Zeugen der innersten Gedanken der Soldaten. Während des Ersten Weltkriegs wurden annähernd 29 Milliarden Briefe und Karten befördert. Soldaten konnten Briefe und Karten mit der Feldpost portofrei versenden. Teilweise waren dies sogar Fotografien von der Front, handschriftlich kommentiert. Die schriftlichen Zeugnisse sind authentisch, sie kritisieren die Verhältnisse vor Ort, zeugen von der Sehnsucht nach der Heimat und der Hoffnung, bald zurückkehren zu können. Am Rande des Untergangs, spielen religiöse Gefühle und nationale Empfindungen eine große Rolle. Aus der heutigen Sicht mag manches sehr unkritisch klingen. Für die Soldaten des Krieges waren die Briefe ein Weg, die eigene Situation sich selbst und den Verwandten in der Heimat gegenüber zu legitimieren. Kritik an den politisch Verantwortlichen findet sich selten. Häufig wurden Kaiser und Reich in Schutz genommen und religiös überhöht, genau so, wie wir es schon aus den Predigten und öffentlichen Stellungnahmen kennen. Für die Angehörigen waren die Frontbriefe nicht nur eine Informationsquelle, zuvorderst waren sie ein Lebenszeichen. Wer schrieb, hatte zum Zeitpunkt der Abfassung des Briefes noch gelebt.

„Seelenzeugnisse"

Die Bedeutung der Soldatenbriefe wurde schon von Zeitgenossen erkannt. In einem Hirtenbrief, den der Breslauer Fürstbischof Bertram im August 1918 an die Katholiken seiner Diözese schrieb, greift er immer wieder auf Briefe aus dem Feld zurück, zitiert Passagen. Vor allem kategorisiert er sie, um quasi aus erster Hand das Leid des Krieges und den daraus scheinbar erwachsenden Glauben zu demonstrieren. Die Briefe waren für den Bischof originäres Seelenzeugnis: *„Die Briefe, die sie* [die Soldaten, M. L.] *hingeworfen haben, oft zusammengekauert im Unterstande, oft angelehnt an einen Baumstamm, geschrieben mit Händen, die zitterten nach furchtbarer Schlacht, zuweilen benetzt mit Tränen, wenn ein Familienvater am Abend vor dem Sturm in der Ahnung des sicheren Todes Abschied nahm von Weib und Kind –, solche Briefe bieten einen tiefen Einblick in das Innenleben des katholischen Mannes. So ungern auch ein Mann sein Innenleben offenbart, hier bricht alles das mit elementarer Gewalt durch, was er sonst stets vor anderen scheu wie ein Geheimnis verhüllt."*[298] Die Briefe, die Bertram anführt, sollten wohl Stärkung in einer ungewissen Zeit wie auch eine Art Trost darstellen, da die, die gefallen sind, dies doch eigentlich im festen Glauben getan haben. *„Was im Kampf und Not und Todesgefahr die edelsten Söhne des Volkes empfunden und erfahren haben, was sie aus dem Felde an die Teuern daheim in tiefer Ergriffenheit schreiben, das soll euch, liebe Diözesanen, ein heiliges Vermächtnis sein."*[299] Wenn man sich den Brief Bertrams heute durchliest, mutet er wie eine nachträgliche Vereinnahmung der Gefallenen und ihrer schriftlichen Äußerungen an, die ja nur für den privaten Rahmen gedacht waren. Im Kontext des letzten Kriegsjahres kamen sie vielleicht einer seltsamen Mischung aus Verzweiflung, Angst und Trauer entgegen, die sich mit tradierter Volksfrömmigkeit mischte.

Feldpost ist oft ein Glaubenszeugnis gewesen, wie die Lektüre beweist. Teils mit viel Optimismus geschrieben, vergleichbar dem berühmten Pfeifen im Wald. Natürlich galt das Geschriebene den Angehörigen, doch in gewisser Weise, stellten die Briefe und Karten eine Art der Selbstvergewisserung im Glauben dar, wie ein Blick in einige Briefe von Katholiken beweist.

Erhalten sind Briefe von einfachen Soldaten, von Theologen und Geistlichen, die als Soldaten kämpften, und von Feldgeistlichen. Adressaten sind Verwandte, Freunde, aber auch Geistliche, die man von zu Hause kannte. Herausgehoben wurden besondere Gottesdienste, die, obzwar oft unter einfachsten Bedingungen gefeiert, einen großen Eindruck auf die Soldaten machten. Am 22. August 1915 schreibt der Soldat Wilhelm St., ein lediger Arbeiter aus Comines, an seinen Pfarrer in der Heimat: *"Denn nach sechstägigem Grabendienst ist heute Gottesdienst! Mit schweren Schritten kamen sie zu Hunderten dahermarschiert, die gestern noch auf den blutgetränkten Gefilden Flanderns zwischen Leichen und Massengräbern Haus und Herd mit eiserner Faust verteidigen. Seelischer Frieden spiegelt sich in den Augen."*[300] Der Gottesdienst wurde zur Auszeit, zum Ruheraum der inneren Einkehr. Karl Aldag, geboren am 26. Januar 1886 und Student in Marburg, schreibt am Martinstag 1914 aus Flandern: *"Heute, am 13. November, um 10 Uhr, war Feldgottesdienst. In einer Dorfkirche, die schon als Krankenlazarett gedient hatte und in der Stroh lag, die mit Gewächshauspflanzen und Blumen ausgeschmückt war, verlas ein evangelischer Divisionspfarrer eine Bibelstelle, wir sangen ein Lied (‚Mir nach, ihr Christen'). Dann folgte eine Predigt, dann wieder der Choral ‚Nun danket alle Gott'. Es war eine ergreifende Feier, voll Heimatgedanken, voll nach innen gekehrter, männlich tiefer, schmerzlicher Andacht, gläubigen Hoffens, frommen Dankes. Die Leute erzählen sich untereinander viel davon, wieviel frommer unser Volk geworden sei durch diesen Krieg; es ist rührend, die Leute so von selbst zu unsereinem vertrauensvoll davon reden zu hören; Spötter wagen nicht mehr laut zu werden, oder gibt es gar keine mehr? – Ich danke der lieben Mutter für den kleinen Gottesgruß aus dem Psalter, der mir innig wohlgetan hat. Und so lebt denn wohl, Ihr Lieben, mit denen ich immer zusammenlebe in dieser großen, starken, andächtigen Zeit, an die zu denken mich stärkt und frömmer macht."* Karl Aldag fiel am 15. Januar 1915 bei Fromelles.

Der Gottesdienst spiegelte in seinem vertrauten Ritual die Heimat wider, wirkte angesichts der Umgebung gleichzeitig aber surreal. Der Medizinstudent Wilhelm Spengler beschreibt 1917 in einem Buch seine Kriegserlebnisse, besonders einen Gottesdienst vom August 1914: *"Es war eine eigenartige Feier. Oft wurden die Worte der Liebe und des Friedens durch das donnernde Krachen der Geschützsalven unterbrochen. Besonders ergreifend war das Gebet auf freiem Felde. Tausend schmutzige, hungrige, rauhe Gestalten beugten sich vor dem Einen, der über uns allen steht. Hier gab es keine Konfessionen, keine Parteien, nur elende Menschen, die jede Sekunde sterben konnten, die alle angewiesen waren auf den Schutz und die Gnade des allmächtigen Gottes. Und als der Geistliche den Segen und die Absolution erteilte, glänzten Tränen der Reue und Dankbarkeit in aller Augen. Wortlos gingen wir zu unsern Lagerstätten im Walde zurück und gedachten der Lieben in der*

Heimat. ... Auch ich fühlte in mir eine ruhige, sichere Überlegenheit allem irdischen Unglück gegenüber."[301]

Viele Soldaten berichten, wie sie Schuppen und Hütten oder Ecken in Schützengräben herrichteten, um einen Gottesdienst zu feiern. Ein nicht überlieferter Unteroffizier teilt seinen Eltern im Oktober 1914 aus der Champagne mit: *„Ich und noch ein Unteroffizier saßen am Samstagabend beisammen und kamen auf das Gespräch, daß am folgenden Tage Sonntag sei. Wir bedauerten, daß wir seit langem nicht mehr in der Kirche waren, und beschlossen nun, am nächsten Morgen mit unsern Kameraden ein paar Lieder zu singen und einige Vaterunser zu beten. Nun hatten wir uns ein kleines Häuschen in die Erde gebaut und ein spitzes Dach von Baumstämmen gemacht; ich sagte, das soll unsere Kirche sein, und die andern stimmten zu. Ich machte ein Kreuz aus Holz und schrieb auf das Querstück die Worte ‚Gelobt sei Jesus Christus‘, und hing dann einen Rosenkranz darauf. Das stellte ich vorne auf und ein brennendes Licht davor. Dann begann der Gottesdienst. Wir sangen alle zusammen ein paar schöne Lieder und beteten einige Vaterunser ... Unser Leutnant war unterdessen gekommen und beteiligte sich auch am Gottesdienst und hielt dann eine wunderschöne Rede, geradezu herzergreifend. Diesen Augenblick werde ich nie vergessen, so rührend wie es war. Alle Kameraden standen gesenkten Hauptes da und beteten und sangen mit, auch die rauhesten Brüder. Ich hätte beinahe weinen müssen. Ich vergesse nie, zum lieben Gott zu beten; der wird alles zum Besten lenken. Hoffentlich habe ich das Glück, noch einmal zu Euch zurückzukehren ..."*[302] Der Brief wurde am 21. November 1914 in der Kölnischen Volkszeitung veröffentlicht.

Die Symbole der katholischen Liturgie – zu Beginn des 20. Jahrhunderts, also vor der Liturgiereform, sehr ausdrucksstark – verfehlten ihren Eindruck auch im Schützengraben nicht. Josef Wimer, Leutnant, notiert fast überschwänglich von der Ostfront: *„So oft ich Gelegenheit habe, der heiligen Messe beizuwohnen, bin ich glücklich ... Kein eucharistischer Kongreß ist so eindrucksvoll wie eine stille Messe im Schützengraben. Die Gedanken im Krieg sind allzuleicht auf den Alltag gestimmt ... Da besucht uns nun mitten im Kampffeld bei dem Getöse der platzenden Schrapnells und Granaten, der krepierenden Minen und Wurfgranaten unser göttlicher Herr und Meister. Durch das Machtwort des Priesters in der heiligen Messe auf dem Feldaltar läßt er Wein und Brot in sein heiliges Blut und Fleisch verwandeln, um bei uns zu sein. Das ist Kameradschaft! Durch seine Gegenwart wird uns das Kampffeld zum Gottes-*

dom, die Auftritte des Schützengrabens werden zum Betpult, die platzenden Geschosse zur Orgelbegleitung, Unterstand und Stollen zum Beichtstuhl. Man vergißt Krieg und Umgebung, schaut die heiligen Handlungen des Priesters am Altar ..."[303]

Ob die katholische Lehre und die katholischen Rituale einen besonderen Einfluss auf die Moral oder die Handlungen der Soldaten hatten, kann pauschal nicht aus den Briefen herausgelesen werden, selbst wenn hier und da von Heldentaten berichtet wird. Die hat es sicher auch in anderen Kontexten gegeben. In den von katholischen Vertretern herausgegeben Büchern wird natürlich ein besonderer Wert darauf gelegt, den Mut, die Staatstreue und die Loyalität sogar der Katholiken herauszustellen. Josef Wimer ist auf jeden Fall von der Kraft des katholischen Glaubens überzeugt: *„Die heilige Messe und Kommunion bilden für den katholischen Soldaten die eiserne Portion, die Mut und Kraft verleiht zu treuer Pflichterfüllung bis zum letzten Atemzuge ... So ist denn die Sehnsucht nach dem heiligen Meßopfer unter den Feldgrauen groß."*[304]

An einigen Stellen wird deutlich, wie katholische Regularien der Religionsausübung im Wege standen. Ein unbekannter Musketier zeigt sich 1915 erleichtert über eine pragmatisch-katholische Lösung, die einen Verstoß gegen das Nüchternheitsgebot ermöglichte: *„Alles lagert sich schweigend im Unterstand. Der Hunger wird gestillt und die Gedanken durcheilen alle Welt. Wer weiß, was es heute noch gibt. Ich muß meinem Magen nochmals Nahrung zuführen. Und der Feldgottesdienst, meine Fronleichnamsfeier? – Es ist Krieg! Der gute Gott wird den Willen für die Tat nehmen. Also Ruhe und laß dich nicht durch den tönenden Schlachtenlärm da drüben stören. Doch bald gegen 4 Uhr läßt er nach. Meldereiter heben für uns den Alarmzustand auf. Gott sei Dank! Wie will ich beim Gottesdienst ihm danken? Aber bin ich denn noch nüchtern? Nein! Der gute Geistliche aber kennt durch Gottes Gnade unsere Not. Er verkündet: ‚Angesichts des Krieges hat der Heilige Vater allen im Felde stehenden Soldaten erlaubt, auch die heilige Kommunion zu empfangen, wenn sie nicht nüchtern sind.' Welches Glück! Beichte, Hochamt am Altare im grünen Hain, Hunderte von Gläubigen beten den verborgenen Gott an und empfangen ihn in der Brotgestalt andachtsvoll ... Das war schön! Und des andern Tages ging ich frischen Mutes in den Schützengraben."*[305]

Bekehrung Frankreichs vom Laizismus

Es gab bei den Soldaten bekanntermaßen das Bewusstsein, eine Art Kreuzzug für das Christentum in das säkulare und durch Laizismus geprägte Frankreich zu führen. Der Maurer Heinrich Lehde schreibt deswegen am 4. November 1914 an seinen Pfarrer: *„Hochverehrter Herr Pastor! ... Unser Paderborner Landsturmbataillon erregt darum vielfach Aufsehen, wenn manche Mannschaften, die dienstfrei sind, sich morgens und besonders Sonntags am Gottesdienste beteiligen, während man von den eigenen Ortseingesessenen kaum ein Dutzend Leute sieht, darunter selten eine Mannsperson. Ebenso finden sich auch nicht, wie bei uns, eine Reihe Kinder ein. Vielfach müssen Leute aus unseren Reihen noch den Meßdiener ersetzen. Die Herren Geistlichen, meistens alte, würdige und sehr entgegenkommende Leute, scheinen dieser religiösen Lauheit im Volke machtlos gegenüberzustehen. Schon das Äußere, wie auch vielfach die innere Ausstattung der Kirchen zeigen, wie wenig das reiche Frankreich für seinen Herrgott übrig hat. Ja, es ist jammerschade, sehen zu müssen, wie der Ortsgeistliche kaum den nötigen Unterhalt in seiner Gemeinde findet. Er ist darum uns recht dankbar, wenn viele unserer Kameraden ihn um das Lesen von heiligen Messen bitten, wofür dann gern ein entsprechendes Almosen in Geld von unserer Seite gespendet wird ... So ist es also um die Religion Frankreichs bestellt ... Möge darum der große Krieg im Westen Europas als schönste Frucht Religion und Sitte unsern Feinden wiederbringen. Das wäre wohl die höchste und schönste Kriegsentschädigung für uns, die wir hoffentlich den Sieg davontragen werden."*[306]

Noch viel enthusiastischer artikuliert dies ein unbekannter Apotheker in einer Beobachtung vom Fronleichnamsfest vom 3. Juni 1915 aus Frankreich, der in der Kölnischen Volkszeitung am 12. Juni 1915 veröffentlicht wurde: *„Zum ersten Mal seit Kriegsbeginn tönen zur heiligen Wandlung die Glocken weit in das Land hinein. In den Herzen der gläubigen Franzosen mögen sie wehmütige Erinnerungen wachgerufen haben, denn neun Jahre sind es her, seit man hier das Fronleichnamsfest mit Prozession zum letztenmal feierlich beging. Die Prozession beginnt. Die Straßen sind geziert und mit Blumen gestreut. An einzelnen Fenstern hängen Heiligenbilder, welche die Bewohner beim Verlassen der Burg zurückgelassen. Unsere Landsturmleute haben sie dort angebracht ... Dem Kreuz, von einem Soldaten getragen, folgt die Musikkapelle. Fromme Weisen spielend. Krankenschwestern in blütenweißen*

Schleiern tragen brennende Kerzen, Barmherzige Brüder schwingen das Rauchfaß. Dem Sanktissimum folgen Offiziere und die Delegierten, dann die Beamten, das Personal der Post und der Eisenbahn, der Landsturm und die Genesenden, Soldaten aller Waffengattungen; Infanteristen und Kavalleristen, Kraftfahrer und Pioniere. Alle Gegenden unseres Vaterlandes sind vertreten, Rheinländer und Württemberger, Bayern und Schlesier. Den Zug schließt eine Abteilung gefangener Franzosen. In dem benachbarten Dorfe E... haben unsere Truppen Fronleichnam gefeiert. Hier beteiligte sich auch die Bürgerschaft an der Prozession. Das ärmliche Dorfkirchlein mit seinen zerbrochenen Fensterscheiben, in dem schon lange die Vögel ihr Heim aufgeschlagen haben, ist festlich herausgeputzt mit Rote-Kreuzfahnen und Blumengewinden. Deutsche Flaggen umgeben das Tabernakel und stechen mit ihren Farben kraftvoll ab von dem vergilbten Blau-Weiß-Rot der französischen Trikolore ... Vor 15 Jahren hat dort die letzte öffentliche Feier zu Fronleichnam stattgefunden! Ein von Mannschaften gebildeter Gesangchor singt unter Leitung eines rheinischen Lehrers deutsche Fronleichnamslieder, deren getragene Weisen sich deutlich unterscheiden von den lebhaften Klängen der französischen Kirchenlieder. Mitglieder der freiwilligen Sanitätskolonne tragen den bescheidenen Baldachin und geben dem Sakrament das Ehrengeleite ... So haben ‚deutsche Barbaren' in dem ‚katholischen' Frankreich das Fronleichnamsfest wieder zu Ehren gebracht."[307]

Der Krieg wurde also auch hier, in der privaten Post, nicht nur auf dem Schlachtfeld geführt, sondern ebenso in geistlichen Sphären. Die Kirche Frankreichs lag aus Sicht der Kämpfenden danieder, in Armut und Laizismus gefangen. *„Die Franzosen"*, protokolliert ein unbekannter Landsturmmann an seinen Heimatpastor, *„machen große Augen, daß wir soviel zur Kirche gehen, und die Geistlichen freuen sich. Die Geistlichen hier sind doch in einer traurigen Lage; ich weiß nicht, wovon die Herren leben; denn die Franzosen lassen doch keine Messen lesen. Wir gingen in diesen Tagen mal in unserem Zuge herum und fragten, wer eine Messe lesen lassen wollte. Da meldeten sich alle; denn wir sind alle katholisch. Und wir sammelten ... Und unser Lehrer B. von M. der ging damit zu dem alten geistlichen Herrn und gab sie ihm; er sollte Messen dafür lesen. Der hat sich sehr darüber gefreut; er wollte die Messen sofort für uns lesen. Der alte Herr ist sehr freundlich und hat sich tausendmal dafür bedankt. Aber leider können wir den guten Mann nicht verstehen; ... Die Franzosen hier gehen nicht zur*

Kirche; die machen des Sonntags jede Arbeit. Vor der Kirchentür wächst Gras ..."[308] Ein Soldat namens Anton Hillebrand wusste sogar zu berichten: „*In einer verlassenen französischen Dorfschule fanden deutsche Soldaten die von dem geflüchteten Schullehrer auf die Tafel geschriebenen Worte: ‚Dieses ist das Ende Frankreichs, das Ende jenes Landes, das keinen Gott mehr kennen wollte'.*"[309]

Manche Soldaten reflektierten die Situation, in der sie sich befanden und stellten sie entweder in einen religiösen Heilskontext oder in einen nationalen Kontext. Der Theologiestudent Karl Josenhaus aus Tübingen, geboren am 4. Oktober 1892 in Leonberg, schreibt am 21. November 1914 aus Schloß Hindenburg: „*Es ist gut, daß der Mensch auch vergessen kann und daß vieles in der Erinnerung verblaßt, somit müßte man unter dem bald zusammenbrechen. Ihr begreift, daß einem der Horizont da sehr klein wird, an die allgemeine Lage sonst kann man nicht denken, und man ist geneigt, seine eigene Lage auf das übrige zu übertragen. Mein einziges Gebet war in den letzten Tagen: ‚Herr, es ist genug!' Und gerne hätte ich mit Elias weitergesprochen. Aber wir müssen auf unserem Posten bleiben, das bleibt uns bei allem Schwerem fest in der Seele. Eben spielte die Musik draußen: ‚Lobe den Herren, den mächtigen König der Ehren!' Soweit sind wir zwar noch nicht, aber an dem Glauben, daß es Gott trotz allem zum guten Ende führt, werden wir nicht irre, sonst wären wir heute besser tot als morgen.*" Karl Josenhaus ließ am 29. Januar 1915 in den Argonnen sein Leben, zwei Monate nach Abfassen des Briefes.

Seel-Sorge als Kriegs-Sorge

Ernst Laile, Leutnant, trägt am 7. Oktober 1914 aus dem belgischen Mons einem Freund voller Überzeugung vor, dass die nationale Sache auch die heilige sei: „*Ja, ich glaube selbst bestimmt, wenn das deutsche Volk nicht mit so aufrichtigem Herzen seinen alten guten Gott um den Segen auf die Waffen erflehen würde, wenn es nicht mit Asche auf dem Haupte reuige Buße tun würde, wir bis zur Stunde nicht die erreichten Erfolge aufzuweisen hätten. Glaube mir, mein Lieber, unter dem Soldatenherzen da erwacht und schlägt jetzt in der Stunde der Gefahr ein Gottvertrauen, ein felsenfester Glaube, ein Opfermut mit einer Todesverachtung, die nur Gott allein in das Herz und die Seele des deutschen Soldaten legen kann ... Vor der ersten Schlacht kniete alles auf den*

Knien, der Priester gab die Generalabsolution, alles betete! Vieles stand auf dem Spiele. Der Priester ruft selbst noch: ‚Siegen oder sterben' und geleitet die Soldaten mit seinem Gebet nach dem Feind ... Plötzlich ein fürchterliches Feuer von Maschinengewehren, und Schrapnells sausten wie Regentropfen herab. Keine Sekunde wankten unsere Kerle; zur Deckung warfen sie sich einen Moment hin, und nun begann ein rührendes, edles, mir nie vergeßliches Bild. Wie aus einem Mund erscholl der Ruf: ‚Jesus, hilf, Jesus, hilf'; alles flehte mit erhobenen Händen, darin aber das Gewehr. Nun aber brachen unsere Löwen los, den Namen Jesus auf den Lippen und erstürmten mit entladenem Gewehr, nur mit dem Bajonett mit bewundernswerter Tapferkeit die letzte feindliche Stellung ... Nach dem Sturm kniete mancher nieder und dankte Gott nicht nur für die Errettung, sondern auch dafür, daß Gott uns den Sieg gegeben hat."[310] Der Brief zeigt zugleich aus soldatischer Sicht, welchen moralischen Impetus die Feldgeistlichen hatten. Was sie taten, war oft mehr als bloße Seel-Sorge, das war Kriegs-Sorge im Sinne des Kaiserreiches.

Gottergebenheit

Der Kampf und die Erschwernisse, die der Stellungskrieg mit sich brachte, stellten zwar eine persönliche Belastung dar, sollten aber dadurch abgemildert werden, dass man sich von Gott in die Situation hineingestellt fühlt, wie in eine unangenehme Aufgabe, die es zu erledigen gilt. Ebenfalls Theologiestudent war der am 16. Dezember 1892 in Tiefenstockheim geborene Albin Müller. Er schreibt am 19. Januar 1915 aus Comines: *„Bei uns regnet es fast alle Tage. Ihr macht Euch keinen Begriff, wie dreckig man wird, naß bis auf die Haut. Heute mußten wir uns in einen solchen Dreck legen, daß es mich zuerst gruselte. Dann aber in Gottes Namen frisch hinein! Und während andere fluchten, dachte ich an die Erzählungen von unserem heiligen Vater Franziskus, wie er zu einem Bruder spricht: ‚Und wenn wir jetzt heimkommen, durchnäßt und schmutzig, und klopfen an die Klostertür und der Pförtner schlägt und sagt: ‚Ihr seid Diebe', Bruder, dann sind wir erst wahrhaft glückselig'."* Albin Müller starb am 28. März 1915 in einem Lazarett in Tourcoing.

Johann Heidenreich, Krankenträger eines bayerischen Infanterie-Regiments, verfasst am 12. Dezember 1914 in Dompierre seinen postalischen Bericht: *„Unsere Aufgabe, die Verwundeten zurückzuschaffen,* *ist eine sehr gefährliche und kann nur bei Nacht geschehen, damit wir nicht gesehen werden. Wir haben jede Woche zwei Rasttage ... Mit Freuden begrüßt uns immer unser guter Militärpfarrer bei unserer Ankunft. Überfüllt ist die Dorfkirche am Morgen bei der heiligen Messe von andächtigen Betern. Gestärkt durch das heilige Meßopfer und aufgemuntert durch eine herzliche Ansprache verlassen wir wieder das Gotteshaus mit frohem Mute, um uns abends nochmals zu einer Andacht zu versammeln. Es ist rührend, wie die äußerlich rauhen Kriegsmänner innbrünstig beten. So recht ist hier der Spruch angebracht: ‚Wahrlich, das ist der richtige Mann, der fechten und auch beten kann!' Ein französischer Pfarrer, der ein Feldlazarett besuchte, sagte: ‚Die Deutschen kämpfen wie die Löwen und sterben wie Heilige.' Wahrlich schön gesagt! Wiederholt finden wir Tote auf dem Schlachtfelde, die eine Hand mit dem Rosenkranz umschlungen, in der anderen das Soldaten-Gebetbüchlein. So muss der Sieg unser sein ..."*[311]

Wie sehr man das Schicksal, im Kampf für Deutschland zu fallen, als gottergeben betrachtete, zeigt der Brief des Theologiestudenten Alfons Ackerbrand aus Freiburg, geboren am 31. Oktober 1893 in Böhrenbach. Er schreibt am 11. März aus Souchez: *„Ich sehe den Tod und rufe dem Leben. Wenig geleistet hatte ich in meinem kurzen Leben, das doch meist mit Studium angefüllt war. Gott dem Herrn habe ich meine Seele befohlen, in ihm habe ich sie ganz und fest versiegelt. Frei bin ich, alles zu wagen. Meine Ewigkeit gehört Gott, mein Leben dem Vaterland, mir selbst aber bleibt übrig Freude und Kraft. Vaterland, Heimat! Wie oft habe ich mich deiner Wälder erfreut, deiner Berge! Nach euren Söhnen verlangt ihr jetzt, und, ach, ich habe den Ruf vernommen und komme, trete in die Reihen der Kämpfer und bleibe treu bis zum letzten. ‚So lebt denn wohl, ihr Eltern und Geschwister! Wir reichen uns zum letztenmal die Hand. Und sehen wir einander niemals wieder, so hoffen wir auf jenes beßre Land.' Es ist schmerzlich, fern der Heimat sterben zu müssen, ohne daß ein liebendes Auge auf einen blickt. Ein Grab daheim im Kreise der Lieben, ein Grab, zu dem die Liebe kommt und weint und betet, wird wenigen Kriegern vergönnt sein. Doch still. Der Vater im Himmel hat den Schutzengel beauftragt, daß er den Sterbenden des Sterbens Not versüße; dieser beugt sich liebevoll zu ihm nieder und zeigt ihm schon den Kranz, den unverwelklichen, der oben sein Haupt krönen soll. ‚Und so will ich wacker streiten, sollt' ich auch den Tod erleiden.'"* Widerstand gegen einen ungerechtfertigten Krieg hört sich anders an. Alfons Ankerbrand wurde ein Opfer des Krieges und fiel in Souchez, am 25. April 1915.[312]

Ähnlich äußert sich der Soldat Kaspar Klein in einem Brief vom 1. Mai 1915 an seine Eltern: *„Liebe Eltern! Wenn ihr diesen Brief erhaltet, ruhe ich bereits in kühler Erde. Morgen ist Sturmangriff auf der ganzen Front hier, wobei ja wieder manchen der Tod ereilt, der es heute vielleicht noch nicht meint; vielleicht ist nach Gottes Ratschluß mein Leben auch abgelaufen; wie Gott will, er weiß es, wie es am besten ist ... Und sollte es Gottes Vorsehung beschlossen haben, daß keiner von uns beiden* [Brüdern, Anm. M. L. Tatsächlich fiel der Bruder in Frankreich] *wiederkehrt, so könnt Ihr mit Stolz sagen: Sie starben den Tod fürs Vaterland. Tut mir bloß leid für den Schmerz, der euch bereitet wird durch meinen Tod. Tröstet euch mit dem Gedanken: Dort oben sehen wir uns wieder. Wo es keine Trennung mehr gibt. Um eins bitte ich euch: stiftet ein Andenken für mich in unserer Kirche, eine gestiftete Messe und einen Grabstein ... Lebt wohl, auf ein frohes Wiedersehen dort oben, wo es keine Klagen mehr gibt. Und nun hinaus in den Kampf mit Gott für König und Vaterland, zum Ruhme meines stolzen Regiments, das in der Geschichte wohl einzig dasteht."* Der Soldat lebte entgegen seiner Vorhersage noch einige Wochen; er fiel aber tatsächlich am 7. Juni 1915.[313]

Für Gott und Kaiser

Der Kaiser und seine Macht waren auch für den einfachen Soldaten absolut, ja, er galt ihnen als Schutzherr des christlichen Deutschlands. Konfessionen spielten in vielen Briefen keine Rolle mehr. Die Hoffnungen waren zunächst groß, später überwogen die Schrecken des Erlebten. Am 1. August, dem Tag der Mobilmachung, kann der Gefreite Joseph Stegherr aus Neu-Ulm seinen Eltern und Geschwistern noch berichten: *„Und jetzt ist die Zeit gekommen, da wir die Opfer, welche das Vaterland von uns fordert, freudig darbringen. Wenn man die jetzigen Zeiten, mit welchen unser deutscher Kaiser zu tun hat, betrachtet und seine ergreifenden Worte hört, so soll es für jedermann eine Freude sein, für ihn ins Feld ziehen zu dürfen. Ich ziehe ganz leicht ins Feld; ich vertraue auf Gott, und er wird es schon recht machen. Ich glaube kaum, daß der liebe Gott einen solchen Kaiser, wie wir ihn haben, während der Schlacht verlassen wird."*[314] Der Kaiser blieb bis 1918; Joseph Stegherr wird schon am 28. August 1914 tot sein.

Alois Rappenecker, Reservist, schreibt am 8. November 1914 aus Sin-le-Noble bei Douai an einen Geistlichen: *„Sehr geehrter Herr*

Pfarrer! [Wir] *hatten das Glück, einer Feldpredigt beiwohnen zu können. Obwohl der Geistliche Protestant war, so mußten wir doch sagen, er hatte durch seine ergreifenden Worte die Herzen sämtlicher anwesenden Krieger so gerührt, daß manche heiße Träne den biederen Männern über die Wangen rollte ... Überall im Heer herrscht ein Gottvertrauen, das sich überall sichtbar zum Ausdruck bringt; denn daß Gott mit unseren Waffen ist, hat jeder einzelne schon gesagt. Selbst der erbittertste Sozialdemokrat muß sich heute sagen: Gott war mit unserer Regierung und ist heute mit unserem Heer. Nur durch Gottes Hilfe können wir solche Siege erringen ... Warum siegen wir? Die Antwort lautet nur, weil wir mit Gottvertrauen für die gerechte Sache in den Kampf ziehen; denn unser Wahlspruch heißt: ‚Mit Gott für König und Vaterland' ..."*[315] Bemerkenswert an diesem Schreiben ist, dass selbst an der Front noch der tiefe Gegensatz zwischen Katholiken und der Sozialdemokratie durchscheint, der also durch die allgemeine Kriegsbegeisterung noch nicht aufgehoben scheint. Man verstand den Krieg als von vermeintlichen Feinden Deutschlands aufgedrängt. Der Kaiser habe, so die Überzeugung, ein schweres Los angenommen, welches man mit Gottes Hilfe schaffen werde. Beide Kaiser – der preußische wie der habsburgische – „*haben mit Gott, nur gezwungen diesen gerechten Krieg begonnen; und ein Herr, mit dem Gott ist, muß siegen*", zeigt sich ein Rittmeister im Dezember 1914 überzeugt.[316]

Sehr überschwänglich formuliert eine ähnliche Meinung der bayerische Artillerist Johannes Seitz am 7. März 1915: „*Sieben Monate sind bereits vergangen, seitdem uns der oberste Kriegsherr in des Vaterlands Not und Bedrängnis zu den Waffen rief. Freudig haben wir dem Rufe der schweren, heiligen Zeit Folge geleistet und zogen hinaus in den blutigen Kampf, in tausend Gefahren, Entbehrungen, Mühen und Leiden, zum Schutze unseres lieben, teuren Vaterlandes. Ja, was heißt denn Vaterland? Es heißt heilig Land! Weil es der Boden ist, wo unsere Wiege stand, wo wir unsere Kindheit verbrachten, großgezogen wurden, wo wir unsere Lebensexistenz gründen oder gegründet haben. Und dieses für uns so heilige Land wollen uns rachsüchtige, neidische Nachbarn entreißen, unsere Flure verwüsten, auf denen wir seit Jahren mit Lust und Freude gearbeitet haben ... Ja müssen wir dagegen nicht alles, alles einsetzen, ja sogar das Leben, das Teuerste? Es ist daher die heiligste Pflicht eines jeden deutschen Mannes, daß er auf seinem Posten steht und seine Pflicht getreu erfüllt ... Aber ein Krieg ist schon von alters her als ein Strafgericht Gottes betrachtet worden und ist gewiß nichts ande-*

res als eine Zuchtrute Gottes. Gott ist gerecht und läßt sich nicht durch falsche Vorspiegelung und Heuchelei täuschen, wie unsere Feinde die neutralen Staaten zu täuschen suchen. Gott wird gewiß der gerechten Sache zum Siege verhelfen ... Setzen wir den Fall, daß jetzt Frieden wäre. Wie würde da in unseren Herzen das Unkraut des Hochmuts emporschießen! ... Einer unserer tüchtigsten Heerführer im gegenwärtigen Kriege, Generalfeldmarschall Hindenburg, schreibt alle seine Siege dem Allmächtigen zu und nicht seiner Kriegskenntnis und Wissenschaft. Auch unser Kaiser Wilhelm II. setzt seine ganze Hoffnung auf Gott, sonst hätte er nicht bei Kriegsbeginn befohlen: ‚Gehet in die Kirche, fallet auf die Knie nieder und betet!' Wir aber wollen ausharren bis zum letzten Atemzug, getreu dem Eide, den wir ja geschworen haben für Kaiser und Reich ... "[317] Johannes Seitz starb am 6. Juni 1915 bei Neuville im Alter von 27 Jahren.

Und doch finden sich hier und da Abscheu und Abkehr ohne Beschönigung, wie der Brief des zwanzigjährigen Grenadiers Theodor Samson, geschrieben am 20. Dezember 1915 in Roye, an seinen Heimatpfarrer beweist: *„Lieber Herr Pastor, wenn Sie jetzt gern wissen wollen, wie mir der Krieg hier gefällt, dann muß ich aufrichtig sagen, er gefällt mir nicht. Es ist gar kein Krieg mehr, sondern nur ein Morden. Als ich hier mal an einem Kruzifix vorbei kam, mußte ich mich von Herzen schämen. Ich dachte: ‚Aus Liebe zu uns bist du am Kreuze gestorben, und wir können in unserem Haß uns gegenseitig nicht genug schaden.' Möge Gott nur bald dem Elende ein Ende machen!"*[318] Ob Reue mit im Spiel war, lässt sich im Nachhinein schlecht belegen. Eine Nachricht des Landsturmmannes Jakob Haslinger, Vater von sechs Kindern, geschrieben am 6. August 1915 in einem Soldatenheim in den Vogesen, legt dies zumindest nahe: *„Gottes heiligster Wille geschehe! Wir wollen beten, daß das deutsche Blut, welches geflossen ist und noch fließen wird, zum Geistigen Erwachen des gesamten deutschen Volkes sei, und daß unser Volk zu dem werde, wozu es Gott haben will: zu seinem Volk! Daß Gott uns alle durch den furchtbaren Krieg zur wahren Buße führen wolle!"*[319]

Ausharren und Menschlichkeit üben

Der Glaube hielt aufrecht, wie eine Nachricht eines Vizefeldwebels namens Josef an seine Schwester vom 13. März 1915, verfasst in einem Unterstand, zeigt: *„Wir wollen aber nicht Verdruß hegen über den Krieg* *und dem lieben Gott etwa Vorwürfe machen, weil er solange nicht mit dem Frieden einschreitet. Nein, wir wollen aushalten, auf Gott vertrauen und unser Kreuz mit geduldigem Herzen tragen, wie dies auch unser Heiland und Erlöser durch die Straßen Jerusalems getan hat. Denn mit Gottes Schutz sind wir bis in die Nähe des Meeres gezogen, um dort zu kämpfen als Deutsche und gute Christen. Gott im Himmel wird uns nicht zugrunde gehen lassen, wenn wir ihn um seine Hilfe bitten und auf ihn vertrauen ... Auch kann ich Dir mit Freuden mitteilen, daß ich auch hier in Feindesland schon dreimal meinen Gott und Heiland in mein Herz aufgenommen habe und mit ihm hinausgezogen bin in den Schützengraben, wo der Krieg mit seinen furchtbaren Schrecken haust."*[320]

Verschiedentlich berichten Soldaten, wie sie verwundete Feinde fanden, sie pflegten oder wenigstens beim Sterben begleiteten. Die Religion sorgt für Verbundenheit und Trost – in allem Schrecken. *„Von einem dieser Verwundeten muß ich einen Vorgang schildern. Derselbe erweckte mein besonderes Interesse. Aus seiner Hosentasche hing ein Kreuz, welches ich als das eines Rosenkranzes erkannte. Ich neigte mich zu ihm, zog den meinigen aus der Tasche und zeigte ihm denselben. Der arme Kerl erkannte in mir einen Glaubensgenossen. Vor Freude streckte er beide Arme aus, als ob er mich umschlingen wollte. Dann griff er mit der rechten Hand nach meinem Rosenkranz, indem er mir mit der linken den seinigen überreichte ... Ich holte noch einen Kameraden zu Hilfe. Wir trugen den Verwundeten zu unserem Verbandplatz, wo derselbe, nachdem unsere deutschen Kameraden versorgt waren, sofort verbunden wurde. Alles spiegelte sich angesichts des Feindes ab. Die Kugeln pfiffen um mich her, aber ich blieb unversehrt. Das war die göttlich Vorsehung – zwei Feinde und doch zwei Freunde."*[321]

Der Schrecken verlor durch solche Zeichen der Menschlichkeit und wahrem Katholizismus sein Gesicht nicht. Ein Graf von A. schreibt am 19. Dezember 1914 aus Russland an seine Cousine: *„Ich habe wieder böse Tage erlebt, so mit das Schlimmste, was ich bis jetzt durchgemacht habe ... Das hält der stärkste Mann auf die Dauer nicht aus ... Rätselhaft ist mir, wie Leute, die nicht an Gott glauben, so etwas aushalten. Allerdings macht ja der Krieg fromm und hat schon manchen zu Gott zurückgeführt. Letzthin sprach ich mit meinem Kameraden B. und meinem Hauptmann über die Religion ... Wie glücklich sind wir Katholiken, doch unsere klare, schöne Religion zu haben; das merkt man, wenn man sieht, wie andere ehrliche hervorragende Charaktere nach Wahrheit ringen und doch immer wieder vor einem Brett stehen, über das sie nicht* *hinwegkommen.*"³²² Bei allem Gottvertrauen blieb das Grauen nicht aus. Das konnte irgendwann nicht mehr verdeckt werden, so sehr man die Meinung in Deutschland positiv beeinflussen wollte. Die Hoffnung richtete sich auf die Heimat und darauf, dass, wenn man selber nicht mehr durchkommt, die Familie eine Zukunft haben möge. Ein Landsturmmann berichtet dem Vikar der Heimatgemeinde im Oktober 1916: *„Ich habe mir den Krieg früher nicht so schrecklich vorgestellt, wie er tatsächlich ist ... Vergeßt unser nicht in euern täglichen Gebeten, betet ohne Unterlaß, besucht wieder mit mehr Eifer die Kriegsandachten, schickt besonders die unschuldige Jugend in dieselben; empfangt, sooft ihr könnt, die heiligen Sakramente und opfert dieselben für uns auf.*"³²³

Die weiße Taube aus Rom – der Papst und der Frieden

„Gerne würde ich mein Leben hingeben, wenn ich den Frieden Europas erkaufen könnte", sagte Papst Pius X. am Vorabend des Ersten Weltkrieges. Er starb am 20. August 1914. Der Krieg war drei Wochen zuvor ausgebrochen. Den Frieden hat Pius X. mit seinem Leben nicht mehr erkaufen können. Man sagt, sein Herz sei über den Ausbruch der Gewalt zerbrochen.

Pius X.

Seit dem späten 19. Jahrhundert hatten sich herausragende Persönlichkeiten unter den Päpsten mit Friedensmissionen in internationale Fragen eingeschaltet. Leo XIII., jener Papst, der durch seine Sozialenzyklika bekannt wurde, vermittelte 1885 im Streit zwischen Spanien und dem Deutschen Reich um die Herrschaftsverhältnisse auf den pazifischen Karolineninseln. Gut dreißig Jahre später war der Pontifex Maximus erneut gefordert. Europa lag im Krieg, katholische Mächte kämpften auf beiden Seiten. *„In der Stadt auf den sieben Hügeln, im uralten, heiligen Rom beginnt ein Priester zu reden. Er, der irdische Stellvertreter des himmlischen Friedensfürsten, ruft den Völkern von einem Ende der Welt bis zum andern zu: Betet um Frieden! ... Darum mahnt er zu inständigem Gebet um das Ende des Blutvergießens um so dringender, je länger und wilder der Kampf der Waffen tobt. Und er legt allen die rechten Worte auf die Lippen. Denn über der einzelnen Nation und ihrem Siege steht das Reich Gottes und sein Kommen, dem letzten Endes das furchtbare Völkerringen dienen muß. Und der Haß macht blind, und die Leidenschaft kann, auch beim Vertreter der* *gerechten Kriegssache die wahre, gottgefällige, erhörungswürdige Gebetsstimmung trüben ... Darum heißt der Papst die Gegner hüben und drüben beten ..."*[324]

Schon gab es erste Friedensgesten von Papst Pius X., der sonst im heutigen Gedächtnis als derjenige Papst gilt, der mit allen Mittel versucht hat, die Kirche vor der Moderne zu „schützen", beziehungsweise die Moderne vor den Kirchentüren zu halten. Der Ausbruch des Krieges fiel zusammen mit den letzten Lebenstagen des später heiliggesprochenen Papstes. Noch am 2. August 1914 ruft Pius X. die Völker zum Frieden auf:

Wo fast ganz Europa in den Strudel eines überaus unseligen Krieges hineintreibt, dessen Gefahren, Niederlagen und Endausgang niemand auch nur flüchtig überdenken kann, ohne von Schmerz und Entsetzen gepackt zu werden, kann es nicht anders sein, als daß auch Wir aufs schmerzlichste getroffen und von bitterstem Herzenskummer gedrückt werden, da Wir für Glück und Leben so vieler Menschen, so vieler Völker zittern. In solch furchtbarer allgemeiner Wirrnis und Gefahr empfinden Wir in tiefster Seele die Forderung Unserer väterlichen Liebe und Unseres Apostolischen Amtes, die Herzen aller Christgläubigen mit aller Eindringlichkeit dahin emporzulenken, ‚von wo die Hilfe kommt', zu Christus meinen Wir, dem ‚Fürsten des Friedens' und dem mächtigsten ‚Mittler zwischen Gott und Menschen'. Zu seinem Thron der Gnade und Erbarmung mögen – so geht Unsere Mahnung – alle Katholiken auf der ganzen Welt herantreten, allen voran der Klerus, dem es zudem obliegt, nach Anordnung der Bischöfe, in jeder Pfarrei öffentliche Gebete abzuhalten, damit der barmherzige Gott, gleichsam überwältigt durch das fromme Flehen, die unheilvolle Kriegsfackel recht bald auslösche und in Gnaden den Staatshäuptern ‚Gedanken des Friedens und nicht des Unglücks zu denken' gebe.

Gegeben im Vatikan, den 2. August 1914[325]

Berühmt ist das Bekenntnis des Papstes, er würde sein Leben opfern, wenn er den Frieden Europas dadurch erkaufen könnte. Schon am 20. August starb er, ein Lebensopfer für den Frieden, das unerfüllt blieb. Am 3. September 1914 wurde Giacomo Marchesa della Chiesa als Nachfolger zum Papst gewählt, ein Italiener. Allerdings war della Chiesa der Favorit der deutschen und österreichischen Bischöfe.

Benedikt XV.

Der neue Papst wurde 1854 in Genua geboren. Nach dem Studium der Jurisprudenz und der Theologie wechselte Della Chiesa in den diplomatischen Dienst des Vatikans. Nach Meinungsverschiedenheiten mit Papst Pius X. wurde der Kleriker auf den prestigeträchtigen Stuhl eines Erzbischofs von Bologna berufen. Aus diesem Amt heraus wurde er zum Papst gewählt. Er nahm den Namen Benedikt an und war damit der XV. in einer langen Reihe von Vorgängern desselben Namens, die sich allesamt auf den Ordensgründer Benedikt bezogen.[326] Sein Familienname war durchaus sprechend, denn Benedikt war ein sehr kirchentreuer Papst. Die Wirren des Krieges standen im Zentrum der ersten Jahre seines Pontifikates. Benedikt war bemüht, Neutralität zu wahren. Das war notwendig, da katholische Völker auf verschiedenen Seiten kämpften. Dazu gehörte die Habsburgermonarchie, der sich der Vatikan besonders verbunden fühlte, weil man in ihr die letzte wirkliche katholische Großmacht erkannte. Tiefe Verbundenheit empfand man mit Belgien, wo der Katholizismus Staatsreligion war, und mit Frankreich und seiner mehrheitlich katholisch geprägten Bevölkerung (im Volksmund oft „die älteste Tochter Roms" genannt), in der sich der Staat als säkular und laizistisch verstand.

Schon wenige Tage nach seiner Wahl meldete sich Benedikt zu Wort. Er war gewillt, den Anti-Kriegskurs seines Vorgängers fortzusetzen. Dabei musste er mit seiner Diplomatie taktieren. Im Vatikan befürchtete man einen Kriegseintritt Italiens. Die Beziehungen waren, weil insgesamt ungeklärt, eh nicht die besten. Am 8. September 1914 veröffentlicht der Papst einen sogenannten *Mahnruf an alle Katholiken des Erdkreises, Ad universos orbis catolicos.*[327] Nach einleitenden Worten zu seiner Wahl spricht er über die Vorgänge in Europa. Er sei erfüllt *„mit Entsetzen und unaussprechlicher Bitterkeit"* über das *„furchtbare Schauspiel des Krieges". „Sahen wir doch einen so großen Teil Europas, mit Feuer und Schwert verwüstet, rot werden von Christenblut."*[328] Benedikt kündigt seine erste Enzyklika an – sie werde sich dem Frieden widmen –, will aber schon mit einem ersten Schreiben seine Besorgnis zum Ausdruck bringen. Er sehe dies als Fortführung der Aufgabe seines Vorgängers, so Benedikt. Kleriker und Laien rufe er zu Gebet und öffentlichen Andachten auf. *„Diejenigen aber, die die Geschicke der Völker leiten, bitte und beschwören Wir, schon die Gedanken darauf zu richten, all ihre Streitfragen dem Heile der menschlichen Gesellschaft*

Benedikt XV. (1854–1922), Papst von 1914–1922, gilt aufgrund seines Engagements im Ersten Weltkrieg als „Friedenspapst". (Wikipedia)

nachzustellen; zu bedenken, daß dieses sterbliche Leben schon in sich übergenug an Elend und Trauer hat. Als daß es noch elender und trauriger gestaltet werden sollte; sie mögen es genug sein lassen an dem, was an Ruinen schon geschaffen, was an Menschenblut schon geflossen ist; sie mögen also bald dem Friedensgedanken und der Aussöhnung näher treten."[329] Bemerkenswert ist die klare Beschreibung des Lebens, ohne Idealisierung und ohne jene Vertröstung, die Karl Marx dem Christentum noch fünfzig Jahre vorher in seiner Substanz unterstellt hatte. Bemerkenswert ist auch, dass der Papst von einer Gesellschaft spricht. Im lateinischen Original steht *societatis humanae*, ein Begriff, der nicht aus ursprünglich theologischem Kontext stammt und so die Diskussionen der vergangenen Jahrzehnte aufnimmt.

Der Papst fühlte sich als Gefangener des Vatikans, einem letzten Rest des Kirchenstaates. Selbst dieses Gefühl war von seinem Vorgänger übernommen und quasi vatikanische Staatsräson. Eine Beteiligung Italiens am Krieg würde, so war die Angst, die politische Bewegungsfähigkeit des Vatikans und seiner Vertreter massiv einschränken, vielleicht sogar die Neutralität gefährden, da der Vatikanstaat noch nicht als völkerrechtliches Subjekt anerkannt war. Benedikt versuchte über Einflussnahme katholischer Gruppen in der Republik, den Eintritt Italiens in den Krieg zu verhindern, was ihm nicht gelang. Italien trat am 24. Mai 1915 auf Seiten der Entente in den Krieg ein. Damit hörte die Zusage eines freien diplomatischen Verkehrs, dem Vatikan 1871 garantiert, auf. Außerdem gab es Absprachen zwischen Italien und der Entente, die den Papst neutralisieren sollten, es sei denn, der italienische Staat gäbe seine Zustimmung zu diplomatischen Initiativen der Kurie. Nach dem Kriegseintritt Italiens zogen am 24. Mai 1915 die Diplomaten Deutschlands und Österreichs aus Rom in die Schweiz. Man hatte zunächst beim Vatikan um Unterkunft angefragt, dort freilich mit Rücksicht auf den italienischen Staat eine Absage bekommen.

Die erste Enzyklika des Papstes zu seinem Antritt am 1. November behandelt ebenfalls den Frieden. Der Text erhielt den Titel *Ad beatissimi apostolorum* und stellt das geistliche Programm des neuen Papstes dar. Benedikt beklagt die traurige Lage zur Kriegszeit. Er schließt sich ausdrücklich dem Friedensaufruf seines Vorgängers an und appelliert an die Regierungen, eine Waffenruhe einzuleiten. Den Grund für Hass und Kampf sieht der Papst darin, dass, wie er sich ausdrückt, man sich von den Grundfesten des Christentums und seiner Lehren verabschiedet habe. Benedikt verbindet mit seinem Friedensaufruf eine Absage an jegliche Art von Modernismus, ja, er spricht sogar von einer „Entartung" des Denkens. Er betrachtet es als gemeinsame Aufgabe, dem Christentum als Grundlage von Sitte und Moral, von Frieden und Ordnung wieder Gültigkeit zu verschaffen. Den Weg zum Frieden sieht der Papst in einem Gleichgewicht der Kräfte. Die Autorität Gottes möge wieder im staatlichen Handeln anerkannt werden, das Heilige geachtet werden. Benedikt wendet sich gegen die Sozialisten und verweist auf katholische Vereine und Verbände, die geeignet seien, für die nötige gesellschaftliche Gerechtigkeit und Solidarität zu sorgen. Die mit der Enzyklika zum Ausdruck gebrachten Bemühungen um Frieden sollten in den nächsten Jahren sein Wirken beherrschen.

Am 28. Juli 1915 erlässt Benedikt ein sogenanntes Mahnschreiben[330] zum Jahrestag der österreichisch-ungarischen Kriegserklärung an Serbien, in dem er sehr deutliche Worte angesichts des Kriegsgeschehens findet. Der Text hat die Form einer Beschwörung der Kriegsparteien, dem mörderischen Treiben Einhalt zu gebieten.

Als Wir ganz ohne Unser Verdienst berufen wurden, dem überaus milden Papst Pius X., dessen heiligmäßiges und wohltätiges Leben durch den Schmerz über den kurz zuvor ausgebrochenen brudermörderischen Krieg verkürzt worden war, auf dem Apostolischen Thron zu folgen, empfanden auch Wir beim erschütternden Anblick der blutüberströmten Schlachtfelder die Qual eines Vaters, dessen Haus nach einem wütenden Orkan zerstört und menschenleer ist. Wir dachten mit unaussprechlichem Schmerz an Unsere jungen Söhne, die zu Tausenden vom Tod niedergemäht wurden. Wir hörten in Unserem Herzen, das die Liebe Christi geweitet hat, alle die Klagen der Mütter und der vor der Zeit zu Witwen gewordenen jungen Frauen und all das untröstliche Weinen der Kinder, die zu früh die väterliche Führung entbehren müssen. In Unserem Geist, der die bebende Angst zahlloser Familien mitempfand und der tief durchdrungen war von der gebieterischen Pflicht Unseres hohen Amtes des Friedens und der Liebe, die Uns in dieser traurigen Zeit übertragen wurde, fassten Wir sogleich den festen Entschluss, Unsere ganze Arbeit und Kraft in den Dienst der Versöhnung der kriegführenden Völker zu stellen, und Wir haben dies in feierlicher Form dem göttlichen Erlöser gelobt, der um den Preis seines Blutes alle Menschen zu Brüdern machen wollte.

Worte des Friedens und der Liebe waren die ersten Worte, die Wir als Oberhirte der Seelen an die Völker und ihre Lenker richteten. Aber

Unser Rat, der liebevoll und eindringlich war wie derjenige eines Vaters und Freundes, blieb ungehört! Es hat Unseren Schmerz vermehrt, aber es hat Unseren Entschluss nicht erschüttert; Wir wandten Uns deshalb vertrauensvoll dem Allmächtigen zu, der die Geister und die Herzen sowohl der Untertanen als auch der Könige in seinen Händen hält, und erflehten von ihm das Ende dieser furchtbaren Geißel. Wir wünschten, dass alle Gläubigen sich Unserem inständigen, demütigen Gebet anschlössen und, um es wirkungsvoller zu machen, ordneten Wir an, dass es von den Werken christlicher Buße begleitet würde. Aber heute, am traurigen Jahrestag des Ausbruchs dieses furchtbaren Konfliktes, steigt aus Unserem Herzen noch dringlicher der Wunsch nach einem baldigen Ende des Krieges auf, noch lauter der väterliche Ruf nach Frieden. Möge dieser Ruf den furchterregenden Waffenlärm übertönen, die kriegführenden Völker und ihre Staatsoberhäupter erreichen und die einen wie die anderen zu einem milderen und friedlicheren Entschluss bewegen.

Im heiligen Namen Gottes, im Namen unseres himmlischen Vaters und Herrn, beim Heiligsten Blute Jesu, dem Preis der Erlösung der Menschheit, beschwören Wir euch, denen die Göttliche Vorsehung die Regierung der kriegführenden Nationen übertragen hat, diesem entsetzlichen Blutbad, das seit einem Jahr Europa entehrt, ein Ende zu machen. Es ist das Blut von Brüdern, das da auf dem Lande und auf dem Meer vergossen wird! Die schönsten Landstriche Europas, dieses Gartens der Welt, sind übersät mit Leichen und Ruinen; wo noch vor kurzem die betriebsame Industrie und die fruchtbringende Landwirtschaft arbeiteten, donnert jetzt die Kanone; in ihrer Zerstörungswut verschont sie weder Dörfer noch Städte und bringt überallhin Vernichtung und Tod. Ihr tragt vor Gott und den Menschen die drückende Verantwortung für Krieg und Frieden; hört auf Unsere Bitten, auf die väterliche Stimme des Stellvertreters des Ewigen Höchsten Richters, vor dem ihr ebenso über die öffentlichen Unternehmen wie über eure privaten Handlungen Rechenschaft ablegen müsst.

Die großen Reichtümer, die Gott der Schöpfer den Ländern, die euch untertan sind, gegeben hat, ermöglichen euch die Fortsetzung des Kampfes; aber um welchen Preis? Es antworten darauf die Tausende junger Leben, die jeden Tag auf den Schlachtfeldern ausgelöscht werden; es antworten darauf die Ruinen so vieler Städte und Dörfer und so vieler Denkmäler der Frömmigkeit und des Geistes der Vorfahren. Und die bitteren Tränen, die insgeheim hinter den Mauern der Häuser und zu Füßen der Bittaltäre vergossen werden, wiederholen nicht auch sie, dass der Preis dieses täglichen Kampfes hoch, zu hoch ist?

Man sage nicht, dass dieser ungeheure Konflikt ohne Waffengewalt nicht beigelegt werden könne. Man möge den Entschluss zur gegenseitigen Vernichtung aufgeben; man möge bedenken, dass die Nationen nicht sterben: gedemütigt und unterdrückt tragen sie bebend das ihnen auferlegte Joch, während sie ihren Vergeltungsschlag vorbereiten und von einer Generation zur anderen das traurige Erbe des Hasses und der Rache weitergeben.

Warum nicht schon jetzt mit ernstem Gewissen die Rechte und legitimen Forderungen der Völker erwägen? Warum nicht mit bereitwilligem Herzen einen direkten oder indirekten Meinungsumschwung einleiten mit dem Ziel, soweit wie möglich diesen Rechten und diesen Forderungen Rechnung zu tragen, und so diesen ungeheuren Kampf beenden, wie es in anderen ähnlichen Fällen schon geschehen ist? Gesegnet sei der, der als erster den Olivenzweig hochhebt, dem Feind die Hand entgegenstreckt und ihm vernünftige Friedensbedingungen anbietet. Das Gleichgewicht der Welt und die gedeihliche und sichere Ruhe der Nationen beruhen sehr viel mehr auf gegenseitigem Wohlwollen und auf der Achtung der Rechte und der Würde der anderen als auf der Anzahl ihrer wehrhaften Männer und ihren gewaltigen Festungen.

Dies ist der Ruf nach Frieden, der an diesem traurigen Tag noch lauter aus Unserer Seele dringt; Wir laden alle Freunde des Friedens in der ganzen Welt ein, Uns die Hände zu reichen, um das Ende des Krieges zu beschleunigen, der nun schon seit einem Jahr Europa in ein riesiges Schlachtfeld verwandelt hat. Gebe der barmherzige Jesus, durch die Fürsprache seiner schmerzhaften Mutter, dass endlich nach diesem entsetzlichen Sturm die milde, strahlende Morgendämmerung, das Abbild seines göttlichen Antlitzes, anbrechen möge! Mögen bald die Dankeshymnen für die Versöhnung der Staaten zum Allmächtigen, dem Geber alles Guten, aufsteigen; mögen die Völker, verbrüdert durch die Liebe, zurückkehren zum friedlichen Wettstreit in Wissenschaft, Kunst und Industrie und nach Wiederherstellung der Herrschaft des Rechts beschließen, in Zukunft die Lösung ihrer Streitigkeiten nicht mehr mit der Schneide des Schwertes herbeizuführen, sondern nach den Kriterien der Billigkeit und Gerechtigkeit, die mit der nötigen Ruhe und Besonnenheit ergründet werden. Dies wird ihre schönste und ruhmreichste Eroberung sein!

Im Vertrauen darauf, dass die so ersehnten Früchte des Friedensbaumes schon bald die Welt erfreuen werden, erteilen Wir den Apostolischen Segen allen, die die Uns anvertraute mystische Herde bilden, und für alle jene, die noch nicht zur Römischen Kirche gehören, bitten Wir den Herrn, dass er sie durch das Band der vollkommenen Liebe mit Uns verbinde.[331]

In Anbetracht vieler abstrakter und wenig konkreter, ja nahezu blumiger Worte von Kirchenvertretern zur Zeit des Weltkrieges, haben wir es bei diesem Text mit einer äußerst deutlichen Sprache zu tun. Die Interpretation des Kampfes als eines gerechten Krieges, egal von welcher der Mächte er geführt wird, findet sich bei Benedikt nicht. Aus seiner Perspektive ist der Kampf ein Schlachten auf einem großartigen Kontinent. Gewiss, die Sicht ist eurozentrisch, aber das spiegelt nur die zeitgenössische Sichtweise einer Kirche wider, da ihre Verwaltung samt Kardinalskollegium hauptsächlich aus Europäern, genauer Italienern, gebildet war. Am Konklave des Jahres 1914 nahmen nur zwei Kardinäle teil, die nicht aus Europa waren, sondern aus Nord- und Südamerika. Drei weitere Kardinäle aus den Vereinigten Staaten und Kanada erreichten Rom verspätet und konnten so nicht mitwählen.

Gehört wurde der Aufruf zum Frieden in Europa freilich nicht. Er blieb ohne Widerhall. Gewiss fand er, wie wir schon sahen, Niederschlag in Predigten und Publikationen zum Krieg. Sein Impetus aber blieb ohne Folgen.

Mehrfach während des Krieges versuchte Papst Benedikt XV. mit Friedensinitiativen dem Wüten Einhalt zu gebieten. 1915 bot er in Frankreich und Deutschland seine Vermittlung an und fragte nach den Bedingungen für einen Frieden. Eine wirkliche Friedensinitiative, die den Namen verdient, startete der Papst 1917. Er verfasste eine Friedensnote an alle kriegführenden Mächte. Seine Initiative verlief bei allen Adressaten im Sande. Eine Friedensinitiative der Mittelmächte im Dezember 1916 sollten die USA moderieren und der Vatikan in Großbritannien und Frankreich flankieren. Dieser lehnte jedoch auf Druck von Paris und London ab.[332]

Sein Friedensprogramm skizziert Papst Benedikt XV. am 22. Januar 1915 gegenüber in Rom versammelten Kardinälen: *„Leider folgen Monate auf Monate, ohne daß eine entfernte Hoffnung sich geltend macht, daß dieser traurige Krieg, oder richtiger gesagt, dieses Gemetzel baldigst beendet sei. Wenn es nicht an Uns liegt, das Ende einer so schweren Geisel zu beschleunigen, o könnten wir doch wenigstens die Folgen lindern! ... Zu proklamieren, daß keinem erlaubt ist, aus irgendwelchem Motive die Gerechtigkeit zu verletzen, ist zweifellos vornehmlich Sache des Papstes, der von Gott zum obersten Ausleger und Richter des ewigen Gesetzes eingesetzt ist; und Wir, ohne viel Wortaufwand, machen es öffentlich bekannt, indem wir mit lauter Stimme jegliche Ungerechtigkeit mißbilligen."*[334] Im Weiteren postuliert der Papst seine absolute Unparteilichkeit, er stünde für jeden Menschen als *„Vater"* der Katholiken.

Eine Zeitlang bediente sich der Papst bei diplomatischen Missionen mit Deutschland eines deutschen Bediensteten, dessen Wirken im Nachhinein durchaus kritisch gesehen wird. Rudolf von Gerlach war Priester und Päpstlicher Kammerherr. Während des Krieges fungierte er als inoffizieller Verbindungsmann zwischen dem Heiligen Stuhl und der deutschen Reichsregierung. 1886 geboren, studierte er Theologie und Kirchenrecht und lernte bald Giacomo della Chiesa kennen, dessen Wirklicher Geheimer Kammerherr er 1914 wurde. Verbindungsmann zur deutschen Regierung wurde er inoffiziell. 1917 wurde er schließlich aus Italien unter dem Verdacht der Spionage für die Mittelmächte ausgewiesen.[333]

Deutsche Einschätzung der päpstlichen Friedensbemühungen

Natürlich begrüßte man im deutschen Katholizismus die Bemühungen und die Appelle des Papstes um Frieden. Matthias Erzberger, jemand, der seine Verbindungen zum Vatikan zu nutzen verstand, wollte das päpstliche Vermittlungsangebot dazu nutzen, um einen Verhandlungsfrieden zu erreichen. Seine Bemühungen schlugen fehl, wurden gar hintertrieben. Den Papst sah man hüben wie drüben als moralische Instanz, wenn auch während des gesamten Krieges die Auseinandersetzung geführt wurde, ob er denn nun wirklich neutral sei, oder doch mehr auf der Seite der Entente stehe, oder der Mittelmächte, oder nur Belgiens?

Ludwig Berg, Feldgeistlicher im Großen Hauptquartier und selbsternannter Kirchendiplomat, notiert am 19. März 1917 in sein Tagebuch, Rom habe den Willen, *„ganz neutral zu bleiben in allen Punkten, bis jetzt Deutschen Vertrauen entgegen gebracht habe. Römische Kurie jetzt keinen Grund Vertrauen zu entziehen."*[335]

Der uns aus der Abwehrschrift gegen Angriffe aus der französischen Kirche bereits bekannte Joseph Mausbach hält die päpstlichen Friedensinitiativen dessen ungeachtet für integer und unverzichtbar. *„Schon die Existenz einer moralischen Großmacht, die im wirklichsten und edelsten Sinne neutral ist und die Idee des Rechts und Friedens bei der Entfesselung aller Leidenschaften ungetrübt hochhält, ist ein unvergleichlicher Trost für die Menschheit! Die heutige Stellung mancher dem Papsttum sonst feindlicher Staaten wirkt als Huldigung vor dieser Macht; auch die weltliche Souveränität des Papstes, die so vielen bereits ein völliger Anachronismus geworden war, ist auf einmal in neue Beleuchtung gerückt worden. Die weitherzigen und inständigen Bemühungen Benedikts XV. um die Linderung der Kriegsschrecken, sein väterlich weises Schonen und Festigen aller Beziehungen Roms zu den Völkern, das alles ist eine glückverheißende Vorbedeutung für den Neuaufbau der christlichen Menschheitsfamilie nach dem Friedensschlusse."*[336]

Über den Vorsitzenden der Fuldaer Bischofskonferenz Hartmann ergaben sich während der gesamten Kriegszeit vatikanische Verhandlungen über die Behandlung Kriegsgefangener in Deutschland. Aber auch mit anderen Ländern konferierte der Papst und erreichte die Freilassung Tausender. Die deutschen Bischöfe nahmen die Initiative auf und baten die Kriegsgefangenen, die ihre Freilassung der päpstlichen Initiative verdankten, sich beim Vatikan erkenntlich zu zeigen. Ende 1915 kam es zu einem Zusammentreffen Hartmanns mit dem Papst in Rom. Die Reise war mit dem Reichskanzler abgesprochen; dieser erhoffte sich, dass durch das Treffen deutschfeindlichen Tendenzen im Umfeld des Papstes begegnet werden könne. Die Zusammenkunft zeitigte wohl Erfolg; nach seiner Rückkehr äußerte sich der Kölner Kardinal Kanzler Bethmann Hollweg gegenüber zufrieden.[337] Als über ein Jahr später ein Artikel der *Kölnischen Zeitschrift* dem Papst unterstellt, er sei ein Verbündeter der Entente, entrüstet sich Hartmann und schreibt dem Reichskanzler einen Brief. Sein Besuch habe ihm gezeigt, dass der Papst neutral sei und er, Hartmann, hoffe, dass Bethmann Hollweg solche Angriffe der Presse verhindern werde, *„die die deutschen Katholiken schwer verletzen und damit die so notwendige Einigkeit des deutschen Volkes gefährden, in dem Herzen des* *wohlmeinen Papstes aber, dem unsere Feinde solche Vorgänge ungesäumt zur Kenntnis bringen, einen schmerzlichen Stachel zurücklassen werden"*[338]. Der Kampf um die Meinung blieb doch immer ein Kampf um die Integrität der katholischen Kirche, zumal der deutschen.

Der uns ebenfalls schon bekannte Georg Pfeilschifter findet indes aus deutscher Sicht nur lobende Worte für die Initiativen des Papstes. Allein, die Feindesmächte wollten nicht so recht mitmachen; sie seien es, nach Pfeilschifter, die die Friedensbemühungen des Stellvertreters Christi ins Leere laufen lassen. *„Das ganze bisherige Verhalten des Papstes in Bezug auf den Weltkrieg hat auch fast allgemein die verdiente Anerkennung gefunden. Auch von solchen Seiten, die sonst nicht geneigt gewesen sind, dem Papst einen Einfluß auf das Leben der Völker zuzuschreiben. Nur die französischen und belgischen Katholiken sind gar nicht damit zufrieden, daß das Schifflein Petri nicht mit vollen Segeln im Winde des Dreierverbandes fährt."*[339] Aus Pfeilschifters Sicht war es das alleinige Bestreben Frankreichs und Belgiens, den Papst auf „ihre" Seite zu ziehen und schlechte Stimmung gegen Deutschland zu betreiben. Das Militär hatte ebenso andere Ziele, wollte den Kriegskurs beibehalten, außerdem hielt man dort und in der Umgebung des Kaisers den Papst für deutschfeindlich und deswegen in der politischen Entwicklung nicht satisfaktionsfähig.

Benedikt XV. versuchte intensiv, eine Verständigung herbeizuführen, ohne sich mit einer der kriegführenden Parteien gemein zu machen. Einen konkreten Friedensversuch startete man von vatikanischer Seite aus im Frühjahr 1917. Vorweggegangen war eine Notiz Matthias Erzbergers, die über die Nuntiatur des Vatikans in Bayern an den Papst gelangt war, in der der Zentrumspolitiker darauf hinwies, dass die Sozialdemokraten einen Frieden erreichen wollten. Die katholische Kirche könne darüber ins Hintertreffen geraten. Die zentrale Figur der nun folgenden Entwicklungen war der neue Nuntius in München. Dort residierte seit dem Juni 1917 Eugenio Pacelli. Pacelli arbeitete seit 1912 im Staatssekretariat, kannte also den vatikanischen Verwaltungsapparat in- und auswendig.

Die Mission Eugenio Pacellis

Eugenio Pacelli, später als Papst Pius XII. zu umstrittener Berühmtheit gelangt, war Römer. Aus einer angesehenen Familie stammend, die traditionell eng mit der Kirche verbunden war, wurde er 1899 zum Priester geweiht und bereits zwei Jahre später promoviert. Schon kurz danach begann Pacelli – ohne Seelsorgeerfahrung – eine Karriere in der Kirchenverwaltung. Der Schwerpunkt seiner Tätigkeit war das Kirchenrecht. Den darauf bezogenen Ruf an eine amerikanische Fakultät lehnte er aber auf Weisung seiner Vorgesetzten ab. Stattdessen ging er als Professor an die Päpstliche Diplomatenakademie. Benedikt XV. ernannte ihn zum Präsidenten eines päpstlichen Hilfswerkes für Kriegsopfer. Am 21. April 1917 wurde Pacelli als Nuntius für Bayern ernannt und nach München geschickt. Im Mai zum Erzbischof geweiht, war sein originärer Auftrag, im Namen des Papstes zu vermitteln. Erst 1920 wurde er offizieller Nuntius für das gesamte Reich; nach Berlin zog Pacelli dann 1925. Das 1929 mit Preußen geschlossene Konkordat geht auf ihn zurück.[340]

Zu den klugen Schachzügen des Papstes während des Ersten Weltkriegs gehörte die Entsendung dieses Kirchendiplomaten als Nuntius nach München. Weder Preußen noch das Deutsche Reich verfügten bis dato über diplomatische Beziehungen zum Vatikan. Allein Bayern hatte Verbindungen aufgebaut. Dem Nuntius in München kam deswegen eine Schlüsselstellung im gesamten Reich zu. Pacelli nutzte diese Position, so gut er konnte.

Pacellis Mission war eindeutig. Mit den Mittelmächten, zu denen diplomatische Beziehungen bestanden (im Gegensatz zum Beispiel zu Frankreich) sollten erste Sondierungen bezüglich des päpstlichen Friedensplanes aufgenommen werden.[341] „Für die Sondierung bei der deutschen Regierung und die genaue Ausgestaltung [einer Friedensinitiative, M. L.] war im April 1917 Pacelli als Nuntius entsandt worden. Seine politische Lagebeurteilung trägt so eine gewisse Mitschuld am Scheitern [der Initiative, M. L.], verfügte er doch kaum über Informationen und Beziehungen zu den deutschen Regierungskreisen und war so weitgehend von der Sicht und den Interessen Matthias Erzbergers geprägt, der parallel über den Reichstag den Kaiser und die Oberste Heeresleitung zu einem Kompromissfrieden bewegen wollte."[342] Pacelli lotete zunächst in Berlin bei der Reichsregierung aus, zu welchen Zugeständnissen man dort im Falle eines Friedensschlusses bereit sei. Ein besonderes Anliegen war dem Vatikan die Souveränität Belgiens, deren volle Wiederherstellung Pacelli forderte. Reichskanzler Bethmann Hollweg willigte ein und verlor unter anderem darüber seine Position. Sein Nachfolger, Georg Michaelis, schloss sich der Zusage von Bethmann Hollweg nicht mehr an. Ende Juli unterbreitete ihm Pacelli einen Friedensvorschlag des Papstes. Dieser handelt unter anderem von

Eugenio Pacelli (1876–1958), von 1939–1958 Papst Pius XII, seit 1917 Apostolischer Nuntius in Bayern mit dem Auftrag, eine päpstliche Friedensinitiative zu vermitteln. Am 29. Juni 1917 überreicht Pacelli in Bad Kreuznach Kaiser Wilhelm II. die handschriftlichen Friedensanregungen Papst Benedikts XV. (Foto: Nach dem Empfang beim Kaiser von links Monsignore Schippa, Gen.Leut. v. Hertz, Nuntius Pacelli, Fhr. v. Hepsch-Kloth u. Prof. Dr. Berg. – Akg-images)

Wiedergutmachung und Territorialfragen. Im Falle Belgiens blieb der Vatikan konsequent und forderte dessen Räumung.[343]

Pacelli war unermüdlich unterwegs. Am 26. und am 29. Juni des Jahres 1917 führte er die bereits erwähnten Gespräche in Berlin mit Bethmann Hollweg und mit Kaiser Wilhelm II. in Bad Kreuznach. Am 30. Juni sehen wir ihn nach München zurückgekehrt, um Kaiser Karl vom Österreich zu informieren. Die Online-Edition der Nuntiaturberichte fasst Pacellis Bericht über die Reise nach Berlin zur Reichsregierung und nach Bad Kreuznach wie folgt zusammen: Pacelli bekam eine Audienz beim Reichskanzler, „dem er das Schreiben des Papstes an den

Kaiser überreichte. Nach dessen Lektüre beteuerte Bethmann Hollweg den Friedenswillen Deutschlands, der schon in dem nicht aus Schwäche heraus verfassten Friedensangebot vom Dezember deutlich geworden sei; seiner Meinung nach sei wegen der schlechten Gesinnung der feindlichen Führer aber der Zeitpunkt für den Frieden noch nicht gekommen. Pacelli befragte Bethmann Hollweg streng vertraulich über jeden der im Schreiben Gasparris vom 13. Juni aufgelisteten Punkte. Deutschland, so der Kanzler, sei zu einer wechselseitigen Abrüstung und zur Etablierung einer Schiedsgerichtsbarkeit bereit; auch Belgien wolle man seine Unabhängigkeit zurückgeben, wenn man Garantien erhalte, dass es nicht in Abhängigkeit von England und Frankreich gerate. Pacelli fragte, ob in Elsass-Lothringen eine Grenzkorrektur möglich sei, worauf der Kanzler eine sehr kleine Rektifikation bei entsprechender Kompensation an der deutsch-französischen Grenze als möglich zugestand. In Russland fehle eine Regierung für Separatverhandlungen; das Land sei von englischen Geldern abhängig und höchstens zu lokalen Offensiven fähig, die die Stellung der Mittelmächte nicht gefährden können. Bethmann Hollweg befragte Pacelli nach dessen Meinung zu den italienisch-österreichischen Beziehungen. Vertraulich erklärte der Nuntius, einige gemäßigte Minister Italiens hätten den Papst um Friedensvermittlung gebeten, bei der Italien territoriale Zugeständnisse gemacht würden. Bethmann Hollweg hielt eine Berichtigung der Grenzen für möglich, aber kaum ein Abtreten des Trentino. Pacelli bestritt, dass man von einer Versöhnung zwischen dem Papst und Italien sprechen könne, so lange die anormale Situation für den Heiligen Stuhl fortbestehe. Der Kanzler bedauerte die Verdammung Gerlachs und die Invektiven Kardinal Merciers, den die Reichsregierung aber nicht zum Märtyrer machen wolle. Deutschland und der Heilige Stuhl sollten gemeinsam gegen die Freimaurerei, die verantwortlich für den Krieg sei, kämpfen und die Ordnung gegen die Gefahr der Anarchie verteidigen. Pacelli versicherte ihm nochmals die Überparteilichkeit des Heiligen Stuhls, die dieser auch im gegenwärtigen Krieg einnehme …

Am 29. Juni wurde Pacelli im militärischen Hauptquartier vom Kaiser empfangen, dem er das päpstliche Schreiben übergab und den päpstlichen Wunsch übermittelte, den Frieden mit seiner Hilfe zu befördern. Wilhelm II., der dem Nuntius überspannt und nicht ganz normal erschien, entgegnete, dass den Deutschen der Krieg von seinen Feinden, besonders England, aufgezwungen worden sei; er bedauerte, dass der Papst zum Friedensangebot der Mittelmächte im Dezember geschwiegen habe. Die Aktion des internationalen Sozialismus stelle eine Gefahr für den Frieden dar und ein feierlicher päpstlicher Akt an den Klerus und die Völker der Erde sei deshalb von Nöten. Zwei mächtige Organisationen gebe es auf Erden: die katholische Hierarchie und die preußische Armee, doch drohe mit dem Sozialismus eine weitere zu entstehen. Der italienische König sei ein atheistischer, klerusfeindlicher Verräter; die Situation des Papstes ohne eigenes Territorium und ohne eigenen Zugang zum Meer sei unerträglich. Nach dem Kaiser sei die russische Situation von England gesteuert; mit Frankreich seien 1916 mit einer pazifistischen Partei Friedensverhandlungen geführt worden, die gescheitert seien. In Bezug auf Belgien beschwerte sich Wilhelm II. über Mercier, was Pacelli die Gelegenheit gab, die Deportationen anzusprechen. Würden diese eingestellt, käme dies dem Ruf Deutschlands zugute. Mit dem deutschen Episkopat zeigte sich der Kaiser zufrieden und wünschte die Erhebung Faulhabers, Bertrams und Schultes zu Kardinälen. Am nächsten Tag reiste Pacelli zurück, da in München das Diplomatische Corps vom Kaiser von Österreich empfangen wurde."[344] Pacelli zeigte sich über die Gespräche zufrieden.

Wilhelm II. berichtet in seiner Autobiografie aus seiner Sicht über das Treffen mit Pacelli im Sommer 1917 in Bad Kreuznach und räumt dem Vorgang ein eigenes Kapitel ein. Der Nuntius, so Wilhelm, sei eine *„vornehme, sympathische Erscheinung von hoher Intelligenz und vollendeten Umgangsformen, das Bild eines katholischen Kirchenfürsten"*[345]. Nach Aussage des Kaisers war er es, der die Anregung für weitere Friedensinitiativen gab. Pacelli und der ihn begleitende Vikar verwiesen wiederholt auf die Situation in Italien, die dem Papst das Agieren erschwere. Man habe auch auf die Stimmung der Straße zu achten. Der Kaiser ermutigte nach eigener Aussage Pacelli, etwas für den Frieden zu tun, denn wolle man die Sache des Friedens den Sozialisten überlassen? *„Was solle"*, so Wilhelm II., *„ein katholischer Soldat sich denken, wenn er immer nur von den Bemühungen sozialistischer Männer um den Frieden höre, nie aber von einem Versuch des Papstes, ihn aus der Kriegsnot zu befreien? Tue der Papst nichts, dann bestehe die Gefahr, daß der Friede durch die Sozialisten erzwungen werde, und dann sei es mit der Machtstellung des Papstes und der römischen Kirche auch bei den Katholiken vorbei!"*[346] Pacelli versprach, nach Aussage des Kaisers, dessen Rat zu beherzigen und den Papst zu Friedensinitiativen zu bewegen.

Das apostolische Mahnschreiben *Dès le début*

Der Friedensappell vom 1. August wurde den kriegsführenden Mächten vom Staatssekretariat am 9. August offiziell übergeben. Einer der Hauptverfasser war Pietro Gasparri. Gasparri war Kirchendiplomat und Kirchenjurist. Das erstmals verfasste Kirchenrecht, der Codex Iuris Canonici von 1917, war zum großen Teil sein Verdienst. Während des Ersten Weltkrieges war Gasparri Kardinalstaatssekretär. Er war es auch, der Ende der Dreißigerjahre das wegweisende Abkommen mit Italien aushandelte – die Lateranverträge –, die die von den Päpsten so empfundene Gefangenschaft im Vatikan beendete und den Kleinststaat zum gleichberechtigten völkerrechtlichen Subjekt werden ließ.

Gasparri war ein starker Mann im Vatikan und an den päpstlichen Friedensbemühungen und -sondierungen insgesamt zentral beteiligt. Im zweiten Teil des Textes hatte man sogar noch Änderungen vorgenommen, nachdem Pacelli vorher bei der deutschen Regierung sondiert hatte. Nur in Bezug auf Belgien blieb der Vatikan unbeeindruckt bei seiner Linie.

Die Antwort des Deutschen Reiches auf das päpstliche Friedensangebot blieb zunächst aus, so veröffentlichte der Vatikan am 1. August die Friedensnote *Dès le Début* an alle kriegführenden Staaten, im Kern gleichen Inhalts, wie die Punkte, die Pacelli Michaelis unterbreitet hatte. In dem Papier betont der Papst seine absolute Überparteilichkeit gegenüber allen kriegführenden Parteien. Seine Bemühungen seien unabhängig von Nationalität oder Religion gestaltet und dem universellen Gesetz der Nächstenliebe verpflichtet. Ihm gehe es darum, das Ende einer Katastrophe herbeizuführen mit dem Ziel eines gerechten und dauerhaften Friedens. Benedikt XV. verweist darauf, dass er wiederholt Friedensappelle gestartet habe, die freilich nicht gehört wurden. Der Krieg sei weitergeführt worden, Leidtragende seien friedliche und unbewaffnete Menschen. Im Gegensatz zu früheren Aufrufen wolle er es nun nicht bei allgemeinen Worten belassen, sondern dezidierte Vorschläge für einen gerechten Frieden machen. Der Papst fordert Rüstungsbeschränkungen, Freiheit der Handelswege und Schifffahrtsrouten, die Wiedergutmachung entstandener Schäden, den Rückzug aus Belgien und die Freigabe der deutschen Kolonien, Verhandlungen über territoriale Streitigkeiten zwischen Deutschland und Frankreich, Österreich und Italien sowie Regelungen für Armenien, den Balkan und Polen. Abschließend appelliert der Papst an die Verantwortung der

Regierenden *„vor Gott und den Menschen"*. Die Friedensnote wurde wohlwollend zur Kenntnis genommen; an ihr orientiert haben sich aber weder die Mittelmächte noch die Entente.

Apostolisches Mahnschreiben Dès le début unsers Heiligen Vaters Benedikt XV. an die Oberhäupter der kriegführenden Länder vom 1. August 1917

Gleich zu Beginn Unseres Pontifikats, inmitten der Gräuel des furchtbaren über Europa hereingebrochenen Krieges haben Wir Uns vor allem drei Dinge vorgenommen: zunächst eine vollkommene Unparteilichkeit allen Kriegführenden gegenüber zu bewahren, wie es jenem ziemt, der als der gemeinsame Vater alle seine Kinder mit der gleichen Liebe umgibt; ferner Uns ununterbrochen zu bemühen, allen möglichst viel Gutes zu tun, und zwar ohne Ansehen der Person, ohne Unterschied von Nationalität und Religion, wie es ebenso sehr das allgemeine Gesetz der Nächstenliebe wie das höchste geistliche Amt, das Christus Uns anvertraut hat, Uns vorschreibt; endlich – wie es ebenfalls Unsere Friedensmission verlangt – nichts zu unterlassen, soweit es in Unserer Gewalt steht, was dazu beitragen könnte, das Ende dieses Unglücks zu beschleunigen, indem Wir versuchten, die Völker und ihre Oberhäupter zu gemäßigteren Entschlüssen, zu ruhigen Beratungen über den Frieden, einen „gerechten und dauerhaften" Frieden, zu führen.

Wer immer Unsere Tätigkeit während der drei verflossenen leidvollen Jahre verfolgte, hat leicht erkennen können, dass Wir Unserem Entschluss zu völliger Unparteilichkeit und Unseren karitativen Bemühungen treu geblieben sind und nicht müde wurden, die kriegführenden Völker und Regierungen zu ermahnen, wieder Brüder zu werden, obwohl nicht alles, was Wir zur Erreichung dieses hohen Zieles getan haben, der Öffentlichkeit mitgeteilt worden ist.

Gegen Ende des ersten Kriegsjahres haben Wir die eindringlichsten Mahnungen an die kriegführenden Nationen gerichtet und überdies auf den Weg hingewiesen, auf dem man zu einem dauerhaften und für alle ehrenvollen Frieden gelangen könnte. Leider wurde Unser Ruf überhört, und der Krieg mit all seinen Schrecken wurde noch zwei weitere Jahre mit Erbitterung fortgesetzt; er wurde sogar noch grausamer und breitete sich aus über Land und Meer, ja bis in die Lüfte hinauf, und man sah

Verwüstung und Tod über unverteidigte Städte, über stille Dörfer, über ihre unschuldigen Einwohner hereinbrechen. Und heute kann niemand sich eine Vorstellung davon machen, wie die Leiden aller an Zahl und Härte wachsen würden, wenn noch weitere Monate oder, was noch schlimmer wäre, weitere Jahre zu diesem blutigen Triennium hinzukämen. Soll denn die zivilisierte Welt nur noch ein Leichenfeld sein? Soll das ruhmreiche und blühende Europa, wie von einem allgemeinen Wahnsinn fortgerissen, in den Abgrund rennen und Hand an sich selbst anlegen zum Selbstmord?

In einer solch angstvollen Lage, angesichts einer solch schweren Gefahr erheben Wir von neuem den Ruf nach Frieden und erneuern den dringenden Appell an jene, in deren Händen die Schicksale der Nationen liegen, Wir, die Wir in keiner Weise von einem politischen Sonderstandpunkt aus die Dinge sehen, die Wir Uns von den Wünschen und Interessen keiner der kriegführenden Parteien beeinflussen lassen, sondern als gemeinsamer Vater der Gläubigen allein getrieben werden von dem Bewusstsein Unserer erhabenen Pflicht, von dem Flehen Unserer Kinder, die um Unsere Vermittlung und Unser friedenstiftendes Wort bitten, ja, von der Stimme der Menschlichkeit und der Vernunft. Aber um Uns nicht mehr in allgemeinen Ausdrücken zu halten, wie die Umstände es Uns für die Vergangenheit ratsam erscheinen ließen, wollen Wir jetzt zu konkreten, praktischen Vorschlägen übergehen und die Regierungen der kriegführenden Völker einladen, sich über die folgenden Punkte, die die Grundlage eines dauerhaften und gerechten Friedens sein müssen, zu einigen, wobei Wir ihnen die Sorge um die genauere Fassung und Vervollständigung der Vorschläge überlassen.

Der erste und wichtigste Punkt muss sein, dass an die Stelle der materiellen Waffengewalt die moralische Macht des Rechts trete; demzufolge soll eine gerechte Verständigung aller über die gleichzeitige, beiderseitige Abrüstung nach zu vereinbarenden Regeln und Garantien erfolgen, und zwar nach Maßgabe dessen, was zur Aufrechterhaltung der öffentlichen Ordnung in den einzelnen Staaten notwendig und ausreichend ist; dann sollte anstelle der Armeen ein Schiedsgericht eingesetzt werden, das eine weitreichende friedenstiftende Funktion ausüben soll nach zu vereinbarenden Normen und festzulegenden Sicherungs- und Strafmaßnahmen gegenüber dem Staat, der sich weigern sollte, die internationalen Fragen dem Schiedsgericht zu unterbreiten oder seine Beschlüsse anzunehmen.

Ist einmal die Oberhoheit des Rechts in dieser Weise begründet, möge man jedes Hindernis für die Verkehrswege der Völker wegräumen, indem man nach gleichfalls noch festzulegenden Grundsätzen die wahre Freiheit und Gemeinsamkeit der Meere sicherstellt, was einerseits zahlreiche Konfliktstoffe beseitigen, andererseits für alle neue Quellen der Wohlfahrt und des Fortschritts erschließen würde.

Was die wiedergutzumachenden Kriegsschäden und die Kriegskosten betrifft, sehen Wir keinen anderen Weg, die Frage zu lösen, als die Aufstellung des allgemeinen Grundsatzes eines gänzlichen, gegenseitigen Verzichts, der übrigens in den von der Abrüstung zu erwartenden unermesslichen Vorteilen seine Rechtfertigung fände, um so mehr als man die Fortsetzung eines solchen Gemetzels aus bloß wirtschaftlichen Gründen nicht verstehen würde. Wenn in gewissen Fällen diesem Grundsatz besondere Gründe entgegenstehen, möge man sie mit Gerechtigkeit und Billigkeit abwägen.

Aber diese friedlichen Vereinbarungen mit den daraus fließenden unermesslichen Vorteilen sind nicht möglich ohne die gegenseitige Rückgabe der zur Stunde besetzten Gebiete. Daraus ergäbe sich für Deutschland die vollständige Räumung Belgiens unter Sicherung seiner vollen politischen, militärischen und wirtschaftlichen Unabhängigkeit gleichviel welcher Macht gegenüber, desgleichen die Räumung des französischen Gebietes; für die anderen kriegführenden Parteien gleichermaßen die Rückgabe der deutschen Kolonien.

Was die Territorialfragen betrifft, wie sie zum Beispiel zwischen Italien und Österreich, zwischen Deutschland und Frankreich erörtert werden, darf man der Hoffnung Raum geben, dass die streitenden Parteien in Anbetracht der unvorstellbaren Vorteile eines dauerhaften, mit Abrüstung verbundenen Friedens diese Frage in versöhnlichem Geiste prüfen werden, indem sie nach Maßgabe des Gerechten und des Möglichen, wie Wir schon an anderer Stelle gesagt haben, den Wünschen der Völker Rechnung tragen und gegebenenfalls ihre Sonderinteressen dem Gesamtwohl der großen menschlichen Gesellschaft anpassen.

Der gleiche Geist der Billigkeit und Gerechtigkeit wird die Prüfung der anderen territorialen und politischen Fragen leiten müssen; namentlich erinnern Wir dabei an Armenien, die Balkanstaaten und die Gebiete, die zum alten Königreich Polen gehören, dem im besonderen seine ruhmreiche Vergangenheit und seine namentlich während dieses Krieges erduldeten Leiden gerechtermaßen die Sympathien der Völker gewinnen müssen.

Das sind die wichtigsten Grundlagen, auf die, wie Wir glauben, die künftige Neuordnung unter den Völkern sich stützen muss. Sie sind geeignet, die Wiederholung ähnlicher Konflikte unmöglich zu machen und die für die Zukunft und das materielle Wohlergehen aller kriegführenden Staaten so wichtige Lösung der Wirtschaftsfragen vorzubereiten. Wir legen sie in Eure Hand, die Ihr in dieser tragischen Stunde die Geschicke der kriegführenden Nationen leitet. Dabei sind Wir von der erwartungsvollen Hoffnung beseelt, sie wohlwollend aufgenommen und so möglichst bald das Ende dieses entsetzlichen Kampfes zu sehen, der sich immer mehr als ein unnützes Morden erweist. Jedermann sieht andererseits ein, dass auf beiden Seiten die Waffenehre gewahrt ist. Leiht also Euer Ohr Unserer Bitte, nehmt die väterliche Aufforderung an, die Wir (im Namen des göttlichen Erlösers, des Friedensfürsten) an Euch richten. Bedenkt Eure sehr schwere Verantwortung vor Gott und den Menschen; von Euren Entschlüssen hängt die Ruhe und die Freude unzähliger Familien ab, das Leben von Tausenden junger Menschen, mit einem Wort, das Glück der Völker, denen gegenüber Euch die unbedingte Pflicht obliegt, ihr Wohlergehen zu fördern. Möge der Herr Euch Beschlüsse eingeben, die mit seinem hochheiligen Willen übereinstimmen. Gebe der Himmel, dass Ihr, indem Ihr Euch den Beifall Eurer Zeitgenossen verdient, Euch auch bei den künftigen Geschlechtern den schönen Namen eines Friedensstifters sichert.

Vereint in Gebet und Buße mit allen gläubigen Seelen, die den Frieden herbeisehnen, erflehen Wir für Euch vom Göttlichen Geist Licht und Rat.[347]

In diesem Text spielte der Papst schon mit der Idee eines Völkerbundes. Später, nach der Gründung der Organisation, unterstützte er in einer Friedensenzyklika (*Pacem Dei*, 1920) den Völkerbund ausdrücklich. Indes war ihm die christliche Grundlage eines solchen Bundes wichtig; so nur würde er ihn unterstützen: *„Somit sprechen Wir den Wunsch aus, ehrwürdige Brüder, dass nach Wiederherstellung des Friedens und Wiederaufrichtung einer Ordnung der Gerechtigkeit und Liebe zwischen allen Völkern sämtliche Staaten hüben und drüben allen Argwohn ablegen und gewissermaßen zu einer einzigen Gemeinschaft oder vielmehr* *zu einer Völkerfamilie zusammenwachsen, um die Freiheit jedes einzelnen zu schützen und zugleich die soziale Ordnung zu sichern. Die Gründung eines solchen Völkerbundes wird, abgesehen von vielen anderen Gesichtspunkten, durch die allgemein anerkannte Notwendigkeit nahegelegt, alles ins Werk zu setzen, um die Rüstungsauslagen zu streichen oder wenigstens herabzusetzen, deren erdrückende Last für die Staaten untragbar geworden ist, sowie um in Zukunft solch verhängnisvolle Kriege zu vermeiden oder doch eine derartige Gefahr soweit als möglich abzuwenden und jedem Volk die Unabhängigkeit und Unversehrtheit seines Gebietes innerhalb gerechter Grenzen zu sichern. Einem Völkerbund auf christlicher Grundlage wird die Kirche zu all seinen Bemühungen im Geiste der Gerechtigkeit und Liebe weder ihr Interesse noch ihre Unterstützung verweigern. Sie ist ja das vollendetste* [sic!] *Vorbild einer weltumfassenden Gemeinschaft und verfügt dank ihrer Organisation und kraft ihrer Einrichtungen über eine wunderbare Macht, um die Menschen einander näherzubringen, nicht nur im Hinblick auf ihr ewiges Heil, sondern auch zur Sicherung der irdischen Wohlfahrt; denn sie hält sie zu einem derartigen Gebrauch der zeitlichen Güter an, dass sie darob der ewigen nicht verlustig gehen.*"[348]

Reaktionen

Die Wirkung des Dokuments verpuffte, sowohl in Deutschland wie auch bei den anderen kriegführenden Mächten. Der Kronrat tagte und behandelte dort speziell die Frage der Freigabe Belgiens. Man wollte zwar auf die flandrische Küste verzichten, bei einer engen wirtschaftlichen Anbindung der Wirtschaft Belgiens an Deutschland.[349] So wurde die Friedensnote begrüßt, man nahm aber keine Stellung zu konkreten Inhalten. Frankreich lehnte die Note sogar ab. Die deutschen Bischöfe druckten die päpstliche Note noch nicht einmal in ihren Amtsblättern ab – aus Rücksicht auf die Obrigkeit.[350]

In den Reden des Reichstages aus der Zeit finden sich wiederholt – meist zustimmende – Hinweise auf die päpstlichen Friedensbemühungen. Ein besonderes Augenmerk fanden die Initiativen des Papstes bezüglich der Kriegsgefangenen. Man könne zwar als kriegsführender Staat, so der Abgeordnete Dr. Martin Spahn[351] in der 14. Sitzung der 13. Legislaturperiode am 20. August 1915, keine eigenen Vorschläge zur Erlangung des Friedens machen. Die Bemühungen des Papstes aber seien willkommen. Der Krieg zeige, *„wie schwierig die Lage des Heiligen Vaters in Rom ist, solange seine Stellung nur durch das italienische Gesetz garantiert ist, und daß deshalb seine Stellung international in einer Weise geregelt werden muß, die der Würde, den Rechten und Aufgaben des Papsttums gerecht wird".* Implizit deutet Spahn damit die Frage nach der Neutralität des Papstes an, der doch seit der Besetzung des Vatikans durch Italien am Ende des 19. Jahrhunderts von dessen Gutdünken abhängig sei. Gleichzeitig war Italien Teil der Entente, im gegnerischen Lager also. Diese Situation schmälerte die Kraft der päpstlichen Worte. Die Anerkennung, die diese im Reichstag fanden, hatte vermutlich auch aus diesen Gründen nur symbolischen Charakter. Auf deutscher Seite zeigte man sich prinzipiell offen gegenüber den Avancen aus Rom. Dass die Papstnote kaum Widerhall in Europa finde, liege, wie Matthias Erzberger in der 72. Sitzung am 2. November 1916 herausstellt, nicht am Deutschen Reich, denn dessen Regierung sei den Anregungen des Papstes stets wohlwollend begegnet. Selbst die konfessionsdistanzierten Sozialdemokraten gaben offen zu, dass ihnen die Aktivitäten des Papstes gefallen. Bei der 124. Sitzung vom 9. Oktober 1917 betonte der Abgeordnete Dr. Gradnauer: *„Die Papstnote ist von uns Sozialdemokraten auf das lebhafteste bewillkommnet worden. Wir sind der Auffassung, daß alle Gegensätze sozialer und religiöser Art hinter der großen Friedensfrage zurück stehen müssen."*[352]

Immerhin gelang es dem Reichstag, am 19. Juli 1917 eine eigene Friedensresolution zu verabschieden. Dort heißt es: *„Wie am 4. August 1914 gilt für das deutsche Volk auch an der Schwelle des vierten Kriegsjahres das Wort der Thronrede: ‚Uns treibt nicht Eroberungssucht.‘ Zur Verteidigung seiner Freiheit und Selbständigkeit, für die Unversehrtheit seines territorialen Besitzstandes hat Deutschland die Waffen ergriffen. Der Reichstag erstrebt einen Frieden der Verständigung und der dauernden Versöhnung der Völker. Mit einem solchen Frieden sind erzwungene Gebietserwerbungen und politische, wirtschaftliche oder finanzielle Vergewaltigungen unvereinbar. Der Reichstag weist auch alle Pläne ab, die auf eine wirtschaftliche Absperrung und Verfeindung der Völker nach dem Kriege ausgehen. Die Freiheit der Meere muß sichergestellt werden. Nur der Wirtschaftsfriede wird einem freundschaftlichen Zusammenleben der Völker den Boden bereiten. Der Reichstag wird die Schaffung internationaler Rechtsorganisationen tatkräftig fördern. Solange jedoch die feindlichen Regierungen auf einen solchen Frieden nicht eingehen, solange sie Deutschland und seine Verbündeten mit Erobe-*

rung und Vergewaltigung bedrohen, wird das deutsche Volk wie ein Mann zusammenstehen, unerschütterlich ausharren und kämpfen, bis sein und seiner Verbündeten Recht auf Leben und Entwicklung gesichert ist. In seiner Einigkeit ist das deutsche Volk unüberwindlich. Der Reichstag weiß sich darin eins mit den Männern, die in heldenhaftem Kampf das Vaterland schützen. Der unvergängliche Dank des ganzen Volks ist ihnen sicher."

Erfolg und Misserfolg der päpstlichen Bemühungen

Papst Benedikt XV. schätzte die Marienverehrung sehr, insbesondere die Maiandachten. So lag es für ihn nahe, 1915 ein von ihm verfasstes Friedensgebet für die Andachten zu verordnen.

In der Angst und Not eines Krieges, der die Völker und Nationen in ihrem Bestande bedroht, fliehen wir, o Jesus, zu Deinem so liebevollen Herzen, als zu unserem sichersten Zufluchtsorte. Zu Dir, o Gott der Barmherzigkeit, fliehen wir mit Inbrunst: wende ab diese schreckliche Geißel! Zu Dir, o Friedenskönig, rufen wir in ständigem Gebete: gib uns bald den ersehnten Frieden!

Von Deinem göttlichen Herzen aus ließest Du auf der ganzen Welt die heilige Liebe erstrahlen, damit jegliche Zwietracht schwinde und unter den Menschen nur die Liebe herrsche. Dein Herz schlug, da Du auf der Erde weiltest, voll zarten Mitleids für alle menschliche Not. Ach, möge Dein Herz sich unser erbarmen auch in dieser Stunde, die schwer auf uns lastet mit ihrem verhängnisvollen Hasse und dem entsetzlichen Blutvergießen!

Erbarme Dich so vieler Mütter, die in Angst und Sorge sind um das Schicksal ihrer Söhne, erbarme Dich so vieler Familien, die ihres Hauptes beraubt sind; erbarme Dich des unglücklichen Europa, über das so schweres Verhängnis hereingebrochen ist!

Gib Du den Herrschern und den Völkern Gedanken des Friedens ein; laß aufhören den Streit, der die Nationen entzweit; mach, daß die Menschen in Liebe sich wieder zusammenfinden; gedenke, daß Du sie um den Preis Deines Blutes zu Brüdern gemacht! Einst hast Du auf den Hilferuf des Apostels Petrus: "Rette uns, o Herr, denn wir gehen zugrunde", voll Liebe gehört und den empörten Meereswogen Ruhe geboten; o so laß Dich auch heute versöhnen, erhöre gnädig unser vertrauensvolles Gebet und gib der stürmisch bewegten Welt wieder Ruhe und Frieden.

Und du, allerseligste Jungfrau, wie früher in den Zeiten größter Not, so hilf uns auch jetzt! Beschütze uns und rette uns. Amen.[353]

Wir sehen: Papst Benedikt versuchte mit Worten, Gebeten, Predigten, Briefen, Appellen und Verhandlungen das Kriegsgeschehen im Sinne eines dauerhaften und ausgeglichenen Friedens zu beeinflussen. Nutzen haben seine Worte kaum gebracht. Wenn man von konkreten Ergebnissen der „Friedenstaube" in Rom in den Jahren 1914 bis 1918 sprechen will, dann muss man über die Bemühungen der Kriegsgefangenenfürsorge, den Austausch von Kriegsgefangenen und von humanitärer Hilfe während des Krieges und danach sprechen. Hier taten Papst und Vatikan, was sie konnten.

Der Papst erreichte, dass während des Krieges bis zu 13.000 deutsche Soldaten, die verwundet in Kriegsgefangenschaft geraten waren, Aufnahme in der neutralen Schweiz fanden. Um die deutschen Kriegsgefangenen im Ausland sorgte sich ein Benediktiner aus dem schweizerischen Kloster Einsiedeln. Pater Sigismund von Courten war auf Betreiben Kardinal Hartmanns und der Unterstützung Schweizer Mittelsmänner bei der französischen Regierung erwirkt worden. Mehrmals reiste Courten nach Frankreich, kümmerte sich um die Seelsorge, übergab Nachrichten, schrieb Berichte und verteilte Lebensmittel. Erst 1917 stellte er seine Tätigkeit ein.[354]

Benedikt XV. wollte über den Weg von Verhandlungen Frieden erreichen. Seine Bemühungen wurden kaum geschätzt. 1915 lehnte Kardinal Baudrillart es ab, einen Brief über mögliche Friedensbedingungen an die Regierung in Paris zu übermitteln. Die Neutralität Benedikts XV. wurde nicht unbedingt respektiert und noch viel weniger honoriert. Jede Seite wollte den Pontifex für sich vereinnahmen oder als der anderen Seiten zugetan deklassieren. Für den deutschen General Ludendorff war er der *„Franzosenpapst"*, der französische Premierminister und Kriegsminister Georges Benjamin Clemenceau nannte ihn *„Le pape boche"*. Bei den Friedensverhandlungen nach 1918 blieb Benedikt außen vor. Für die italienische Regierung war er als Beteiligter unerwünscht.

Der Friedensaktivist Franziskus Stratmann sagt in der Rückschau, die Ortskirchen hätten den Papst schlicht in seinem Bemühen allein gelassen. Seine Rufe nach Frieden haben dort wenig Unterstützung gefunden. Stratmann formuliert 1924 in einem Buch *Weltkirche und Weltfriede*: *„Man kann nicht sagen, daß die Prophetenstimme Benedikts XV. bei der Mitwelt viel Gehör gefunden habe. Von einer begeisterten Gefolgschaft der Mehrzahl der Katholiken hinter ihren obersten Hirten und Lehrer konnte keine Rede sein. Die päpstlichen Gedanken waren den meisten zu neu, zu schwer, zu sehr entgegen ihrer nationalen Denkweise, als daß sie auf fruchtbares Erdreich hätten fallen können."*[355] Stratmann war Dominikaner und stellvertretender Divisionspfarrer in Berlin und engagiert im *Friedensbund Deutscher Katholiken*. In den frühen Dreißigerjahren wurde er Vorsitzender der Organisation. Von den Nazis verfolgt, versteckte er sich in den Niederlanden. Nach dem Zweiten Weltkrieg war er weiter in der Friedensarbeit tätig. Ausgehend von der These des gerechten Krieges, kam er „zu dem Schluß, daß angesichts der modernen Kriegswirklichkeit kein Krieg mehr, auch nicht der Verteidigungskrieg, theologisch zu rechtfertigen sei; als Alternative trat er für den passiven Widerstand ein. Die Aufgabe einer katholischen Friedensbewegung sah er darin, innerhalb der Kirche als ‚Sauerteig' und ‚Stoßtrupp' zu wirken".[356] Pater Stratmann starb 1971 im Rheinland.

Papst Benedikt war, so urteilt der Jesuit Heinrich Sierp, Pazifist.[357] Die allgemeine Wehrpflicht war für ihn ein Grundübel. Noch 1917 ließ er dem englischen Premierminister ausrichten, nur die Aufhebung der Wehrpflicht sei ein Heilmittel gegen die Übel, die sie verursacht habe.[358]

Spärliche Unterstützung der päpstlichen Friedensbemühungen in Deutschland

Geholfen haben die Bemühungen des Papstes leider nicht. Wohl waren sie von tiefer Spiritualität getragen, oft gingen sie aber an der politischen Realität vorbei oder wurden schlicht nicht für voll genommen. Die Erfolglosigkeit seiner Bemühungen führte beim Papst dazu, dass er sich nach dem Krieg Strömungen einer katholischen Friedensbewegung zu eigen machte, die freilich in Deutschland bis auf wenige Ausnahmen kaum vorhanden war. Neben Stratmann ist als Friedensaktivist auf katholischer Seite der Priester Max-Josef Metzger zu nennen. Bis ins Jahr 1915 wirkte auch er als Militärgeistlicher an der Front in Frankreich. Eine Erkrankung hinderte ihn an der Fortführung seiner Tätigkeit. Zunächst zog er nach Österreich und widmete sich dort der Abstinenzbewegung. Nach den Erlebnissen als Militärseelsorger schrieb Metzger im Frühjahr 1917 ein 12-Punkte-Programm für den Frieden. Er übersandte den Plan Papst Benedikt, der sich in einer Antwort seines Kardinalstaatssekretärs Gasparri erfreut über die Initiative Metzgers zeigte. Die wesentlichen Punkte seines Programmes, das er eingebettet in die christliche Botschaft sah, lauten:

1. Wir fordern das Ende des nutzlosen Blutvergießens auf den Schlachtfeldern, zugleich aber damit das Ende einer Politik, die mit Machtmitteln die sittlichen Probleme des Zusammenlebens der Völker zu überwinden sucht und dabei immer aufs neue Kriege heraufbeschwört.

2. Wir fordern den dauerhaften Weltfrieden, an den wir glauben, im Namen der Zivilisation, der Kultur, der Sittlichkeit und Religion.

3. Wir fordern als Anfang des Friedens die Ablenkung des Interesses aller Völker von dem vermeintlichen äußeren Feind und der Konzentration aller Kräfte gegenüber dem tatsächlichen inneren Feind, der allen Völkern gemeinsam ist: Alkoholismus ..., Unsittlichkeit, Tuberkulose ..., Degeneration, Geld- und Bodenwucher, Pauperismus (Massenarmut), Unterernährung usw.

4. Wir fordern das Aufgeben des sinnlosen Wettrüstens der Völker zu Wasser und zu Land und die Konzentrierung ihrer Mittel auf die positiven Kulturaufgaben.

5. Wir fordern als Voraussetzung für diese Neuorientierung der Politik die Aufnahme der Forderung in das Programm aller friedliebenden Länder, daß Kredite für Rüstungen nur in dem Maß bewilligt werden, als diese zur Sicherung der Ordnung im eigenen Land erforderlich sind und nur in einem für alle Länder gleichen Prozentsatz der Kredite für Kulturzwecke der betreffenden Länder.

6. Wir fordern ein Handinhandgehen aller Regierungen und Parlamente zur ehrlichen friedlichen Verständigung über die gegenseitigen Forderungen der Gerechtigkeit und den unbedingten Willen aller Regierungen und Parlamente, beim nächsten Volk das als recht anzuerkennen, was man für sich selbst als billig ansieht.

7. Wir fordern von unseren Regierungen und Parlamenten die ehrliche Unterstützung aller Bestrebungen, die auf die Schaffung eines dauerhaften Weltfriedens, eines Weltkulturbundes, gerichtet sind, nicht nur der kleinen äußeren Mittel der völkerrechtlichen Verständigung, sondern vor allem der Überwindung des kriegsverursachenden Geistes der Selbstsucht und Ungerechtigkeit im Leben der Einzelnen und der Völker im Großen.

8. Wir fordern das Aufgeben des Rassenkampfes und aller Vergewaltigungsbestrebungen eines Volksteiles gegenüber dem anderen und die Anerkennung des Rechtes für jedes Volk, kraft dessen es seine eigene Sprache und Kultur innerhalb des Staatsganzen besitzen und entfalten darf.

9. Wir fordern die Überwindung des Klassenkampfes, der mit dem Geist der nackten Machtpolitik im Leben des einzelnen Volkes auch den Geist der Machtpolitik im Völkerleben, damit den Geist des Weltkrieges heraufbeschwört, durch den Geist des sozialen Ausgleiches, des Willens zur sozialen Gerechtigkeit und der versöhnenden christlichen Nächstenliebe.

10. Wir fordern die Neuorientierung der Erziehung der heranwachsenden Jugend unter Vermeidung allen Chauvinismus (übertriebener Nationalismus), aller Nährung kriegerischen Geistes, unter Weckung des sozialen Pflichtgefühles, der Wahrhaftigkeit, Ehrlichkeit, Selbstlosigkeit, Gerechtigkeit, Nächstenliebe, Hilfsbereitschaft, sozialen Verantwortlichkeit.

11. Wir fordern das Aufgeben des Macchiavellismus (bedenklose Machtpolitik) in der Politik und seine Ersetzung durch die Grundsätze des Christentums auch im öffentlichen Leben als der einzigen Grundlage für dauernde Verständigung und friedliches Nebeneinanderleben der Völker.

12. Wir fordern die Rückkehr aller Völker und Staaten und aller ihrer einzelnen Glieder zu einem praktischen Christentum, unbedingte und rückhaltslose Anerkennung und Durchführung des göttlichen Sittengesetzes und seiner Forderungen der Gerechtigkeit und Nächstenliebe, und sehen die Gewähr des Erfolges aller Friedensbemühungen, die unversiegbare Kraftquelle des Friedensgeistes, in der geistigen und wirklichen Kommunion aller Völker und ihrer Glieder mit dem Friedenskönig.[359]

Die Texte, die Metzger verfasste, sprechen deutliche Worte und sind sicher geprägt von der Friedenssehnsucht, die auch den Papst angetrieben hat: *Friede auf Erden. Ein Aufruf zur Völkerverständigung*, eine Broschüre von 1918, *Rassenhaß und Völkerfrieden: Die katholische Internationale* und viele mehr. Am 27. Mai 1917 gründete Metzger gemeinsam mit Pater Wilhelm Impekoven ein *Weltfriedenswerk vom Weißen Kreuz*, das sich ab 1920 *Missionsgesellschaft vom Weißen Kreuz* nannte. Metzger verband darin seinen pazifistischen Ansatz mit dem Bemühen, die Grenzen und Gräben der Konfessionen zu überwinden. Ende 1917 nahm er am internationalen Pazifistenkongress in Bern teil. Zu Franziskus Stratmann knüpfte er erste Kontakte. Metzger kam aus dem liberalen Baden. Sein Einsatz galt dem Frieden, der Versöhnung und der Ökumene. Seine Gegnerschaft zum Nationalsozialismus brachte ihm 1944 den Tod.

Und dann war da noch Georg Baumberger (1855–1931), ein christlich-konservativer Politiker in der Schweiz. Auf Betreiben Matthias Erzbergers wurde in Zürich ein neutrales Komitee, die *Internationale Katholische Union* gegründet. Baumberger wurde ihr erster Generalsekretär. Die Union sollte transnational sein. Die Entente sah in ihr allerdings ein Instrument der deutschen Außenpolitik. Auch der Vatikan war nicht wirklich überzeugt.[360] Baumberger versucht im Mai 1917 mit Hilfe einer Denkschrift, die katholische Presse in den kriegführenden Ländern für einen Ausgleichsfrieden im Sinne Papst Benedikts einzunehmen. Man wolle, schreibt Baumberger, die Friedensfrage nicht den Sozialdemokraten überlassen, denn das habe für die katholische Kirche fatale Folgen. Der internationale Sozialistenkongress im Sommer 1917 in Stockholm werde auf einen Verzichtsfrieden hinarbeiten. Das, so Baumberger, sei keine Lösung, weil ja der Status quo, der so wieder hergestellt werde, zum Krieg geführt habe. Stattdessen arbeite man an einem Frieden, der *„positiv ist, statt nur negativ, den Accenten der Gerechtigkeit und der christlichen Moral überhaupt Rechnung trägt, sowie die nötigen politischen und wirtschaftlichen Sicherungen für Alle schafft. Es ist mit einem Worte der Friede, wie ihn Papst Benedikt XV., als Erster schon in seiner ergreifenden Ansprache an das hl. Kollegium im Jahre 1915 formulierte, der Friede auf der Grundlage der Verständigung, des gegenseitigen Entgegenkommens und gegenseitiger Konzessionen."*[361] Um den Sozialisten entgegenzukommen, bat Baumberger die katholische Presse, während des Stockholmer Kongresses auf die Friedensarbeit des Papstes hinzuweisen, die Unterschiede zwischen päpstlichen und sozialistischen Ideen herauszuarbeiten und überhaupt, bei jeder Gelegenheit, auf die Friedensbemühungen des Heiligen Stuhls hinzuweisen.[362]

Wenzel Anton Frind (1843–1932) war zur Zeit des Ersten Weltkriegs Weihbischof in Prag. Er predigt am 29. Juni 1916 im Feld zu den Friedensbemühungen des Papstes. Dieser habe Mahnungen ausgesprochen, ein Friedensgebet verfasst und bekräftigt, sich mit aller ihm zur Verfügung stehenden Macht für den Frieden einzusetzen. Frind unterstreicht den Einsatz des Papstes in der Gefangenenfürsorge und in der humanitären Hilfe. Dieser Einsatz, so der Weihbischof, müsse gewürdigt werden, besonders dort, wo man dem Papst – und mit ihm der gesamten katholischen Kirche – vorwerfe, angesichts der Kriegsgräuel untätig zu sein. Allerdings, so schränkt Frind ein – und sieht sich zugleich im Einklang mit seinem Pontifex in Rom –, beruhe der Einsatz des Papstes auf der Lehre des gerechten Krieges, und dieser sei zur Abwehr erlittenen Unrechts doch erlaubt. *„Wenn nun der Heilige Vater"*, so Frind in seiner Predigt, *„auf Grund der Lehre so entschieden spricht und mahnt, so wirft er sich damit nicht zum Richter über die einzelnen miteinander im Krieg stehenden Mächte auf ... Wohl aber sind seine Worte eine ernste Mahnung zur Prüfung der Gründe und Befreiung von der Leidenschaft."*[363]

Die katholische Kirche stand unbeabsichtigt im Spagat. Hier die universale, alles umfassende Weltkirche mit ihrem Oberhaupt, dem Papst. Dort die den Nationen und ihren Zielen verpflichteten Ortskirchen. Der Ultramontanismus, sonst ein anderes Wort für Rückständigkeit, wurde jetzt zur Friedensrichtung. Denn er bedeutete, sich an einem zentralen Ziel zu orientieren, das über allem nationalen Streben stand. Benedikt wurde mit *„seiner pazifistischen Grundeinstellung und seinem Kampf gegen die Nationalismen ... von den Ortskirchen zu seiner Zeit meist allein gelassen. Die verschiedenen Bischofskonferenzen waren viel zu sehr den eigenen nationalen Strömungen verpflichtet und hatten kein wirkliches Interesse, dass die Gläubigen von der politischen Haltung dieses Friedenspapstes erfuhren."*[364] Der Abdruck seiner Texte, wie zum Beispiel in dem Erinnerungsbuch *St. Michael*, war dann wohl eher der guten Sitte geschuldet, denn als Verpflichtung zu verstehen.

Wenn er auch ohne greifbaren Erfolg blieb, so steigerte Benedikt XV. durch sein Agieren doch das außenpolitische Prestige des Vatikans nachdrücklich. Während des Krieges baute der Heilige Stuhl sogar seine diplomatischen Beziehungen von 14 auf 17 Länder aus. Immerhin sagt man heute von Benedikt XV., er habe zum Ende des Weltkrieges angesichts der deutschen Niederlage ausgerufen: *"Luther ist besiegt!"* Ob dies stimmt oder nicht? Nun, wenn es nicht stimmt, wäre es doch zumindest gut erfunden und würde, bei allem Respekt für die Friedensbemühungen des Papstes, zu seiner ekklesiozentrischen Weltsicht gut passen.

Päpstliche Neutralität?

Manche ganz praktische Hilfe blieb im kollektiven Gedächtnis verhaftet. Der Vatikan engagierte sich, wie beschrieben, seit 1915 für einem Austausch kriegsdienstunfähiger Gefangener über die neutrale Schweiz und für die Freilassung von Kriegsgefangenen. Man bemühte sich um den Austausch von Zivilinternierten und verbrachte Verwundete zur Genesung in neutrale Länder. Nicht zuletzt setzte der Vatikan finanzielle Mittel zur humanitären Hilfe ein. Die caritative Hilfe des Vatikans und des Papstes während des Krieges wurde noch 1921 vom Osmanischen Reich mit einem Denkmal für Benedikt XV. im heutigen Istanbul im Stadtteil Harbiye, nahe der katholischen Heilig-Geist-Kathedrale, belohnt.

Nach dem Krieg begann eine Diskussion über eine Botschaft des Papstes gegenüber dem Gesandten Bayerns am Heiligen Stuhl, Otto Freiherr von Ritter zu Groenesteyn. Dieser hatte nämlich am 24. Juli 1914 ein chiffriertes Telegramm an das Außenministerium in München übermittelt. Er schreibt, der Papst billige nach dem Attentat von Sarajevo ein *„scharfes Vorgehen"* Österreichs gegen Serbien. Russland und Frankreich besäßen keine starken Armeen. Man habe in der Kurie Angst vor dem Panslawismus. In München ließ man die Depesche wohlweislich im Archiv verschwinden; bei Bekanntwerden hätte sie die Neutralitätspolitik des Heiligen Stuhls wahrlich in Frage gestellt. 1919 wurde das Telegramm doch noch zum Politikum. Der Privatsekretär des ermordeten bayerischen Ministerpräsidenten Kurt Eisner, Felix Fechenbach, übergab es einem französischen Journalisten.[365] Am 29. April 1919 veröffentlichte *Le Journal* in Paris einen Artikel über das Telegramm, mitten hinein in die Zeit der Friedensverhandlungen mit dem Deutschen Reich. Die Neutralität des Papstes wurde konterkariert, als möglicher Vermittler fiel er aus.[366]

Fechenbach wollte in der Tat die Macht des Papstes beschränken und in Frankreich Empörung verursachen. Sein Ziel war die Etablierung des Rätesystems in Deutschland. Der Vatikan also ein Kriegstreiber? So einfach ist die Lage nicht, wie der Historiker Jörg Zedler herausgefunden hat.

Gewiss hat es das Telegramm gegeben. Jedoch wurde es in München nicht weitergeleitet! Der Vatikan wollte sozusagen „über Bande" spielen, eine Botschaft an Wien über Bayern senden. Doch der Schachzug misslang. Die bayerische Regierung sicherte das Schreiben im Tresor. Dis 1919 wurde öffentlich weder in Wien noch in Berlin etwas bekannt.[367]

Die Frage ist aber, was den Vatikan zu der doch recht problematischen Äußerung gebracht hat. Der Doppelmonarchie fühlte man sich dort besonders verbunden, dem Erzherzog misstraute man aber. „Vielmehr waren es der Panslawismus und die aggressive Expansionspolitik Russlands, die schon die Berichte des Jahres 1913 dominiert hatten und die Angst vor einer zu schwachen Politik Österreichs-Ungarns, die den Heiligen Stuhl um die Bedeutung des Katholizismus fürchten ließ … Es ging [… um] den Erhalt der Doppelmonarchie, den Pius X. gefährdet sah, sollte sich Wien ein weiteres Mal als schwach erweisen."[368] Einen Krieg nur gegen Serbien zu führen, sah man wohl in Rom als angemessen an, nur wollte man das nicht direkt mitteilen. Als den eigentlichen Kriegstreiber, so berichtete der bayerische Gesandte ein Jahr später, betrachte man das deutsche Kaiserreich.[369] So war also das Telegramm keine Aufforderung zum Weltenbrand, sondern aus der Sorge um die Habsburgermonarchie entstanden. Einfluss auf die Kampfhandlungen hatte es nicht. Es blieb, gut verschlossen, in den Tresoren der bayerischen Staatsregierung.

Katholischer Aufbruch:
Quickborn und Liturgische Bewegung

Inwieweit der Erste Weltkrieg zu gesellschaftlichen Veränderungen oder gar einer Katharsis beigetragen hat, ist in der historischen Forschung heute umstritten. Immerhin konstatiert der Historiker Frank-Lothar Kroll: „[Der] Modernisierungsschub, dem die deutsche Gesellschaft während der ... vier Kriegsjahre ausgesetzt sein sollte, stellte alle Modernisierungsdiskurse der Vorweltkriegszeit bei Weitem in den Schatten. Dabei öffnete der Krieg durchaus Möglichkeiten, begonnene Reformansätze weiterzuführen. Anderes hingegen wurde in seinem Verlauf verschleppt oder vertan. Doch auch gänzlich neuartige, zur Friedenszeit unvorstellbare Wegrichtungen zeichneten sich in den Jahren zwischen 1914 und 1918 ab und wurden beschritten."[370] Für Philipp Blom stellte der Krieg zumindest eine Art Katalysator da, der die in der Luft liegende Veränderungen beschleunigte.[371] Dieselbe Frage könnte man an die katholische Kirche stellen. Haben die Entwicklungen des Krieges und die Position der Kirche, deren Struktur ähnlich monarchisch verfasst ist wie die des im November 1918 untergegangenen Reiches, zu einer Veränderung der Kirche beigetragen? Die traditionelle Ordnung brach zusammen; es entstanden neue gesellschaftliche Bewegungen, die vor der Kirche nicht haltmachten. Die Jugendbewegung und ein neues Selbstbewusstsein der Laien erstarkten nach dem Krieg in Deutschland außerordentlich. Prägende Beispiele sind die Geschichte des Quickborns und die Entwicklung der *Liturgischen Bewegung*. Sie sollen hier exemplarisch dargestellt werden, wohl wissend, dass es noch eine Reihe weiterer Aufbrüche, Ansätze und Bewegungen gab. Quickborn und Liturgische Bewegung fanden ihre Wurzeln vor 1914, beide erstarkten nach 1918.

Quickborn

Die Geschichte des *Quickborns* begann mit der Abstinenzfrage. Der Kampf gegen den Alkoholismus war einer der wesentlichen Ausgangspunkte dieser wichtigsten Laienbewegung im deutschen Katholizismus nach dem Ersten Weltkrieg.

Der Alkoholismus stellte um die Jahrhundertwende herum nach zwei Seiten hin ein Problem dar. Zum einen breitete sich der Elendsalkoholismus aus, andererseits spielte der Wohlstandsalkoholismus eine Rolle. Der Alkoholgenuss wurde geradezu zu einem gesellschaftlichen Zwang und einer Art modischem Accessoire. Auch an den höheren Schulen war der Alkohol ein großes Problem. Schule und Unterricht waren von großer Strenge und militärischem Drill geprägt. Vereinsgründungen und Kneipenbesuche waren den Gymnasiasten verboten. Es bestanden Ausgehsperren und ein öffentliches Rauchverbot. Die Folge war die heimliche Gründung von Schülervereinen, in denen es nach studentischem Vorbild zu Trinkgelagen kam. Kaplan Joseph Neumann aus Schlesien hatte 1896 einen *Verein gegen den Mißbrauch geistiger Getränke* gegründet, der als „organisatorische Heimat des Quickborn" angesehen werden kann.[372] In den kommenden Jahrzehnten gründeten sich weitere Gruppen des Kreuzbundes. Sie wandten sich an Schüler. Für Studenten waren die Gruppen wenig attraktiv.

Dr. Bernhard Strehler (1872–1945) aus Niederschlesien, der selbst seine Wurzeln in der Uridee der Abstinentenvereinigungen hat, gilt als einer der zentralen Gründer des Quickborn. Er war lange Zeit Schriftleiter einer gleichnamigen Zeitschrift und residierte später auf der Burg Rothenfels bei Aschaffenburg. Die mittelalterliche Burg wurde zum organisatorischen Zentrum des Bundes.

1910 gründete Strehler am Bischöflichen Knabenkonvikt in Neiße einen Abstinentenzirkel, kurze Zeit später auch einen am örtlichen Gymnasium. Hier in Neiße, im westlichen Schlesien, nahm die Quickbornbewegung so ihren eigentlichen Ausgang.[373] Strehler erkannte, dass die Zielsetzung der bestehenden Abstinentenzirkel – Verzicht auf Alkohol und Aufklärung über die Folgen des Alkoholismus – nicht ausreiche. Der Alkoholkonsum sollte ersetzt werden durch Aktivitäten wie Singen, Wandern und eine „fröhliche Frömmigkeit"[374], der „asketisch-negative Zug der Enthaltsamkeit sollte durch eine positive Spiritualität und Lebensfreude überhöht werden."[375]

Eine weitere Quelle des katholischen Quickborns war absolut säkular. 1895 hatten sich, unter der Leitung des Studenten Hermann Hoffmann-Fölkersamb, in Steglitz Gymnasiasten zu einem Stenografenverein zusammengeschlossen, die ab 1896 auch gemeinsame Wanderungen unternahmen. Aus dieser Gruppe entstand am 4.11.1901 der *Wandervogel-Ausschuß für Schülerfahrten*, der wiederum Ausgangspunkt für andere Gruppierungen und Vereine war. Der Breslauer Priester und Religionslehrer Hermann Hoffmann (1878–1972) bot, dadurch inspiriert, für seinen Abstinentenzirkel Wanderungen an, an denen bald auch viele Nicht-Abstinente teilnahmen. Aus dieser Gruppe entstand der *Wanderfreund*, ebenfalls ein Vorläufer des Quickborn. Die kirchlichen Gruppen nahmen den „emanzipatorischen" Impuls der Jugendbewegung auf: „…dies bedeutete, daß auf der einen Seite ihr anti-autoritärer Charakter und ihre Absolutsetzung des Jungseins, ihre Ablehnung der Erwachsenenwelt zurückgedrängt werden mußten, anderseits positiv ihre echten Werte aufgegriffen (Sehnsucht nach Echtheit, Ursprünglichkeit, Natürlichkeit; auch Selbstführung der Jugend)"[376] wurden.

Dritter im Bunde war Klemens Neumann (1873–1928), der ebenfalls in Neiße als Religionslehrer tätig war. Während Strehler den Gedanken des „Jugendreiches" in die Bewegung einbrachte und durch Hoffmann die Verbindung von Abstinenz und Wandervogel und somit der Anschluss an die Jugendbewegung kam, stand Neumann mit seiner Vorliebe für Lied und Geigenspiel sowie mit seiner Lebensfreude für die musischen Elemente im Quickborn.

Bald wurde deutlich, dass die Bezeichnung *Abstinenter Schülerzirkel* wenig Anziehungskraft besaß. Daher fand der Name *Quickborn*, den ein Obertertianer aus Neiße vorschlug, großen Anklang. Möglicherweise war der Name durch die Gedichtsammlung *Quickborn* des Dichters Klaus Groth aus Dithmarschen inspiriert.[377] Richtig bekannt wurde der Name jedoch erst durch die *Bundeszeitschrift*, die ebenfalls diesen Namen trug. Im Mai 1917 einigten sich bei einer Tagung in Pflochsbach am Main die sogenannten Gauleiter, dass die ganze Bewegung *Quickborn* heißen solle.[378] Dort einigte man sich ferner auf die Abstinenz als Grundlage des Bundes. Viele Religionslehrer, die die Jugendbewegten begleiteten, wollten diesen Schritt nicht mitgehen. Obendrein wünschten sie eine stärkere Bindung an die Kirche. Ihnen ging es mehr um eine Art von katholischem *Wandervogel*. Diesem Bestreben trug nach dem Krieg der Kölner Erzbischof Hartmann Geltung, als der den Bund *Neudeutschland. Verband katholischer Schüler höherer Lehranstalten* ins Leben rief.

Die Zeitschrift war bereits 1913 von Strehler ins Leben gerufen worden. Thematisch widmete sie sich der Abstinenz. Sie verfehlte ihre Wirkung nicht. Dass die Zirkel langsam zu einem Bund zusammenwuchsen, zeigte sich z. B. in dem Zusammenschluss einiger Gruppen zu ‚Gauen'. Auch der Vorschlag, Gautage durchzuführen, zeugte davon. Die Durchführung erster Gautage wurde durch den Beginn des Ersten Weltkrieges vereitelt.[379] Der Erste Weltkrieg bedeutete dann insofern einen spürbaren Einschnitt, als besonders die ältere männliche Zielgruppe durch den Fronteinsatz entfiel. Einen richtigen „Siegeszug" unter den katholischen Jugendlichen und jungen Erwachsenen trat der Verband erst nach dem Ersten Weltkrieg an. Der Austausch über Fragen der Lebensgestaltung, Diskussionen über den Geist der Kirche, Gespräche über die Wahrhaftigkeit, Überlegungen zu Geselligkeitsformen, Gesundheit u. a. verdrängten jedoch zunehmend das Thema Abstinenz. Musische Elemente (Singen, Musizieren, Theaterspiel, Tanz u. a.) erlangten eine große Bedeutung und prägten das Leben im Quickborn. Wandern und Fahrten bekamen einen zentralen Stellenwert im Gruppenleben. Die jugendbewegte Lebensform wurde mehr und mehr übernommen.[380]

Nach 1914 begann der Quickborn zu wachsen. Erstmals vereinigte er in der Kirche Jungen- und Mädchengruppen. Obendrein rekrutierte er sich hauptsächlich aus Schülern, sodass der Krieg keinen Aderlass für den Nachwuchs bedeuten musste. 1919 wurde die Burg Rothenfels am Main erworben. Ihre Bedeutung für den Quickborn war erheblich, und zwar strukturell wie substanziell. Sie war nicht nur organisatorische und geistige Mitte der Bewegung, sondern symbolisierte auch das Ideal der „Ritterlichkeit", von der im Quickborn oft die Rede war.[381] Ab dem Jahr 1920 begann man sich stärker mit der religiösen Erneuerung auseinanderzusetzen. Man sah sich der Liturgischen Bewegung verpflichtet. Der Festgottesdienst wurde aufgrund der hohen Teilnehmerzahl unter freiem Himmel gefeiert, wobei die Anwesenden in einem großen Kreis um den Altar standen. Für die damalige Zeit, die bisher eine sehr stark hierarchisch geprägte Liturgie pflegte, ein Novum. Auch wurde das geistliche Zentrum, die Kapelle der Burg, so gestaltet, dass sie neue Liturgieformen ermöglichte, die auch ausprobiert wurden.

Zu einem wesentlichen Protagonisten des Quickborn wurde der Theologe Romano Guardini (1885–1968). Guardini war nach Strehler geistlicher Leiter der Burg (1927–1939). Der Priester hatte entscheidenden Anteil an der Verbindung von Jugendbewegung und Liturgischer Bewegung. Ab 1923 war er dazu als Professor für Religionsphilosophie und katholische Weltanschauung in Breslau tätig. Nach dem Zweiten Weltkrieg nahm er seine Lehrtätigkeit in Tübingen wieder auf, 1948 erfolgte die Berufung nach München. Darüber hinaus wurde er 1960 in die Vorbereitende Konzilskommission für Liturgie berufen. Guardini durchdachte und reflektierte philosophisch und theologisch, was an Aufbruchsgedanken vorhanden war. Die jungen Leuten emanzipierten sich im Quickborn von tradierten Vorgaben. Bei aller Kirchenloyalität wuchs die Bereitschaft für Experimente. An vielen Angeboten nahmen Männer und Frauen teil – für die an strikte Geschlechtertrennung gewohnte Kirche der damaligen Zeit ein absolutes Unding.

Gesellschaftspolitisch spielte der Bund keine wesentliche Rolle. Für die Kirche war sein Einfluss jedoch enorm. „Wahrscheinlich hat Quickborn auf keinem Gebiet so entscheidende Leistungen, Folgen und Nachwirkungen gehabt wie auf dem der Kirche", urteilt Johannes Binkowski in der Rückschau.[382] Da der Quickborn sich als Jugendbewegung auf der Grundlage des katholischen Glaubens verstand, bekannte er sich zur Kirche. Aber die Mitglieder wollten eine andere Kirche als eine infallible Klerikerkirche. So arbeiteten sie aktiv und konstruktiv an der Umgestaltung der Kirche mit. Dies gilt besonders für den Bereich der Liturgie. Zu ihrem Wunsch nach einem jugendgemäßen Glaubensleben gehörte die Sehnsucht nach einer lebendigeren Liturgie, an der alle gemeinschaftlich beteiligt sind. So war rasch die Brücke zur Liturgischen Bewegung geschlagen. Neben der Wirkung des Quickborns in die Liturgische Bewegung hinein und als deren Vermittler war sein Einfluss in der Ökumenischen Bewegung und in der katholischen Frauenbewegung sowie in der Friedensbewegung und in der Reformpädagogik in hohem Maß spürbar. Nicht nur die größere Beteiligung der Laien an der Liturgie trug zu einem neuen Selbstverständnis der Laien und zu einem neuen Verhältnis von Priestern und Laien bei.

Der Quickborn lehnte das Präses-Prinzip, also die Bestimmung des Geistlichen Leiters durch die Kirche, ab. Unter den katholischen Vereinigungen stand er damit lange Zeit alleine da. Ebenso wie die Führer wurden im Quickborn die geistlichen Mitarbeiter gewählt. Auf dieser Grundlage konnte eine partnerschaftliche Beziehung zwischen Priestern und Laien entstehen, die nicht durch die kirchlichen Autoritätsstrukturen und den Klerikalismus geprägt war.[383] Der Quickborn war keine kirchenamtlich gegründete Jugendvereinigung und damit strukturell und organisatorisch unabhängig von der Kirche, die darauf anfangs mit großem Misstrauen reagierte. Die Bewegung stellte somit eine Art Vehikel und eine Brücke der Kirche in die neue Zeit dar. Hier wurden die Entwicklungen und Gedanken der nachrevolutionären demokratischen Republik aufgenommen: das Selbstbewusstsein, als Bürger das System (die Gruppe oder den Staat) mitbestimmen zu können, die Leitungen gleichberechtigt zu wählen und Unterschiede in Stand und Geschlechtern abzubauen. Der Weltkrieg und seine Erfahrungen beeinflusste nun eine Bewegung, die innerhalb der Kirche stand, diese aber von innen, oder vielmehr von unten (weil sie aus jungen Leuten bestand) mit prägen und mit entwickeln sollte.

Das alte Denken beherrschte die Kirche weiterhin. Doch Verbände wie der Quickborn trugen zur notwendigen Erneuerung bei, wenn auch mit eher langfristigen Wirkungen. Johannes Binkowski, Journalist und Verleger, Mitglied des Quickborn seit 1920, resümiert später: *„Die Kirche hatte nach dem Ersten Weltkrieg ihren Standort in der Gesellschaft noch nicht gefunden. Obwohl auch für sie eine neue Zeit angebrochen war, hielt sie an überkommenen Formen fest. Apologetik und Moralismus beherrschten ihre Vorstellungen. Die Kluft zwischen Rationalismus und Gefühlsseligkeit schien unüberbrückbar. Gottesbeweise mit ihren logischen, aber nicht überzeugenden Deduktionen und Volksgottesdienste mit ihren süßlichen, theologisch sogar bedenklichen Liedern seien nur als die beiden Pole genannt. Gesellschaftspolitisch war die Kirche zwar mit dem Sturz des Kaiserreiches aus dem sozio-kulturellen Getto befreit. Allein sie zog daraus nicht die notwendige Folgerung, blieb mit ihrem Verbandskatholizismus in der Defensive und war nach wie vor eine Kirche der Kleriker und Laien."*[384] Der Quickborn habe, so der Zeitzeuge, hier aufbrechend gewirkt, allein, weil seine Mitglieder eine neue Weise des Selbstbewusstseins entwickelten. *„Nun kam der Quickborn mit Sturm auf, der auch die Kirchentür öffnete und vieles von dem hinwegfegte, was bisher als selbstverständlich gegolten hatte. Das erregte Misstrauen innerhalb der katholischen Kirche, weil nicht mehr alles von der Hierarchie zu bestimmen war, sondern vieles als spontaner Vorgang weitgehend von dem Eigenwillen der Jugendlichen abhing. Der Ausbruch aus dem katholischen Verbandsgetto war dabei wohl das größte Problem, obwohl sich später, vor allem in der Zeit des Nationalsozialismus, zeigte, daß dieser Vorgang zeitgeschichtlich dringend notwendig war."*[385]

Womöglich ist der Einfluss des Bundes – und der anderer Verbände und Bewegungen – in der Retrospektive von annähernd einhundert Jahren und mit der Erfahrung des Zweiten Vatikanischen Konzils, das viele Impulse gerade aus der Zeit nach dem Ersten Weltkrieg aufgriff und die Angst vor der Moderne überwand, nicht zu gering einzuschätzen. Das könnte Paul Binkowski sicher bestätigen. Mit dem Quickborn begann der Aufbruch der Kirche, *„die Neubesinnung auf die Grundwerte sowohl der Kultur wie der Gesellschaft und die Erkenntnis von der Notwendigkeit des einfachen Lebens"*[386]. Der Quickborn habe *„der Kirche Hoffnung vermittelt, weil er ihr eine Jugend zuführte, die in kritischer Gläubigkeit neue Formen christlichen Gemeindelebens entwickelte, das Grundproblem Freiheit und Autorität, das für die Neuzeit von fundamentaler Bedeutung ist, vom Ansatz her durchdachte und überall mit freudigem Bekennermut auftrat ... Quickborn hat maßgebend mitgewirkt, veraltete Strukturen in Kirche und Gesellschaft zu durchstoßen. Er hat einen Aufbruch in die Wege geleitet, der eine Vollendung im Zweiten Vatikanischen Konzil gefunden hat, eine andere in einem veränderten Gemeindeverständnis und eine dritte in dem neuen Selbstbewußtsein der freien, in eine Ordnung eingebetteten Persönlichkeit, die aus der Auseinandersetzung mit den geistigen Strömungen der Zeit und dem Gemeinschaftserlebnis der Jugendbewegung"*[387] hervorging. Nicht zu gering zu schätzen ist die Tatsache, dass der Quickborn Männern und Frauen Entfaltungsmöglichkeiten bot, und das zu einer Zeit, da die katholische Kirche noch weitaus stärker von Männern dominiert wurde, als sie dies heute noch ist. Man kann feststellen, „daß der Quickborn durch die Öffnung neuer Erfahrungs- und Erlebnisfelder und durch die Erweiterung der sozialen Räume den Mädchen die Selbstständigkeit und die Entwicklung eines neuen Selbstbewußtseins ermöglichte ... Durch eine positive Sicht des Weiblichen konnten sich die Mädchen gut mit ihrem Frausein identifizieren. So war eine gute Voraussetzung für einen unbefangenen und natürlichen Umgang der Geschlechter miteinander gegeben."[388]

Nuntius Eugenio Pacelli übrigens, mittlerweile in Berlin ansässig, sah den Quickborn kritisch. In einer gemeinsam mit dem Jesuiten Augustin Bea in den Zwanziger Jahren verfassten Lagebeurteilung der katholischen Kirche in Deutschland wird festgestellt, „ein verkehrter Geist der falschen Autonomie und Unabhängigkeit habe auch in die katholische studentische Jugendbewegung, besonders in den ‚Quickborn' Einzug gehalten".[389] Ähnliches gelte für die Verwerfungen, die die Liturgische Bewegung erzeugt habe. „Gebildete katholische Kreise ließen sich von der Maria Laacher Richtung der liturgischen Bewegung faszinieren, die zurück zur Urkirche wolle und die erprobten Frömmigkeitsübungen der späteren kirchlichen Tradition für gering achte."[390] Besonders aber, und das ist ein passendes Resümee für die veränderten

Bedingungen in der katholischen Kirche Deutschlands nach 1918, „gehe die kirchliche Praxis und der kirchliche Sinn im Volk allmählich, aber kontinuierlich seit der Erfahrung des Krieges zurück"[391].

Die Liturgische Bewegung

Gleichzeitig entstand, besonders befördert durch den Benediktinerorden, die *Liturgische Bewegung*. Die besondere Bedeutung der Verbindung von (kirchlicher) Jugendbewegung und Liturgischer Bewegung lag darin, „daß vor allem durch die Liturgie die katholische Jugendbewegung ihre kirchliche Form, bzw. ihre Ausrichtung an etwas Objektivem erhielt, die jenen Subjektivismus überwand, der der ursprünglichen Jugendbewegung eigen war"[392]. Sie fand ihre Wurzeln ebenfalls in der Erschütterung des Krieges und trug Wesentliches zum Aufbruch der Kirche in die Moderne bei. In ihr wurde deutlich, dass die Laien die eigentlichen Träger des Gottesreiches waren, kein bloßes Fußvolk, das zu führen den Oberhirten oblag. Wohin deren Wege führten, hatte man in den Schlachten des Weltkrieges allzu schmerzhaft erfahren müssen.

Durch die Jahrhunderte hindurch war die mangelnde Bildung der Menschen quasi ein Strukturmerkmal der Kirche. Das „Fach"-Wissen wurde den Experten überlassen, wodurch Abhängigkeiten der „einfachen" Gläubigen fabriziert wurden. Durch den von Gutenberg erfundenen Buchdruck und die erste deutsche Bibelübersetzung Martins Luthers waren schließlich mehr und mehr Christen in die Lage versetzt worden, sich selber bibelkundig zu machen. Später begannen Wissenschaftler mit der historisch-kritischen Methode der Bibelexegese, die zu einem Erkenntniszuwachs in Bezug auf die Bibel führen sollte. In diesen Traditionen stand letztlich auch zu Beginn des 20. Jahrhunderts die Liturgische Bewegung[393], die, in ihrem Kern Bildungsbewegung, den vertieften Zugang und damit die intensivere Mitfeier der Liturgie ermöglichen sollte. Schon der Benediktiner Anselm Schott betrieb im ausgehenden 19. Jahrhundert eine Art Aufklärung der Gläubigen, indem er mit seinem *Volksmessbuch* liturgische Texte übersetzte und den Betenden zur Verfügung stellte. Theologen wie Romano Guardini und Pius Parsch, Benediktinerabteien wie Maria Laach in der Eifel und Grüssau im niederschlesischen Riesengebirge förderten allgemein das liturgische Verständnis, bis hin zur Verwendung der Volkssprache im Gottesdienst.

Die Liturgische Bewegung zu Beginn des 20. Jahrhunderts fand ihren gedanklichen Ausgangspunkt in der Rückbesinnung auf ursprüngliche Formen der liturgischen Feier, die in den zurückliegenden Jahrhunderten zunehmend verschüttet worden waren. Zu einer Initialzündung wurde eine Rede des belgischen Benediktinermönches Lambert Beauduin auf dem Katholikentag in Mechelen im Jahr 1909. Im Mittelpunkt der Rede standen u. a. die Forderung nach Volksmessbüchern und nach der regelmäßigen Kommunion. Damit wurden Ansätze aufgegriffen, die sich bereits seit dem 19. Jahrhundert entwickelt hatten. Der Benediktiner Anselm Schott gab bereits eine deutsche Übersetzung des Messbuches für den Volksgebrauch heraus, allerdings bis zum Beginn des 20. Jahrhunderts unter Auslassung der Wandlungsworte. Die Vorreiter der Bewegung gingen nun einen Schritt weiter. Ihnen lag die tätige Teilnahme aller Gläubigen am Herzen. „Es ging der Liturgischen Bewegung … um wirkliche Mitfeier, nicht um das Mitlesen der Messe" (Michael Kunzler). In Mitteleuropa entwickelten sich mehrere Zentren der Bewegung. An geografischen Zentren sind die bereits erwähnten Abteien Maria Laach und Grüssau und im Ausland Klosterneuburg in Österreich, Solesmes in Frankreich und Mont-César in Belgien zu nennen. Daneben galten das Oratorium in Leipzig, die Burg Rothenfels bei Aschaffenburg und die Theologische Fakultät in Innsbruck als wichtige Impulsorte der Liturgik. Namentlich ist die Entfaltung des liturgischen Bewusstseins verbunden mit Romano Guardini, Pius Parsch OSB und Ildefons Herwegen.

In Theorie und Praxis wurde über die bewusste Gestaltung der Liturgie reflektiert. Teilweise wurden liturgische „Experimente" durchgeführt, die in der damaligen Zeit ungewöhnlich und oft sogar verboten waren, wie die Verwendung der Muttersprache und die Zelebration *versus populum* (dem Volk gegenüber). Begleitet wurden diese Überlegungen von einer Neuorientierung in der Architektur, die hier besonders mit dem Namen Rudolf Schwarz verbunden ist. Seine Gestaltung der Kapelle und des Rittersaales auf der Burg Rothenfels war in den Zwanziger Jahren des 20. Jahrhunderts richtungsweisend.

Die Ideen der Liturgischen Bewegung wurden nach dem Zweiten Weltkrieg auch in Rom rezipiert. Einen Wendepunkt markierte 1947 die Enzyklika *Mediator dei*, die schließlich die Liturgiekonstitution des Zweiten Vatikanischen Konzils vorbereitete, in deren Folge das noch heute gültige Messbuch entstand. Ebenfalls im Rahmen der Liturgischen Bewegung sind die Gründung nationaler liturgischer Institute, die Verbreitung liturgischer Handbücher und, bis heute, die liturgische Bildung zu sehen.

Für Pius Parsch, einen der Vordenker der Liturgischen Bewegung, ist die Rolle des Gemeindemitglieds für die Gestaltung des Gottesdienstes zentral. Parsch, Österreicher und Ordenspriester in Klosterneuburg bei Wien, hielt Bibelstunden und Liturgierunden ab und begann damit gelebte theologische Aufklärung durch theologische Erwachsenenbildung. Den Weltkrieg hatte er als Feldkurat an der Ostfront miterlebt. Seine Ideen, formuliert kurz nach dem Ersten Weltkrieg, werden die Kirche nachhaltig beeinflussen. Erst das Zweite Vatikanische Konzil wird seine Theologie (teilweise) aufgreifen. Umgesetzt sind viele seiner Gedanken bis heute nicht. *„Das war die Rolle und Stellung des Laien in der Kirche von gestern"*, schreibt er 1926 in einem Vorwort zu einem Grundlagenwerk über *„lebendige Liturgie"* und setzt damit die Agenda seines Tuns und der ganzen Liturgischen Bewegung.

Was, fragt Pius Parsch, ist die Rolle des Laien in der Liturgie? *„Er hat nichts zu reden, er darf nicht in den Gang des Gottesdienstes eingreifen. Wir hatten nur einen Priestergottesdienst, die Laien hatten keinen Platz. Das war auf der ganzen Linie des Kirchentums der Fall. Darum hat man dem Laien seinen größten Adel, das königliche Priestertum zu bekleiden, verschwiegen und vorenthalten, einzig aus dem antiprotestantischen Affekt heraus, es könnten die Laien das geweihte Priestertum geringschätzen oder sich anmaßen. Wir könnten eine ganze Reihe Konsequenzen aus dieser Situation anführen: Der Laie mußte sich in allem vertreten lassen: der Sängerchor vertrat ihn im liturgischen Gesang, der Ministrant im Messedienst, der Priester im liturgischen Gebet. Nicht einmal bei der Kommunion ließ man ihn an dem liturgisch gegebenen Platz der Messe zu. Manche Teile der Meßliturgie wurden daher fossil: das Dominis vobiscum wurde zur unverstandenen Formel, ebenso das Oremus, das Amen. Einen Lesegottesdienst in der Messe gab es in Wirklichkeit nicht. Wie ist es heute oder vielmehr morgen? Der Laie ist mündig geworden. Es ist nicht etwa eine Anmaßung und ein Eingreifen des Laien in fremde Rechte; nein, so ist es sein Platz, den ihm Christus in der Messe anweist. Er nimmt an dem königlichen Priestertum Christi teil und dieses befähigt ihn zur vollen Aktivität in der Kirche. Die aktive Teilnahme an der Liturgie ist eine der ersten Folgerungen dieses Amtes. Dass dieses Prinzip der Aktivität für den Laien ein voll berechtigtes ist, das haben die letzten drei Päpste wiederholt ausgesprochen. Es gilt nur, dieses Prinzip wirklich anzu-*

wenden, und zwar bis zur letzten Konsequenz. Der Laie darf sich nun in seinem ganzen kirchlichen und religiösen Leben nicht mehr als ein passiver Gegenstand fühlen. Er muß in allem und jedem eine aktive Rolle spielen."[394]

Die Frage, ob nicht auch der Weltenbrand des Weltkriegs eine Veränderung in Habitus und Denken der Kirche hervorgerufen hat, spricht Parsch nicht dezidiert an. Nur in einer Formulierung kann man herauslesen, welchen Aufbruch die Kirche nach 1918 vollzogen hat, erst recht durch Protagonisten wie den Augustinerchorherrn Parsch. *„Aus dem finsteren, negativen Christentum wird ein freudiges, aktives und bejahendes werden. Wir stehen an einer Wende."*[395] Die Wende führt Parsch auf die Wiederentdeckung von Bibel und Liturgie zurück – natürlich, das sind seine Themen. Er ist von ihnen überzeugt und weiß, dass liturgische und biblische Bildung emanzipatorisch wirken. Der Weg dorthin wurde jedoch durch den Zusammenbruch tradierter höfischer Strukturen beschritten. Die Revolution im Land, die mit der Republik die Demokratie und damit die Würde der Staatsbürger mit aktivem und passivem Wahlrecht brachten, vollführte sich parallel in der Kirche mit der Entdeckung der Würde aller Getauften als vollwertige (und damit aktive) Glieder der Kirche.

Übergänge in die Moderne

Die Irritation durch die Republik wurde innerhalb der katholischen Kirche weniger dramatisch empfunden als bei den evangelischen Glaubensgeschwistern. „Da die evangelische Kirche sich dem deutschen Kaiserreich von 1871 aufs Engste verbunden fühlte, trafen sie die Veränderungen härter als die katholische Kirche, die gerade erst einen langjährigen Konflikt mit dem protestantisch-preußisch dominierten Reich hinter sich hatte."[396] Einfach ausgedrückt, war die katholische Kirche gerade deswegen, da sie ihren Referenzpunkt südlich der Alpen besaß, schlicht besser auf den radikalen politischen Umbruch eingestellt. Der scheinbar so rückwärtsgewandte Ultramontanismus bot nun den Hintergrund für eine gewisse Gelassenheit, mit der man sich in den neuen Strukturen zurechtfinden konnte. „Zudem verfügte man mit dem Zentrum über eine Partei, die in der Lage war, in der repräsentativen Demokratie katholische Anliegen zu vertreten."[397] Für die evangelische Kirche hingegen, so Christoph Strom, bedeutete das Verschwinden des Herrscherhauses „den Verlust der umfassenden Sorge der weltlichen Obrigkeit in kirchlichen Angelegenheiten"[398].

Das Zentrum drohte am Übergang zur Republik zu implodieren. Viele in der Partei wollten die Republikgründung und eine weitere Demokratisierung mitgehen; andere wiederum hingen der alten ständischen Ordnung an. Allerdings hatte die Auseinandersetzung nur in Bayern Konsequenzen, dort gründete sich aus dem Zentrum heraus die Bayerische Volkspartei. Bis 1933 war sie die stärkste Partei in Bayern, bis 1923 gehörte ihr sogar als „prominentes" Mitglied Heinrich Himmler an.

Wieder begegnen wir Michael von Faulhaber. Der Abgeordnete Eckardt (Hannover) fragte zusammen mit den Abgeordneten Koenen, Bartz (ebenfalls Hannover), Frölich, Höllein, Dr. Herzfeld und Hendemann am 31. August 1922 im Reichstag: *"Ist der Reichsregierung bekannt, daß der Erzbischof Faulhaber in München in einer Predigt am Sonntag, den 27. August 1922, die republikanische Staatsform geschmäht und beschimpft hat? Ist die Reichsregierung bereit, den Wortlaut der Rede des Erzbischofs gerichtlich festzustellen?"*[399] Für eine Antwort ließ sich die Reichsregierung bis zum 16. November des Jahres Zeit, dann beschied sie knapp: *"Die Predigt des Herrn Erzbischofs von München-Freising, Kardinals Michael von Faulhaber, am 27. August 1922 in München, ist der Reichsregierung im Wortlaut bekannt. Ein Verstoß gegen das Gesetz zum Schutz der Republik kommt nicht in Betracht."*[400] Was hatte der Kardinal gepredigt? Bei der Eröffnung des Katholikentages auf dem Münchner Königsplatz stellte Faulhaber klar, was er vom Umsturz 1918 hielt: *"Die Revolution war Meineid und Hochverrat, bleibt in der Geschichte erblich belastet und mit dem Kainsmal gezeichnet. Auch wenn der Umsturz ein paar Erfolge brachte, wenn er den Bekennern des katholischen Glaubens den Weg zu höheren Ämtern weit mehr als früher erschloss – ein sittlicher Charakter wertet nicht nach den Erfolgen, eine Untat darf nicht der Erfolge wegen heiliggesprochen werden."*[401]

Nicht nur linke Politiker der jungen Republik waren über die Worte empört. Sie ärgerten auch den auf Ausgleich ausgerichteten Präsidenten des Katholikentages, den Kölner Oberbürgermeister und Präsidenten des preußischen Staatsrates, Konrad Adenauer. „Er teilte die Auffassung des Kardinals ganz und gar nicht. Er benutzte seine Rede in der Abschlussversammlung vier Tage später, um sich, und zwar ausdrücklich im Namen des ganzen deutschen Katholizismus, von der Verurteilung der Republik zu distanzieren. Zwar ließ er es am Dank für Faulhaber, der sich an mehr als zwanzig Veranstaltungen als Redner beteiligt hatte, nicht fehlen, er wählte auch ein höfliches Vokabular für seinen Widerspruch, erklärte aber doch mit schlichten Worten, der Kardinal habe in diesem Punkt nicht für die Gesamtheit der deutschen Katholiken gesprochen."[402] Faulhaber war erbost, wurde von Adenauer nur dadurch am Verlassen der Veranstaltung gehindert, da dieser ihn bat, einen Schlusssegen zu sprechen.

1925 wurden der Kardinal und seine Äußerungen zur Republik wieder Thema im Plenum des Reichstages. Faulhaber blieb seinen tradierten Idealen, der Monarchie und dem Militärischen zeitlebens verbunden und wurde für viele Bayern eine Art Ersatzkönig für den verlorenen eigenen Regenten. Der Erzbischof vermochte „eine Trennung der für viele andere Katholiken nach dem verlorenen Krieg und dem erlittenen Leid inhaltsleer gewordenen militärischen Formen und Symbole von den Bemühungen um einen Neuanfang nicht zu leisten."[403]

Die Zustimmung zu Hitlers Ermächtigungsgesetz und die darauf folgende Selbstauflösung des Zentrums bedeuteten das Ende des parteipolitischen Katholizismus in Deutschland. Die bevorstehende Unterzeichnung eines Konkordates, aus Sicht katholischer Politiker das große Ziel ihres Arbeitens und Wirkens seit mehr als zehn Jahren, die Quasi-Anerkennung der katholischen Kirche in Deutschland durch den Staat, machte blind für die eigentlichen Absichten der Nationalsozialisten. Heinrich Brüning, der unglückliche letzte demokratisch gewählte Reichskanzler der Weimarer Republik, ein Zentrumspolitiker, beschreibt in seinen Memoiren, wie er mit Hilfe Hugenbergs und von Papens versuchte, das Ermächtigungsgesetz zu verhindern oder zumindest abzuändern. Vonseiten der eigenen Partei schwand jedoch die Unterstützung: *„Kaas' Widerstand wurde schwächer, als Hitler von einem Konkordat sprach und Papen versicherte, daß ein solches so gut wie garantiert sei. Das war die Frage, die Kaas naturgemäß und verständlicherweise am meisten interessierte, aus seiner ganzen Anschauungswelt heraus.“*[404] Der Blick des Zentrumsvorsitzenden und Klerikers Kaas war demnach absolut selbstreferenziell fokussiert: *„Seit 1920 hatte er immer gehofft, ein Reichskonkordat mitzuschaffen. Für ihn als Prälaten war die Sicherung der Beziehungen zwischen dem Vatikan und dem Deutschen Reich eine entscheidende Frage, der die übrigen höchstens koordiniert, wenn nicht untergeordnet werden mußten. Hitler und Papen werden gemerkt haben, wie die wachsenden Aussichten auf ein Konkordat Kaas immer mehr fesselten.“*[405] Brüning erinnert sich, er habe versucht, auf Kaas einzuwirken, jedoch kaum Gehör gefunden. Er berichtet: *„Kaas kam immer hoffnungsfreudiger von diesen Unterhaltungen* [mit Hitler, Anm. M. L.] *zurück. Meine Warnung machte keinen Eindruck. Er erklärte mir, daß vor allem die Formel ‚die freundschaftlichen Beziehungen zum Heiligen Stuhle' der größte Erfolg sei, den man seit zehn Jahren in irgendeinem Lande gehabt habe. Diese Formulierung werde einen ungeheuren Eindruck in Rom machen; er könne nicht anders als diesen Erfolg in den Mittelpunkt seiner Betrachtungen zu stellen. Ich sagte ihm, daß er damit als Vorsitzender die Zentrumspartei selber zerstöre, ohne irgendeine wirkliche Sicherheit in der Hand zu haben. Meine Bemühungen, ihn zu überzeugen, wurden mehr und mehr ergebnislos.“*[406]

Der gute Eindruck in Rom war sicherlich erreicht. Für die Republik, die Bevölkerung und die katholische Kirche war das Ergebnis jedoch fatal, das Konkordat nicht das Papier wert, auf dem es geschrieben war. Außerdem ließ es viele Wünsche offen, wie auch Brüning darlegt. Die Tragik der Geschehnisse liegt darin, dass die Anerkennung der katholischen Kirche in Deutschland rund 50 Jahre nach dem Kulturkampf, die eigentlich ein Höhepunkt sein sollte, zu diesem Zeitpunkt an den Abgrund führte. Endlich glaubte man, mit dem Staat im Reinen zu sein. Im gleichen Augenblick ließ man ihn im Stich und gab man ihn der Vernichtung preis.

Kurz vor der entscheidenden Abstimmung waren, so erinnert sich Brüning, schon rund 70 % der Zentrumspartei bereit, für das Ermächtigungsgesetz zu stimmen, und selbst er hob am Ende seine Hand. Das gesamte Zentrum stimmte zu. Widerstanden haben allein die 94 anwesenden Abgeordneten der SPD. Im Nachhinein bezeichnete Brüning es als *„Erniedrigung ... im Interesse der Sache für das Ermächtigungsgesetz gestimmt zu haben"*[407]. Das „Interesse der Sache" waren Konzessionen, die Hitler zu machen versprochen hatte. Für das Konkordat mit dem Vatikan hatte die Zentrumspartei die Republik verkauft. Prälat Kaas verließ Berlin Mitte April 1933 in Richtung Rom und hat Deutschland nie wieder betreten.

Heinrich Brüning wurde kurze Zeit später der letzte Vorsitzende des Zentrums und leitete die Auflösung der Partei am 6. Juli 1934 ein. *„Kein Bischof"*, so bemerkt er enttäuscht nach 35 Jahren, *„hat schriftlich oder mündlich ein Wort des Dankes ausgesprochen für das, was die Partei in ihrer mehr als 60-jährigen Geschichte für den Katholizismus getan und gelitten hat ... Rom schwieg."*[408] Ende Juni 1934, nach Verfolgung durch Polizei, SS und Gestapo, verließ Heinrich Brüning Europa und ging nach Vermont ins Exil. Die Gründung einer überkonfessionellen Union nach 1945 war ebenso konsequent wie die Regelung, dass kirchliche Amtsträger in Zukunft auf die Übernahme politischer Posten verzichteten.

Michael von Faulhaber übrigens, der Monarchist und engagierte Feldprediger im Ersten Weltkrieg, war nun einer derjenigen Kirchenvertreter, die, nach anfänglicher Begeisterung für das sich nationalkonservativ gerierende Regime, ihre Stimme gegen den Nationalsozialismus erhoben. Legendär geworden sind seine Adventspredigten im Münchner Liebfrauendom, zu denen die Menschen in Scharen pilgerten. Er sprach gegen den Rassenwahn der Nazis und blieb doch bis zuletzt ambivalent: Faulhaber „bezog entschieden gegen einzelne Aspekte der nationalsozialistischen Ideologie und Praxis Stellung, zeigte aber bis in die letzten Jahre des Dritten Reiches eine erstaunliche Führerverehrung"[409]. Der Feldprediger und Kritiker der Republik blieb seiner stark obrigkeitshörigen Staatsauffassung und Kirchenzentriertheit stets treu – trotz aller Verdienste, die er sich mit offenen Worten gegen das Unrechtsregime erwarb.

In einem Brief vom April 1933 lesen wir: *„Dieses Vorgehen gegen die Juden ist derart unchristlich, daß jeder Christ, nicht bloß jeder Priester, dagegen auftreten müßte. Für die kirchlichen Oberbehörden bestehen weit wichtigere Gegenwartsfragen; denn Schule, der Weiterbestand der katholischen Vereine, Sterilisierung sind für das Christentum in unserer Heimat noch wichtiger, zumal man annehmen darf und zum Teil schon erlebte, dass die Juden sich selber helfen können, daß wir also keinen Grund haben, der Regierung einen Grund zu geben, um die Judenhetze in eine Jesuitenhetze umzubiegen. Ich bekomme von verschiedenen Seiten die Anfrage, warum die Kirche nichts gegen die Judenverfolgung tue. Ich bin darüber befremdet; denn bei einer Hetze gegen Katholiken oder gegen den Bischof hat kein Mensch gefragt, was man gegen diese Hetze tun könne."*[410] Mit dem Wissen von heute stutzen Leserinnen und Leser des Textes angesichts der Betonung vermeintlich weit wichtigerer Gegenwartsfragen. Und das in Anbetracht eines auch schon im April 1933 offenkundigen Antisemitismus? Der Kardinal war in seinem Denken einer gewissen kirchlichen Selbstreferenz verhaftet. Dieses Moment zieht sich durch seine gesamte Biografie hindurch. In der späteren Bundesrepublik hätte er sich, wie vermutlich auch sein Mitbruder Kardinal Graf von Galen, nicht mehr zurechtgefunden, wiewohl ihm gerade diese Republik noch das Bundesverdienstkreuz überreichte. Er starb 1952 in München.

Am Ende des Ersten Weltkrieges stand viel Unsicherheit. Was wird aus dem Staat und was wird aus der Kirche? Carl Muth, Herausgeber des *Hochland*, schreibt im Oktober 1918 in seiner Zeitschrift: *„Diese Zukunft wird, das ist keine Frage, unter dem Zeichen großer sozialer Umgruppierungen und Kräfteverschiebungen stehen. Noch fast ein jeder Krieg hat sich als eine Kraft offenbart, die die durch Lockerung und Verschiebung gesellschaftlicher und politischer Verhältnisse allmählich herbeigeführten sozialen Krisen einem raschen Ende zuführt."*[411]

Die Auswirkungen des Krieges auf die Gesellschaft und auf die Kirche waren kurz- und langfristig beträchtlich. „Die Integration der deutschen Katholiken in das Kaiserreich hatte 1914 ihren Gipfelpunkt erreicht, sowohl aus kirchlicher wie aus staatlicher Perspektive. Die Ziele des Katholizismus schienen mit denen Deutschlands verschmolzen zu sein; die bisherigen Koalitionsrivalitäten waren unter dem Eindruck des Kriegsausbruchs anscheinend verschwunden. Zugleich nahm das religiöse Leben der Katholiken an der Front und in der Heimat einen ungeahnten Aufschwung, der zumindest anfangs noch durch ihre nationale Begeisterung mit erklärt werden kann."[412] Die Kriegsbegeisterung ließ 1915, spätestens aber 1916 nach. Das ist teilweise auch den kirchlichen Äußerungen zu entnehmen, wenn man gleichwohl bis 1918 offiziell die Unterstützung der staatlichen Kriegspolitik zur Schau stellte.

Die Staatstreue der Katholiken führte zu einer verstärkten Geschlossenheit innerhalb der Kirche in Deutschland. Doch der Zusammenbruch der gewohnten Ordnung brachte ein neues Bewusstsein des Individuums in der Gesellschaft. Das machte vor der Kirche nicht halt. Zwar stellte man die Autoritäten nicht infrage. Das Aufkommen von Liturgischer Bewegung und das Erstarken der katholischen Jugendverbände zeugte von einem neuen Verständnis der Gläubigen als mündigem Teil der Gemeinschaft. „So hat die während des Ersten Weltkriegs ohne großes Geräusch eingetretene Wende zur Liturgie zugleich eine Wende im Verhältnis der von ihr ergriffenen Katholiken zur Kirche und Welt bedeutet, die in der Nachkriegszeit neue Ufer in Kirche und Gesellschaft leichter erreichbar machte; zugleich wurde damit aber auch eine kritische Distanz zur Praxis der Vergangenheit möglich."[413] Die katholischen Jugendverbände würden ihre Hochzeit gegen Ende der Weimarer Republik erreichen.

Das ist die eine Sicht, die durchaus berechtigt ist. Kritisch wäre anzumerken, dass in vielen Aspekten die „neuen" Bewegungen Überkommenes in anderer Form perpetuierten. Zwar betonte die Liturgische Bewegung die neue Position des Laien im Gottesdienst. Eine starke Klerikalisierung, jetzt ausgehend von den Laien, konnte so nicht verhindert werden. Und die Ausweitung der Ideen der Jugendbewegung mögen vielleicht deshalb in der katholischen Kirche auf fruchtbaren Boden gefallen sein, weil sie Elemente enthielt, die der katholischen Struktur entsprachen. So urteilt der Politikwissenschaftler Franz Walter über die Entwicklung der Jugendbewegung nach dem Ersten Weltkrieg kritisch: „Im Vergleich mit der ersten Jugendbewegung im späten Wilhelminismus suchte die Nachfolgekohorte, die in der Weimarer Republik die Bühne betrat, einen anderen, sehr viel härteren, enorm rigiden kollektivistischen Ausdruck. Während die [früheren, M. L.] Wandervögel noch von ‚innerer Freiheit' sprachen und unbeaufsichtigten Räumen der Autonomie zustrebten, sehnen sich diejenigen, die zwischen 1902 und 1903 geboren worden waren, in den Zwanziger Jahren nach stärkerer Bindung, uniformem Habitus, disziplinierter Gefolgschaft dem jeweiligen Führer gegenüber, nach straffer Ordnung und männlichen Kampftugenden in oft parasoldatischen Zusammenschlüssen – eine gleichsam totalitäre Übereinkunft von weit links bis weit rechts, ohne indes die Mitte von Form und Mentalität dieser neoautoritären Attitüde unberührt zu lassen." Franz Walter kommt zu dem Schluss: „Die Jugendbewegung der Zwischenkriegsjahre war mit einer politischen Kultur der liberalen, pluralistischen Demokratie nicht mehr kompatibel."[414] Selbst in den katholischen Jugendverbänden, ist der Gedanke eines straffen Führungsprinzips anerkannt gewesen. Das ändert nichts an der These, dass mit den Verbänden ein Aufbruch zu mehr Selbstbewusstsein verbunden war. Es macht allerdings die Nähe zur monarchistischen Ordnung deutlich, die solchermaßen subkutan weiterbestehen konnte.

Der Krieg und die Dämmerung des Kaiserreiches haben trotz allem die Entwicklung begünstigt, dass Autoritäten nicht nur militärische Niederlagen erlitten, sondern insgesamt erodierten. Die überkommene Ordnung hatte kapituliert und mit ihr eine überkommene kirchliche Ordnung, die staatsragend, staatsnah und in Kumpanei mit den Mächtigen gewirkt hatte. Nun bestimmten die Bewegungen, die Verbände und die theologische Diskussion über die Stellung des Laien in Kirche und Gesellschaft, wie sie auch innerhalb der Liturgischen Bewegung geführt wurde, das Bild der Kirche in Deutschland. „Nicht nur spirituell-kulturelle Reformtendenzen, sondern gerade der Katholizismus der Vereine (und ihrer Zentralen) drängten unbeabsichtigt das Klerikale und Ultramontane zurück."[415]

Auf der anderen Seite fand in den Zwanzigerjahren eine Art neuer Verkirchlichung statt. Basierend auf dem 1917 in Rom erlassenen Codex Iuris Canonici, dem ersten einheitlichen katholischen Kirchengesetzbuch, sollte die Autorität der Hierarchie gefestigt werden. So wurde versucht, das Vereinswesen mehr als bisher zu kontrollieren und viele Initiativen der Gläubigen stärker in den Gesamtrahmen der Kirche einzubinden. Die bis dahin veranstalteten Generalversammlungen der Katholiken in Deutschland nahmen zunehmend den Charakter kirchlicher Demonstrationen an, waren weniger freie Treffen katholischer Engagierte, als vielmehr „Leistungsschauen" der Kirche in Deutschland.

Aus der Generalversammlung wurde, obwohl der Name zunächst blieb, der Katholikentag. Die Bereitschaft zur Reform war 1918 groß. Jetzt erst zeitigten die Bemühungen der reformerischen Theologen und Laien der vergangenen fünf Jahrzehnte Erfolge. Vor dem Krieg stand die katholische Kirche ideenpolitisch „im Gegensatz sowohl zum liberalen Individualismus wie zum sozialistischen Kollektivismus wie jedenfalls zum etatistischen Konservatismus"[416]. Der „Modernisierungsschub im Vereinswesen hat den Eintritt des Katholizismus ins 20. Jahrhundert, dem doch die Kirche abgeneigt gegenüberstand, entschieden befördert, und damit die Ansätze zur positiven Einfügung in die Republik, in eine demokratische, im Prinzip egalitäre und zuletzt auch pluralistische Gesellschaft"[417]. Der „Glaube an die Alleinwirksamkeit machtpolitischer und militärischer Sicherungen für die Zukunft und diese Begrenzung des Blicks auf die deutschen Toten [des Krieges, Anm. M. L.] und auf die deutsche Zukunft war den Katholiken und nichtkatholischen Landsleuten gemeinsam ... Hier rächte sich die seit Jahrzehnten schrittweise vollzogene Anpassung der deutschen Katholiken an Mentalität und Methoden der deutschen Politik im imperialistischen Zeitalter."[418]

Auf die Staatstreue war man stolz. Der Jesuit Bernhard Duhr schreibt 1919: *„Die begeisterte Einmütigkeit, mit der alle Katholiken, jung und alt, reich und arm, für das Deutsche Reich, das ihnen so manche Bitterkeit gebracht, eintraten, die heldenmütige Opferwilligkeit, die sie alle, geistlich und weltlich, betätigten, mußte auf die andersgläubigen einen großen, ihren früheren verkehrten Anschauungen geradezu vernichtenden Eindruck machen."*[419] Insgesamt, so Duhr, habe man in vielen Zeitungen lesen können, welches Umdenken in puncto deutscher Katholizismus eingesetzt habe. In einer Debatte am 10. Mai 1916 sei im Reichstag die Forderung nach Abschaffung des Jesuitengesetzes laut geworden. Am 19. April 1917 stimmte schließlich der Bundesrat dem Beschluss des Reichstages von 1913 zu, die Jesuitengesetze endgültig aufzuheben. Der Wortlaut des im Reichsanzeiger veröffentlichten Aufhebungsgesetz entsprach der von Ludwig Windthorst bereits am 3. Dezember 1890 eingebrachten Formulierung. Mit der Aufhebung des Gesetzes erhoffte man sich eine wirkliche Gleichstellung der Konfessionen. *„Wie oft"*, so Bernhard Duhr, *„muß uns beim Studium der deutschen Geschichte ein Gefühl der Trauer beschleichen, wenn wir sehen, wie sich die Kinder desselben heimatlichen Bodens, des von beiden Teilen geliebten deutschen Reiches die Köpfe blutig schlagen und die heimischen Gaue von den Rossen fremder Nationen, Franzosen, Schwe-*

den, Dänen usw., zerstampften und verwüsten lassen. Solche Zeiten dürfen nicht wiederkehren. Sie werden aber nicht wiederkehren, wenn Katholiken und Protestanten sich auf den Boden des gleichen Rechtes stellen, wenn alle dieselbe Toleranz gewähren, die sie für die eigene ehrliche Überzeugung beanspruchen."[420] Es war der Zustand der Gleichgestellung, den man zu erreichen hoffte, und das war es, was die Kriegsbegeisterung der Katholiken im Reich mit begünstigte. „Die Idee der übernationalen Kirche hatte man stets verteidigt und festgehalten. Aber während und trotz dieser Verteidigung war die lebendige, menschliche, erfahrbare Wirklichkeit der Kirche immer weiter geschrumpft, bis schließlich nur mehr eine abstrakte Dimension übrigblieb: die deutschen Katholiken und der Papst."[421]

Aus der weltumspannenden Kirche wurde eine bilaterale Kirche, die ausblendete, dass in Frankreich, Belgien, Polen ebenfalls Katholiken wohnten, mit der gleichen Tradition, den gleichen Dogmen, der gleichen Hierarchie und – vor allem – dem gleichen Credo. Durch den Krieg degenerierten große Teile der katholischen Kirche in Deutschland auf unvergleichliche Weise. Die Ironie, oder besser gesagt: die Tragik der Geschichte lag darin, dass man Jahrzehnte um Anerkennung und Parität gekämpft hatte, hin- und her geschwankt war zwischen Ultramontanismus, Anti-Modernismus und Nationalismus und Deutschtümelei. Der Krieg wurde zum Lackmustest, in dem man sich beweisen wollte und beweisen konnte. Und nun, da man glaubte, diesen Test bestanden zu haben – und die Bestätigung von Regierungsseite, liberaler Seite und protestantischer auch wirklich bekam – war das Spiel aus und die Karten wurden komplett neu gemischt.

Für die Entwicklung der katholischen Kirche nicht nur in Deutschland sollten die jetzt folgenden Entwicklungen allerdings langfristig nicht zum Schaden sein. Das Verhältnis zum aufkommenden Nationalsozialismus sollte in vielem ein anderes sein. Der eingepflanzte Kern der Staatstreue aber blieb und führte, bei aller Distanz und auch aller Aktion gegen menschenverachtende Praktiken der Nationalsozialisten, in vielen Fällen zu einer Mitschuld des Schweigens. „Die katholische Kirche bewahrte im ‚Dritten Reich' alternative Werte und ihre Unabhängigkeit", so der Historiker Holger Arning. Aber: „Die Katholiken, die ein Drittel der Bevölkerung stellten, wirkten Vernichtungskrieg und Völkermord nicht entscheidend entgegen. Das mag zu einem großen Teil auf Zwänge zurückzuführen sein, doch viele ließen sich auch ‚emotional gleichschalten'. Ihren Dissens in Teilbereichen und vermeintliche Defizite kompensierten sie, indem sie umso eifriger ihre Opferbereitschaft für Volk und Vaterland demonstrierten. Ihre Hoffnung auf eine Renaissance traditioneller Sittlichkeit und die Angst, nicht als deutsche Männer anerkannt zu werden, spielten dabei eine entscheidende Rolle."[422] Inwieweit hier noch Kräfte wirkten, die aus den Beziehungen zwischen Kirche und Staat während des Ersten Weltkriegs resultierten, ist eine andere Geschichte. Sicher aber haben die Geschehnisse vor, während und nach dem Krieg gezeigt, dass sich die Kirche nie mit den Herrschenden gemein machen sollte und immer eine ihrer Lehre gemäßen kritischen Distanz zu Staat und Gesellschaft bewahren sollte. Die Kirche steht niemals außerhalb der Gemeinschaft, da ihre Glieder ebenfalls Glieder derselben sind. Aber ihre Lehre verbietet, jegliche Macht unkritisch zu affirmieren, ein Gebot, das im Ersten Weltkrieg für die katholische Kirche in Deutschland hätte gelten sollen, und ein Gebot, das heute noch gilt.

Der Krieg ging erst in der Wirklichkeit und dann in den Köpfen zu Ende. In Kiel, wo die katholische Marinekirche bis heue denselben Namen trägt wie der Bruder des deutschen Kaisers, rebellierten die Matrosen gegen ein als sinnlos empfundenes Weiterkämpfen. Ihr Aufstand brachte die Monarchie zu Fall und mit ihr wankte all das, was ein Großteil der Bevölkerung in Deutschland geglaubt und gelebt hatte. Sie stellten die Macht infrage. Obwohl sie in diesem System immer wieder um Anerkennung zu kämpfen hatte, wurde auch die katholische Kirche in den Strudel der Ungewissheit gerissen. Was von den Zeitgenossen als bedrohliches Unglück empfunden wurde, sollte sich auf lange Sicht als notwendiger Umbruch erweisen, der ultramontanes und antimodernes Denken überwand und im notwendigen Aufbruch des Zweiten Vatikanischen Konzils kulminierte.

Literaturverzeichnis

Ackermann, Konrad, Hochland. Monatsschrift für alle Gebiete des Wissens, der Literatur und Kunst, in: Historisches Lexikon Bayerns

Baudrillart, Alfred, La Guerre Allemande et le Catholicisme, Paris 1915

„Pro Fide et Patria!" Die Kriegstagebücher von Ludwig *Berg* 1914 bis 1918, Köln u. a. 1998

Bertram, Adolf, Aus Soldatenbriefen, Breslau 1918

Blasius, Rainer, Kämpfer für die katholische Sache, in: Frankfurter Allgemeine Zeitung vom 29. Dezember 2011

Blom, Philipp, Der taumelnde Kontinent, München 2009

Böhlen, Hippolytus, Rufe des Lebens, Wiesbaden 1925

Brüning, Heinrich, Memoiren 1918–1934, Stuttgart 1970

Frontbesuche des Erzbischofs und Feldpropstes Dr. M. von Faulhaber im Osten und auf dem Balkan. Bericht von Dr. M. *Buchberger*, Regensburg 1918

Das Schwert des Geistes. Feldpredigten im Weltkrieg in Verbindung mit Bischof Dr. Paul Wilhelm von Keppler und Domprediger Dr. Adolf Donders. Hg. v. Dr. Michael von Faulhaber. Dritte und vierte unveränderte Auflage, Freiburg i. Br. 1918.

Der deutsche Krieg und der Katholizismus. Deutsche Abwehr französischer Angriffe. Hg. v. deutschen Katholiken, Berlin 1915

Dülffer, Jost/Holl, Karl (Hg.), Bereit zum Krieg. Kriegsmentalität im wilhelminischen Deutschland 1890–1914, Göttingen 1986

Duhr, Bernhard, Das Jesuitengesetz. Sein Abbau und seine Aufhebung. Ein Beitrag zur Kulturgeschichte der Neuzeit, Freiburg i. Br. 1919

Die Theologen der Erzdiözese München und Freising im Weltkrieg 1914–1918. Hg. v. *Erzbischöfl. Ordinariat München und Freising*, München 1938

Faulhaber, Michael von, Fastenhirtenbrief für das Bistum Speyer 1916: Die Kriegsleistungen und Kriegsaufgaben der Seelsorger, Speyer 1916

Waffen des Lichts. Gesammelte Kriegsreden von Dr. Michael von *Faulhaber*, Bischof von Speyer, Freiburg i. Br. 1915

Feiler, Bernd, Der Blaue Reiter und der Erzbischof. Religiöse Tendenzen, christlicher Glaube und kirchliches Bekenntnis in der Malerei Münchens von 1911 bis 1925, München 2002

Fuchs, Stephan, „Vom Segen des Krieges". Katholische Gebildete im Ersten Weltkrieg. Eine Studie zur Kriegsdeutung im akademischen Katholizismus, Stuttgart 2004

Gatz, Erwin, Die Katholische Kirche in Deutschland im 20. Jahrhundert, Freiburg i. Br. 2009

Gehle, Irmgard, Im Krieg für Kaiser, Volk und Vaterland. Wie heilig war den Christen der 1. Weltkrieg?, Nordhausen 2010

Hastenteufel, Paul, Katholische Jugend in ihrer Zeit, Bamberg 1988

Henckmann, Wolfhart, Max Scheler, München 1998

Henrich, Franz, die Bünde katholischer Jugendbewegung. Ihre Bedeutung für die liturgische und eucharistische Erneuerung. München 1968.

Hirschfeld, Michael, Die Bischofswahlen im Deutschen Reich 1887 bis 1914, Münster 2012

Hürten, Heinz, Kurze Geschichte des deutschen Katholizismus 1800–1960, Mainz 1986

Ders., Deutsche Katholiken 1918–1945, Paderborn 1992

Jünger, Ernst, In Stahlgewittern, Berlin 1924[5]

Klier, Johann, Von der Kriegspredigt zum Friedensappell. Erzbischof Michael von Faulhaber und der Erste Weltkrieg. Ein Beitrag zur Geschichte der deutschen katholischen Militärseelsorge, München 1991

Korn, Elisabeth/Suppert, Otto/Vogt, Karl (Hg.), Die Jugendbewegung. Welt und Wirkung. Zur 50. Wiederkehr des freideutschen Jugendtages auf dem Hohen Meißner, Düsseldorf-Köln 1963

Krebs, Engelbert, Kardinal Merciers öffentliches Wirken, in: Hochland 15 (1917/1918), 332–348

Kriegs-Rundschau. Zeitgenössische Zusammenstellung der für den Weltkrieg wichtigen Ereignisse, Urkunden, Kundgebungen, Schlacht- und Zeitberichte. Hrsg. v. der Täglichen Rundschau. Bd. 1: Von den Ursachen des Krieges bis etwa zum Schluß des Jahres 1914, Berlin 1915

Kroll, Frank-Lothar, Geburt der Moderne. Politik, Gesellschaft und Kultur vor dem Ersten Weltkrieg, Berlin 2013

Kunzler, Michael, Leben in Christus. Eine Laienliturgik zur Einführung in die Mysterien des Gottesdienstes, Paderborn 1999

Lätzel, Martin, Gott begegnen, Regensburg 2004

Sankt Michael. Ein Buch aus eherner Kriegszeit zur Erinnerung, Erbauung und Tröstung für die Katholiken deutscher Zunge. Hg. v. Johann *Leicht*, Würzburg-Berlin-Wien 1918

Lepenies, Wolf, Kultur und Politik. Deutsche Geschichten, München 2006

Lutz, Heinrich, Demokratie im Zwielicht. Der Weg der deutschen Katholiken aus dem Kaiserreich in die Republik 1914–1925, München 1963

Martynkewicz, Wolfgang, Salon Deutschland. Geist und Macht 1900–1945, Berlin 2009

Missalla, Heinrich „Gott mit uns". Die deutsche katholische Kriegspredigt 1914–1918, München 1968

Mausbach, Joseph, Vom gerechten Kriege und seinen Wirkungen. Zeitgemäße Gedanken, in: Hochland 12 (Oktober 1914), 1–13

Militärseelsorge im Ersten Weltkrieg. Das Kriegstagebuch des katholischen Feldgeistlichen Benedict Kreutz. Bearb. v. Hans-Josef Wollasch, Mainz 1987

Gib Frieden, Herr! Gedanken und Gebete für Kirche und Haus von Heinrich *Mohr*, Donauwörth 1916

Mommsen, Wolfgang J., Der Erste Weltkrieg. Anfang und Ende des bürgerlichen Zeitalters, Frankfurt a. M. 2004

Muth, Carl, Zum fünften Kriegsjahrgang, in: Hochland 16 (1918/1919)

Ders., Zum zweiten Kriegsjahrgang. Rück- und Vorblicke, in: Hochland 13 (Oktober 1915)

Naumann, Friedrich, Demokratie und Kaisertum. Ein Handbuch für innere Politik, Berlin ⁴1905

Neitzel, Sönke, Weltkrieg und Revolution 1914–1918/19, Bonn 2011

Nipperdey, Thomas, Religion im Umbruch. Deutschland 1870–1918, München 1988

Otto, Bertram, 100 Jahre Nacht und Tag. Geschichte des deutschen Katholizismus 1868 bis 1968, Bonn 1968

Parsch, Pius (Hg.), Lebendige Liturgie, Wien 1926

Arbeitsausschuß zur Verteidigung deutscher und katholischer Interessen im Weltkrieg. Feldbriefe katholischer Soldaten. Hg. v. Georg *Pfeilschifter*, Freiburg i. Br. 1918

Pfeilschifter, Georg (Hg.), Deutsche Kultur, Katholizismus und Weltkrieg. Eine Abwehr des Buches La Guerre Allemande et le Catholicisme, Freiburg i. Br. 1915

Ders., Religion und Religionen im Weltkrieg. Auf Grund des erreichbaren Tatsachenmaterials, Freiburg i. Br. 1915

Richter, Reinhard, Nationales Denken im Katholizismus der Weimarer Republik, Münster 2000

Roegele, Otto B., Adenauer und das Christentum, in: Die politische Meinung 373 (2000), 79–88

Samerski, Stefan (Hg.), Wilhelm II. und die Religion. Facetten einer Persönlichkeit und ihres Umfelds, Berlin 2011

Schatz, Klaus, Zwischen Säkularisation und Zweitem Vatikanum. Der Weg des deutschen Katholizismus im 19. und 20. Jahrhundert, Frankfurt a. M. 1986

Scheidgen, Hermann-Josef, Deutsche Bischöfe im Ersten Weltkrieg. Die Mitglieder der Fuldaer Bischofskonferenz und ihre Ordinariate 1914–1918, Köln u. a. 1991

Scheler, Max, Der Genius des Krieges und der Deutsche Krieg, Leipzig 1915

Ders., Max, Soziologische Neuorientierung und die Aufgabe der deutschen Katholiken nach dem Krieg, in: Hochland 13 (1916), 188–204; 385–406

Schneider, Gabriele, Wertelite und Macht. Max Schelers Beitrag zum Elitediskurs, Berlin 2001

Scholl, Inge, Die Weiße Rose. Erw. Neuausg. Frankfurt a. M. 1982

Strohm, Christoph, Die Kirchen im Dritten Reich, München 2011

Strötz, Jürgen, Der Katholizismus im deutschen Kaiserreich 1871 bis 1918. Strukturen eines problematischen Verhältnisses zwischen Widerstand und Integration, Hamburg 2004

Die Kundgebungen Papst Benedikts XV. zum Weltfrieden. Im Urtext und in deutscher Übersetzung hg. v. Dr. Arnold Struker, Freiburg i. Br. 1917

Tihanyi, Mareile, Mädchen und Frauen im „Quickborn". Katholische Jugend und weibliche Identität im ersten Drittel des 20. Jahrhunderts, in: Würzburger Diözesangeschichtsblätter 59 (1997), 205–257

Unterburger, Klaus, Das Deutschlandbild Eugenio Pacellis, in: zur debatte 7/2009, 12–14

Volk, Ludwig, Kardinal Mercier, der deutsche Episkopat und die Neutralitätspolitik Benedikts XV. 1914–1916, in: Stimmen der Zeit 192 (1974), 611–630

Von der Dunk, Heinrich W., Kulturgeschichte des 20. Jahrhunderts. Band 1, München 2004

Walter, Franz, Tanzen sieben Zwerge, bummsfallera, in: Frankfurter Allgemeine Zeitung vom 10. Juni 2013, 7

Wieser, Sebastian (Hg.), Schildgesang. Lieder und Skizzen vom Weltkrieg, München 1915

Wolf, Hubert, Die Nonnen von Sant'Ambrogio, München 2013

Zedler, Jörg, Der Heilige Stuhl, Bayern und der Ausbruch des Ersten Weltkrieges, in: zur debatte 7/2009, 7–9

Literatur aus dem Internet ist im Anmerkungsapparat zu finden. Bei Beiträgen aus Sammelbänden sind nur die Bandnamen und -herausgeber genannt.

Anmerkungen

1 Peter Lippert S. J., Die Gottesverehrung im deutschen Volke, in: Georg Pfeilschifter (Hg.), Deutsche Kultur, Katholizismus und Weltkrieg. Eine Abwehr des Buches La Guerre Allemande et le Catholicisme, Freiburg i. Br. 1915, 75–87, 75.
2 Johann Klier, Von der Kriegspredigt zum Friedensappell. Erzbischof Michael von Faulhaber und der erste Weltkrieg. Ein Beitrag zur Geschichte der deutschen katholischen Militärseelsorge, München 1991, 58.
3 Klier, 57.
4 Ebd., 44.
5 U. a. veröffentlicht in: Das Heilige Feuer. Monatsschrift für naturgemäß deutschvölkische und christliche Kultur und Volkspflege 2 (1914/15), 5.
6 Einige interessante und hintergründige Aspekte dazu finden sich in dem Bestseller von Hubert Wolf, Die Nonnen von Sant'Ambrogio, München 2013.
7 Vgl. Thomas Nipperdey, Religion im Umbruch. Deutschland 1870–1918, München 1988, 12.
8 Ebd., 13.
9 Michael Hirschfeld, Die Bischofswahlen im Deutschen Reich 1887 bis 1914, Münster 2012, 829.
10 Heinz Hürten, Kurze Geschichte des Katholizismus 1800–1960, Mainz 1986, 141.
11 Zit. n. ebd., 142.
12 Vgl. BBKL, Band XIII (1998) Spalten 1391–1396; Autor: Bernd Kettern.
13 Vgl. Klaus Schatz, Zwischen Säkularisation und Zweitem Vatikanum. Der Weg des deutschen Katholizismus im 19. und 20. Jahrhundert, Frankfurt a. M. 1986, 185f.
14 Hürten, Kurze Geschichte des Katholizismus, 148.
15 Wolfgang Martynkewicz, Salon Deutschland. Geist und Macht 1900–1945, Berlin 2009, 21.
16 Ebd., 49.
17 Hermann W. von der Dunk, Kulturgeschichte des 20. Jahrhunderts. Bd. 1, München 2004, 135.
18 Ebd., 66.
19 Ebd., 136.
20 Denzinger-Hünermann, 3475.
21 Ebd., 3477.
22 Ebd., 3483.
23 Ebd., 3486.
24 Ebd., 3492.
25 Vgl. Hermann-Josef Scheidgen, Deutsche Bischöfe im Ersten Weltkrieg. Die Mitglieder der Fuldaer Bischofskonferenz und ihre Ordinariate 1914–1918, Köln u. a. 1991, 29.
26 Von der Dunk, 137f.
27 Vgl. Scheidgen, 31.
28 Frank-Lothar Kroll, Geburt der Moderne. Politik, Gesellschaft und Kultur vor dem Ersten Weltkrieg, Berlin 2013, 63.
29 Vgl. http://www.kathpedia.com/index.php?title=Singulari_quadam_%28Wortlaut%29 [10.1.13].
30 Scheidgen, 32.
31 Nipperdey, 36.
32 Schatz, 182.
33 Vgl. Kroll, 62.

34 Heinz Hürten, Deutsche Katholiken 1918–1945, Paderborn 1992, 14. Dort finden sich auch die Zahlen der Volkszählung, Hürten zit. n. Kirchliches Handbuch IV.
35 Kroll, 61.
36 Vgl. Biographie Nr. 5000, Erzberger, Matthias, in: ‚Kritische Online-Edition der Nuntiaturberichte Eugenio Pacellis (1917–1929)', URL: <www.pacelli-edition.de/gnd11853100X> (Datum 2013-4-25).
37 Hürten, Deutsche Katholiken, 19.
38 Ebd.
39 Nipperdey, 42.
40 Jürgen Strötz, Wilhelm II. und der Katholizismus; in: Stefan Samerski (Hg.), Wilhelm II. und die Religion. Facetten einer Persönlichkeit und ihres Umfelds, Berlin 2011, 171–198, 173.
41 173f.
42 Ebd.
43 Ebd., 174ff.
44 Kroll, 61.
45 Vgl. Scheidgen, 57.
46 Wilhelm II., Ereignisse und Gestalten 1878–1918, Berlin 1922, 175.
47 Dokument Nr. 9563, Nuntiaturbericht, Ausfertigung, Pacelli an Gasparri, 1918-06-06, in: ‚Kritische Online-Edition der Nuntiaturberichte Eugenio Pacellis (1917–1929)', URL: <www.pacelli-edition.de/Dokument/9563> (Datum 2013-05-20).
48 Kriegs-Rundschau. Zeitgenössische Zusammenstellung der für den Weltkrieg wichtigen Ereignisse, Urkunden, Kundgebungen, Schlacht- und Zeitberichte. Hrsg. v. der Täglichen Rundschau. Bd. 1: Von den Ursachen des Krieges bis etwa zum Schluß des Jahres 1914, Berlin 1915, 37.
49 Nipperdey, 44–45.
50 Scheidgen, 338.
51 „Pro Fide et Patria!" Die Kriegstagebücher von Ludwig Berg 1914 bis 1918. Köln u. a. 1998, 49–50.
52 Scheidgen, 346.
53 Berg, 614.
54 Schatz, 206.
55 Friedrich Naumann, Demokratie und Kaisertum. Ein Handbuch für innere Politik, Berlin ^{4}1905, 132.
56 Hürten, Deutsche Katholiken, 29.
57 Scheidgen, 20.
58 Sönke Neitzel, Weltkrieg und Revolution 1914–1918/19, Bonn 2011, 28.
59 Zit. n. Scheidgen, 123.
60 Vgl. ebd., 128.
61 Vgl. ebd., 205f.
62 Strötz, 194.
63 Zit. n. Heinrich Lutz, Demokratie im Zwielicht. Der Weg der deutschen Katholiken aus dem Kaiserreich in die Republik 1914–1925, München 1963, 44.
64 Eduard Likowski/Kazimierz Dorszewski, Ein ernster Augenblick der Weltgeschichte, in: Sankt Michael. Ein Buch aus eherner Kriegszeit zur Erinnerung, Erbauung und Tröstung für die Katholiken deutscher Zunge. Hg. v. Johann Leicht, Würzburg-Berlin-Wien 1918, 25–26, 25f.
65 Vgl. Scheidgen, 284ff.
66 Dr. Weinand, Feldpost, in: Akademische Bonifatiuskorrespondenz 30 (1914/1915), 52–54, 52. Zit. n. Stephan Fuchs, „Vom Segen des Krieges". Katholische Gebildete im Ersten Weltkrieg. Eine Studie zur Kriegsdeutung im akademischen Katholizismus, Stuttgart 2004, 86.

67 Engelbert Krebs, Kardinal Merciers öffentliches Wirken, in: Hochland 15 (1917/1918), 332–348, 343.
68 Ebd., 344.
69 Michael von Faulhaber, Fastenhirtenbrief für das Bistum Speyer 1916: Die Kriegsleistungen und Kriegsaufgaben der Seelsorger, Speyer 1916, 6.
70 Scheidgen, 250ff.
71 Vgl. ebd., 68.
72 Vgl. ebd., 103ff.
73 Vgl. ebd., 172ff.
74 Zit. n. Klier, 91.
75 Die Theologen der Erzdiözese München und Freising im Weltkrieg 1914–1918. Hg. v. Erzbischöfl. Ordinariat München und Freising, München 1938, 106.
76 Ebd., 107.
77 Scheidgen, 376.
78 Waffen des Lichts. Gesammelte Kriegsreden von Dr. Michael von Faulhaber, Bischof von Speyer, Freiburg i. Br. 1915, 168.
79 Scheidgen, 82.
80 Waffen des Lichts, 33.
81 Ebd., 34.
82 Zit. n. Scheidgen, 76.
83 Zit. n. ebd., 76.
84 Vgl. Nipperdey, 50.
85 Zit. n. Heinrich Missalla, „Gott mit uns". Die deutsche Kriegspredigt 1914–1918, München 1968, 45.
86 Paul Hastenteufel, Katholische Jugend in ihrer Zeit, Bamberg 1988, 383.
87 Vgl. Lutz, 55.
88 Vgl. ebd., 57.
89 Vgl. Missalla, 41.
90 Vgl. Ludwig Volk, Kardinal Mercier, der deutsche Episkopat und die Neutralitätspolitik Benedikts XV. 1914–1916, in: Stimmen der Zeit 192 (1974), 611–630, 612.
91 Ebd.
92 Vgl. ebd., 613.
93 Vgl. ebd., 614.
94 Vgl. ebd., 617.
95 Ebd., 615.
96 Zit. n. ebd., 616.
97 Vgl. ebd., 618.
98 Vgl. Lutz, 49.
99 Vgl. Volk, 620.
100 Vgl. ebd., 621f.
101 Vgl. ebd., 622ff.
102 Vgl. ebd., 627.
103 Joseph Mausbach, Vom gerechten Kriege und seinen Wirkungen. Zeitgemäße Gedanken, in: Hochland 12 (Oktober 1914), 1–13, 6.
104 Vgl. ebd., 7.
105 Zit. n. Fuchs, Vom Segen des Krieges, 246.
106 Zit. n. Hastenteufel, 401.
107 Felix Brüll, Habemus Papam. Weihnachtsgruß an Papst Benediktus XV., in: Akademische Monatshefte 27, 26–28, 27. Zit. n. Fuchs, Vom Segen des Krieges, 78.

108 Vom Segen des Krieges, 71.
109 Waffen des Lichts, 135ff.
110 Ebd., 158.
111 Denn aus dem Herzen kommen böse Gedanken, Mord, Ehebruch, Unzucht, Diebstahl, falsche Zeugenaussagen und Verleumdungen.
112 Waffen des Lichts, 159.
113 Faulhaber verteidigt sich gar zu der Bemerkung, das biblische Zitat sei ganz im Gegenteil sogar eine Begründung des Kampfes: „Gerade in dem Texte, der als schwerstes Geschütz gegen das Recht des Krieges aufgefahren wird, liegt also in tieferer Auffassung ein indirekter Waffensegen." Ebd., 160.
114 Klier, 160.
115 Frontbesuche des Erzbischofs und Feldpropstes Dr. M. von Faulhaber im Osten und auf dem Balkan. Bericht von Dr. M. Buchberger, Regensburg 1918, 156.
116 Wolf Lepenies, Kultur und Politik. Deutsche Geschichten, München 2006, 60.
117 Sebastian von Oer, Wach auf mein Volk!, in: Sankt Michael. Ein Buch aus eherner Kriegszeit zur Erinnerung, Erbauung und Tröstung für die Katholiken deutscher Zunge. Hg. v. Johann Leicht, Würzburg-Berlin-Wien 1918, 26–28, 26.
118 Ebd.
119 Inge Scholl: Die Weiße Rose. Erw. Neuausg. Frankfurt a. M. 1982, S. 96–121
120 Oer, 27.
121 Zum Hochland vgl. Konrad Ackermann, Hochland. Monatsschrift für alle Gebiete des Wissens, der Literatur und Kunst, in: Historisches Lexikon Bayerns, URL: <http://www.historisches-lexikon-bayerns.de/artikel/artikel_44729> (13.03.2013).
122 Carl Muth, Zum zweiten Kriegsjahrgang. Rück- und Vorblicke, in: Hochland 13 (Oktober 2015), 1–9, 2.
123 Ebd., 3.
124 Ebd., 6f.
125 Ebd., 9.
126 Hippolytus Böhlen, Rufe des Lebens, Wiesbaden 1925, 134. (Nach dem Krieg erschienen, erfasst es eine Reihe Artikel, die während und nach dem Krieg erstellt worden sind, nach Hinweis I. Gehle)
127 Zit. n. Von der Dunk, 274.
128 Paris 1915.
129 Vgl. Scheidgen, 268.
130 Vgl. ebd., 259.
131 Bernard Gaudeau, Les Lois chrétiennes de la guerre, in: Alfred Baudrillart, La Guerre Allemande et la Catholicisme, Paris 1915, 1–30.
132 Vgl. Ebd., 25.
133 Vgl. ebd.
134 Vgl. ebd., 28.
135 Georges Goyau, La „Culture" Germanique et le Catholicisme, in: Baudrillart, 31–51.
136 Ebd., 48.
137 W. Hunstiger, Der Weltkrieg und die Weltkirche, in: Akademische Monatshefte 27, 200–204, 200. Zit. n. Fuchs, Der Segen des Krieges, 81.
138 Vgl. Georg Pfeilschifter (Hg.), Deutsche Kultur, Katholizismus und Weltkrieg. Eine Abwehr des Buches La Guerre Allemande et le Catholicisme, Freiburg i. Br. 1915.
139 Vgl. http://www.archive.org/stream/bekenntnisderpro00natiuoft#page/n3/mode/2up [25. Februar 2012].

140 Pfeilschifter, Deutsche Kultur, IV.
141 Joseph Mausbach, Die literarische Kriegserklärung der französischen Katholiken, in: Pfeilschifter, 1–17.
142 Ebd., 2.
143 Ebd., 8.
144 Ebd., 5.
145 Heinrich Finke, Recht und Notwendigkeit des Weltkrieges, in: Pfeilschifter, Deutsche Kultur, 19–46, 22.
146 Vgl. Heinrich Schrörs, Ist der Krieg ein Religionskrieg? In: Pfeilschifter, Deutsche Kultur, 47–74.
147 http://www.rheinische-geschichte.lvr.de/persoenlichkeiten/S/Seiten/HeinrichSchr%C3%B6rs.aspx [23.3.2012].
148 Schrörs, 62.
149 Ebd., 71.
150 Franz Xaver Kiefl, Katholizismus und Protestantismus im gegenwärtigen Deutschland, in: Pfeilschifter, Deutsche Kultur, 319–342, 342.
151 Ebd.
152 Vgl. Pfeilschifter, Deutsche Kultur, 451–475.
153 Ebd., 452.
154 Vgl. ebd., 453.
155 Ebd., 454.
156 Ebd., 475.
157 Der deutsche Krieg und der Katholizismus. Deutsche Abwehr französischer Angriffe. Hg. v. deutschen Katholiken, Berlin 1915.
158 Ebd., 16.
159 Ebd., 6.
160 Ebd.
161 Ebd.
162 Ebd., 115.
163 Ebd., 101.
164 Ebd., 103.
165 Vgl. Max Scheler, Soziologische Neuorientierung und die Aufgabe der deutschen Katholiken nach dem Krieg, in: Hochland 13 (1916), 385–406, 389.
166 Der deutsche Krieg und der Katholizismus, 115.
167 Ebd., 116.
168 Ebd., 117.
169 Vgl. Georg Pfeilschifter, Religion und Religionen im Weltkrieg. Auf Grund des erreichbaren Tatsachenmaterials, Freiburg i. Br. 1915.
170 Ebd., 39.
171 Ebd., 43.
172 Ebd., 45.
173 Arbeitsausschuß zur Verteidigung deutscher und katholischer Interessen im Weltkrieg: Feldbriefe katholischer Soldaten. Hg. v. Georg Pfeilschifter, Freiburg i. Br. 1918, VI.
174 Arbeitsausschuß, XVI.
175 Ebd.
176 Vgl. Reinhard Richter, Nationales Denken im Katholizismus der Weimarer Republik, Münster 2000, 52.
177 Ebd., 67.

178 Ebd., 77.
179 Ebd., 80.
180 Ebd., 96.
181 Ebd., 151.
182 Vgl. ebd., 156.
183 Max Scheler, Der Genius des Krieges und der Deutsche Krieg, Leipzig 1915, 168–169.
184 Ebd., 328.
185 Gabriele Schneider, Wertelite und Macht. Max Schelers Beitrag zum Elitediskurs, Berlin 2001, 62. http://edoc.hu-berlin.de/dissertationen/schneider-gabriele-2002-07-03/HTML/Schneider-ch1.html#i87 [8.11.12].
186 Ebd.
187 Ebd., 63.
188 Scheler, Soziologische Neuorientierung und die Aufgabe der deutschen Katholiken nach dem Krieg, 387.
189 Vgl. ebd., 388.
190 Max Scheler, Soziologische Neuorientierung und die Aufgabe der deutschen Katholiken nach dem Krieg, in: Hochland 13 (1916), 188–204, 202.
191 Wolfhart Henckmann, Max Scheler, München 1998, 27f.
192 Bernd Feiler, Der Blaue Reiter und der Erzbischof. Religiöse Tendenzen, christlicher Glaube und kirchliches Bekenntnis in der Malerei Münchens von 1911 bis 1925, München 2002, 284.
193 Sebastian Wieser (Hg.), Schildgesang. Lieder und Skizzen vom Weltkrieg, München 1915.
194 Mausbach, Vom gerechten Kriege, 7.
195 Julius Weisweiler, Unsere Arbeit an des Reiches Wohlfahrt, in: Morgenrot. Eine Feldgabe von Mitgliedern des Verbandes der Katholischen Studentenvereine (1917), 150–173, 152. Zit. n. Fuchs, Vom Segen des Krieges, 210.
196 Missalla, 6.
197 Hürten, Deutsche Katholiken, 36.
198 Von der Dunk, 141.
199 Militärseelsorge im Ersten Weltkrieg, 172.
200 Rainer Blasius, Kämpfer für die katholische Sache, in: Frankfurter Allgemeine Zeitung vom 29. Dezember 2011.
201 Vgl. ebd.
202 Berg, 588.
203 Wolfgang J. Mommsen, Der Erste Weltkrieg, Frankfurt a. M. 2004, 173.
204 Ernst Jünger, In Stahlgewittern, Berlin ^{5}1924, 100.
205 Zit. n. Klier, 200.
206 Vgl. Klier, 188.
207 Dr. Michael von Faulhaber, Kriegsgebet des deutschen Volkes, in: Sankt Michael. Ein Buch aus eherner Kriegszeit zur Erinnerung, Erbauung und Tröstung für die Katholiken deutscher Zunge. Hg. v. Johann Leicht, Würzburg-Berlin-Wien 1918, 40.
208 Michael von Faulhaber, Fastenhirtenbrief, 4.
209 Vgl. Scheidgen, 116.
210 Ebd., 120.
211 Scheidgen, 133.
212 Berg, 537.
213 Vgl. Scheidgen, 133ff.
214 Berg, 24.

215 Ebd., 25.
216 Ebd., 600.
217 Zit. n. Hastenteufel, 386.
218 Zit. n. Scheidgen, 138.
219 Zit. n. Missalla, 51.
220 Klier, 150.
221 Vgl. Missalla, 52ff.
222 Schwert des Geistes, 492.
223 Jünger, 233.
224 Zit. n. Scheidgen, 62.
225 Waffen des Lichts, 4f.
226 Ebd., 5.
227 Ebd., 6.
228 Zit. n. Missalla, 53.
229 Vgl. Scheidgen, 79.
230 Waffen des Lichts, 13.
231 Zit. n. Missalla, 58.
232 Schwert des Geistes, 149.
233 Vgl. Missalla, 61.
234 Franziskus Kardinal von Bettinger, Liebe Kartellbrüder!, in: Treudeutsch! Eine Feldgabe von Mitgliedern des Kartellverbandes der Katholischen Deutschen Studentenverbindungen, (1917), 11–14, 11. Zit. n. Fuchs, Vom Segen des Krieges, 223.
235 Waffen des Lichts, 172.
236 Vgl. Scheidgen, 62.
237 Schwert des Geistes, 208.
238 G. Koch, Gottes Schlachtfeld. Ein Jahrgang Fünfminutenpredigten aus der Kriegszeit, Freiburg 1917, 10. Zit. n. Missalla, 64.
239 Zit. n. Missalla, 65.
240 Bartmann, Der Krieg, in: Akademische Bonifatius Korrespondenz 30 (1914/1915), 18–23, 20. Zit. n. Fuchs, Vom Segen des Krieges, 220f.
241 Waffen des Lichts, 34.
242 Von der Dunk, 290.
243 Zit. n. Des Weltkriegs Mahnung, in: Sankt Michael. Ein Buch aus eherner Kriegszeit zur Erinnerung, Erbauung und Tröstung für die Katholiken deutscher Zunge. Hg. v. Johann Leicht, Würzburg-Berlin-Wien 1918, 61–62, 62.
244 Ebd.
245 Vgl. P. Dionysius, Eine Beterarmee, in: Sankt Michael. Ein Buch aus eherner Kriegszeit zur Erinnerung, Erbauung und Tröstung für die Katholiken deutscher Zunge. Hg. v. Johann Leicht, Würzburg-Berlin-Wien 1918, 58–60.
246 Johannes Imping, Die Blitzlegion, in: Sankt Michael. Ein Buch aus eherner Kriegszeit zur Erinnerung, Erbauung und Tröstung für die Katholiken deutscher Zunge. Hg. v. Johann Leicht, Würzburg-Berlin-Wien 1918, 73-74, 74
247 Missalla, 67f.
248 Schwert des Geistes, 269.
249 Ebd., 267–268.
250 Zit. n. Missalla, 80.
251 Vgl. ebd., 83.
252 Berg, 91.

253 Ebd., 210.
254 Waffen des Lichts, 62.
255 Zit. n. Missalla, 90f.
256 Vgl. ebd., 91.
257 Schwert des Geistes, 241.
258 Scheidgen, 92.
259 Zit. n. Scheidgen, 371–372.
260 Gisbert Menge, Die gewaltige Hand Gottes, in: Sankt Michael. Ein Buch aus eherner Kriegszeit zur Erinnerung, Erbauung und Tröstung für die Katholiken deutscher Zunge. Hg. v. Johann Leicht, Würzburg-Berlin-Wien 1918 -51, 48–50.
261 Vgl. Scheidgen, 94ff.
262 Schwert des Geistes, 362–365.
263 Berg, 319.
264 Ebd., 422.
265 P. Franziskus M. Stratmann O. P., Treue Gefolgschaft dem Kaiser!, in: Sankt Michael. Ein Buch aus eherner Kriegszeit zur Erinnerung, Erbauung und Tröstung für die Katholiken deutscher Zunge. Hg. v. Johann Leicht, Würzburg-Berlin-Wien 1918, 71–72, 71
266 Ebd., 72.
267 Waffen des Lichts, 19.
268 Klier, 83.
269 Zit. n. Missalla, 63.
270 Schwert des Geistes, 212.
271 Zit. n. Scheidgen, 81.
272 Klier, 98.
273 Vgl. Scheidgen, 142f.
274 Frontbesuche des Erzbischofs und Feldpropstes Dr. M. von Faulhaber im Osten und auf dem Balkan. Bericht von Dr. M. Buchberger, Regensburg 1918, 97.
275 Ebd., 98.
276 Ebd., 103.
277 Ebd., 115.
278 Ebd., 114.
279 Ebd., 151.
280 Ebd.
281 Vgl. Scheidgen, 85.
282 Vgl. ebd. , 88f.
283 Vgl. Militärseelsorge im Ersten Weltkrieg. Das Kriegstagebuch des katholischen Feldgeistlichen Benedict Kreutz. Bearb. v. Hans-Josef Wollasch, Mainz 1987.
284 Ebd., 24.
285 Ebd., 32.
286 Ebd., 104.
287 Ebd., 169.
288 Ebd., 171.
289 Ebd.
290 Zit. n. ebd., LVIII.
291 Arbeitsausschuß, Dritter Teil, 82.
292 Divisonspfarrer F. Hennses in der Kölnischen Volkszeitung vom 9. Januar 1915, zit. n. Arbeitsausschuß, Dritter Teil, 136.
293 Militärseelsorge im Ersten Weltkrieg, 171.

294 Arbeitsausschuß, Erster Teil, 188.
295 Militärseelsorge im Ersten Weltkrieg, 55f. Übers. M. L.
296 J. Drissel, Unsere sozialen Erfahrungen im Felde, in: Hochland! Eine Feldgabe von Mitgliedern des Verbandes der katholischen Neustudentischen Verbindungen ‚Hochland' (1918), 77–91, 86f. Zit. n. Fuchs, Vom Segen des Krieges, 294.
297 Erlebnisbericht eines Kriegsteilnehmers aus dem Weltkrieg, in: Die Theologen der Erzdiözese München und Freising im Weltkrieg 1914–1918. Hg. v. Erzbischöfl. Ordinariat München und Freising, München 1938, 150–154, 153–154.
298 Adolf Bertram, Aus Soldatenbriefen, Breslau 1918, 4.
299 Ebd., 14.
300 Arbeitsausschuß, Zweiter Teil, 64.
301 Arbeitsausschuß, Erster Teil, 16.
302 Ebd., 101f.
303 Ebd., 145.
304 Ebd., 145.
305 Arbeitsausschuß, Dritter Teil, 72.
306 Arbeitsausschuß, Zweiter Teil, 209f.
307 Arbeitsausschuß, Dritter Teil, 75–77.
308 Arbeitsausschuß, Erster Teil, 208–209
309 Arbeitsausschuß, Dritter Teil, 18.
310 Arbeitsausschuß, Erster Teil, 22–23.
311 Arbeitsausschuß, Zweiter Teil, 80.
312 Die Soldatenbriefe sind entnommen aus: Bertram Otto, 100 Jahre Nacht und Tag. Geschichte des deutschen Katholizismus 1868 bis 1968, Bonn 1968. Dort ohne Quellenangabe, 171ff.
313 Arbeitsausschuß, Dritter Teil, 59f.
314 Arbeitsausschuß, Erster Teil, 4.
315 Arbeitsausschuß, Dritter Teil, 13.
316 Vgl. Arbeitsausschuß, Zweiter Teil, 14.
317 Arbeitsausschuß, Dritter Teil, 1–3.
318 Ebd., 7–8.
319 Ebd., 12.
320 Arbeitsausschuß, Zweiter Teil, 37f.
321 Arbeitsausschuß, Erster Teil, 149–150.
322 Ebd., 49.
323 Ebd., 83–84.
324 Gib Frieden, Herr! Gedanken und Gebete für Kirche und Haus von Heinrich Mohr, Donauwörth 1916, 3.
325 Papst Pius' X. Mahnruf an alle Katholiken des Erdkreises, in: Die Kundgebungen Papst Benedikts XV. zum Weltfrieden. Im Urtext und in deutscher Übersetzung hg. v. Dr. Arnold Struker, Freiburg i. Br. 1917, 113–114.
326 Vgl. BBKL, Bd. I (1990) Spalten 491–493. Autor: Friedrich Wilhelm Bautz.
327 Papst Benedikts XV. Mahnruf an alle Katholiken des Erdkreises, in: Die Kundgebungen Papst Benedikts XV., 3–6.
328 Ebd., 3-4.
329 Ebd., 5.
330 Übersetzung n. http://www.kathpedia.com/index.php?title=Allorche_fummo_chiamati_%28Wortlaut%29 [29.12.12].

331 Übersetzung n.: http://www.kathpedia.com/index.php?title=Allorche_fummo_chiamati_%28Wortlaut%29 [19.5.2013].
332 Vgl. Jürgen Strötz, Der Katholizismus im deutschen Kaiserreich 1871 bis 1918. Strukturen eines problematischen Verhältnisses zwischen Widerstand und Integration, Hamburg 2004, 206.
333 Biographie Nr. 7002, Gerlach, Rudolf von, in: ‚Kritische Online-Edition der Nuntiaturberichte Eugenio Pacellis (1917–1929)', URL: <www.pacelli-edition.de/gnd137531958> (Datum 2013-4-25). Gerlach gab übrigens 1920 sein Priesteramt auf, heiratete und floh 1940 über die Niederlande und Großbritannien nach Kanada. Dort verliert sich seine Spur.
334 Zit. n. Pfeilschifter, Religion und Religionen, 79f.
335 Berg, 429.
336 Joseph Mausbach, Augustinische Gedanken zum Weltkriege, in: Unitas 57 (1916), 79–83, 80f. Zit. n. Fuchs, Vom Segen des Krieges, 140f.
337 Scheidgen, 324ff.
338 Brief von Hartmanns an Bethmann Hollweg vom 9. Februar 1917. Zit. n. Scheidgen,, 328.
339 Pfeilschifter, Religion und Religionen, 81.
340 Vgl. BBKL, Bd. VII (1994), Spalten 682–699. Autor: Hugo Altmann.
341 Vgl. Klaus Unterburger, Das Deutschlandbild Eugenio Pacellis, in: zur debatte 7/2009, 12–14, 12.
342 Ebd.
343 Vgl. Scheidgen, 329f.
344 Dokument Nr. 366, Nuntiaturbericht, Ausfertigung, Pacelli an Gasparri, 1917-06-30, in: ‚Kritische Online-Edition der Nuntiaturberichte Eugenio Pacellis (1917–1929)', URL: <www.pacelli-edition.de/Dokument/366> (Datum 2013-05-20).
345 Wilhelm II., 225.
346 Ebd., 229.
347 http://kathpedia.de/index.php?title=D%C3%A8s_le_d%C3%A9but_%28Wortlaut%29 [1.1.13].
348 http://www.kathpedia.com/index.php?title=Pacem_dei_munus_%28Wortlaut%29#Ein_V.C3.B6lkerbund_auf_christlicher_Grundlage [3.1.2013].
349 Vgl. Neitzel, 109.
350 Scheidgen, 330ff.
351 http://www.reichstag-abgeordnetendatenbank.de/selectmaske.html?pnd=118615874&recherche=ja [7.7.2013].
352 http://www.reichstagsprotokolle.de/Blatt_k13_bsb00003406_00725.html [8.7.2013].
353 Zit. n. Sankt Michael. Ein Buch aus eherner Kriegszeit zur Erinnerung, Erbauung und Tröstung für die Katholiken deutscher Zunge. Hg. v. Johann Leicht, Würzburg-Berlin-Wien 1918, 362.
354 Vgl. Scheidgen, 167ff.
355 Zit. n. Wolfgang Palaver, Der Friedenspapst Benedikt XV. http://www.uibk.ac.at/theol/leseraum/texte/620.html [3.1.2013].
356 Stratmann, Franziskus Maria, in: BBKL Bd. XI (1996), Spalten 20–23. Autor: Dieter Riesenberger.
357 Palaver, Der Friedenspapst.
358 Ebd.
359 http://www.max-josef-metzger-meitingen.de/Src/Friedensarbeit.php [30.12.2012].
360 Vgl. Schlagwort Nr. 9024, Internationale Katholische Union in der Schweiz, in: ‚Kritische Online-Edition der Nuntiaturberichte Eugenio Pacellis (1917–1929)', URL: <www.pacelli-edition.de/Schlagwort/9024> (Datum 2013-01-03).

361 Dokument Nr. 8602, Anlage, Denkschrift, Baumberger, Kein Betreff, 1917-05-31, in: ‚Kritische Online-Edition der Nuntiaturberichte Eugenio Pacellis (1917–1929)', URL: <www.pacelli-edition.de/Dokument/8602> (Datum 2012-12-18).
362 Ebd.
363 Wenzel Anton Frind, Papst und Krieg, in: Sankt Michael. Ein Buch aus eherner Kriegszeit zur Erinnerung, Erbauung und Tröstung für die Katholiken deutscher Zunge. Hg. v. Johann Leicht, Würzburg-Berlin-Wien 1918, 359–361, 361.
364 Ebd.
365 Vgl. Jörg Zedler, Der Heilige Stuhl, Bayern und der Ausbruch des Ersten Weltkrieges, in: zur debatte 7/2009, 7–9, 7.
366 Vgl. ebd., 8.
367 Vgl. ebd.
368 Ebd., 9.
369 Vgl. ebd.
370 Kroll, 160.
371 Philipp Blom, Der taumelnde Kontinent, München 2009, 264.
372 Vgl. Paul Hastenteufel, Katholische Jugend in ihrer Zeit. Bd. I: 1900–1918, Bamberg 1988, 119.
373 Vgl. Johannes Binkowski, Jugend als Wegbereiter. Der Quickborn 1909–1945, Stuttgart 1981, 55ff.
374 Vgl. Walter Dirks, Anfänge und Folgen katholischer Jugendbewegung, in: Elisabeth Korn/Otto Suppert/Karl Vogt (Hg.), Die Jugendbewegung. Welt und Wirkung. Zur 50. Wiederkehr des freideutschen Jugendtages auf dem Hohen Meißner, Düsseldorf-Köln 1963, 243–250, 244.
375 Vgl. Franz Henrich, Die Bünde katholischer Jugendbewegung. Ihre Bedeutung für die liturgische und eucharistische Erneuerung. München 1968, 57.
376 Schatz, 215
377 Binkowski, 57.
378 Ebd., 65.
379 Vgl. ebd., 66.
380 Vgl. Dirks, 244.
381 Binkowski, 70.
382 Vgl. ebd., 189.
383 Vgl. ebd., 190ff.
384 Ebd., 189f.
385 Ebd.
386 Ebd., 236.
387 Ebd., 254.
388 Mareile Tihanyi, Mädchen und Frauen im „Quickborn". Katholische Jugend und weibliche Identität im ersten Drittel des 20. Jahrhunderts, in: Würzburger Diözesangeschichtsblätter 59 (1997), 205–257, 247.
389 Klaus Unterburger, Das Deutschlandbild Eugenio Pacellis, in: zur debatte 7/2009, 12–14, 13.
390 Ebd.
391 Ebd.
392 Schatz, 216.
393 Vgl. zum Folgenden Martin Lätzel, Gott begegnen, Regensburg 2004, 15ff.
394 Pius Parsch (Hg.), Lebendige Liturgie, Wien 1926, 6–7.

395 Ebd., 9.
396 Christoph Strohm, Die Kirchen im Dritten Reich, München 2011, 10.
397 Ebd.
398 Ebd.
399 http://www.reichstagsprotokolle.de/Blatt2_w1_bsb00000059_00020.html [4.2.12].
400 http://www.reichstagsprotokolle.de/Blatt2_w1_bsb00000059_00541.html [4.2.12].
401 http://www.historisches-lexikon-bayerns.de/document/artikel_44736_bilder_value_2_katholikentage2.pdf [8.7.13].
402 Otto B. Roegele, Adenauer und das Christentum, in: Die politische Meinung 373 (2000), 79–88, 79.
403 Klier, 142.
404 Heinrich Brüning, Memoiren 1918–1934, Stuttgart 1970, 656.
405 Ebd.
406 Ebd.
407 Vgl. ebd., 659.
408 Ebd., 673.
409 Strohm, 115.
410 Volk, Akten Faulhaber, 705.
411 Carl Muth, Zum fünften Kriegsjahrgang, in: Hochland 16 (1918/1919), 1–4, 3.
412 Strötz, Der Katholizismus im deutschen Kaiserreich 1871 bis 1918, 197.
413 Hürten, Deutsche Katholiken, 48.
414 Franz Walter, Tanzen sieben Zwerge, bummsfallera, in: Frankfurter Allgemeine Zeitung vom 10. Juni 2013, 7.
415 Nipperdey, 31.
416 Ebd., 45.
417 Ebd., 31.
418 Lutz, 46.
419 Bernhard Duhr, Das Jesuitengesetz. Sein Abbau und seine Aufhebung. Ein Beitrag zur Kulturgeschichte der Neuzeit, Freiburg i. Br. 1919, 114.
420 Duhr, 162.
421 Lutz, 48.
422 Holger Arning, „Emotional gleichgestaltet", in: Süddeutsche.de vom 2. März 2013, www.sueddeutsche.de/kultur/katholiken-im-nationalsozialismus-emotional-gleichgestaltet-1.1632432 [25. März 2013].